中传学者文库编委会

主　任： 廖祥忠　张树庭
副主任： 蔺海波　李　众　刘守训　李新军　王　晖
　　　　　杨　懿　柴剑平

成　员（按姓氏笔画排序）：
　　　　王廷信　王栋晗　王晓红　王　雷　文春英
　　　　龙小农　付　龙　叶　龙　刘东建　刘剑波
　　　　任孟山　李怀亮　李　舒　张绍华　张　晶
　　　　张根兴　张毓强　林卫国　郑　月　金　炜
　　　　金雪涛　周建新　庞　亮　赵新利　徐红梅
　　　　贾秀清　高晓虹　隋　岩　喻　梅　熊澄宇

中传学者文库

主编／柴剑平
执行主编／龙小农
副主编／张毓强　周建新

中国品牌与国际传播

赵新利自选集

赵新利　著

中国传媒大学出版社

·北京·

图书在版编目（CIP）数据

中国品牌与国际传播：赵新利自选集 / 赵新利著 . -- 北京：中国传媒大学出版社，2024.8.

（中传学者文库 / 柴剑平主编）．

ISBN 978-7-5657-3731-2

Ⅰ . G206-53

中国国家版本馆 CIP 数据核字第 2024NT1813 号

中国品牌与国际传播：赵新利自选集
ZHONGGUO PINPAI YU GUOJI CHUANBO: ZHAO XINLI ZIXUANJI

著　　者	赵新利
责任编辑	于水莲
特约编辑	郑　鸣
封面设计	锋尚设计
责任印制	李志鹏

出版发行	中国传媒大学出版社			
社　　址	北京市朝阳区定福庄东街 1 号	邮　编	100024
电　　话	86-10-65450528　65450532	传　真	65779405
网　　址	http://cucp.cuc.edu.cn		
经　　销	全国新华书店		
印　　刷	北京中科印刷有限公司		
开　　本	710mm×1000mm　1/16		
印　　张	20.5		
字　　数	321 千字		
版　　次	2024 年 8 月第 1 版		
印　　次	2024 年 8 月第 1 次印刷		
书　　号	ISBN 978-7-5657-3731-2/G · 3731	定　价	99.00 元

本社法律顾问：北京嘉润律师事务所　郭建平

总　序

　　媒介是人类社会交流和传播的基本工具。从口语时代到印刷时代，再经电子时代至今天的数智时代，媒介形态加速演变、融合程度深入发展，媒介已然成为现代社会运行的基础设施和操作系统。今天，人类已经迈入媒介社会，万物皆媒、人人皆媒，无媒介不社会、无传播不治理。今天，无论我们怎么用力于信息传播的研究、怎么重视信息传播人才的培养都不为过。

　　中国传媒大学（其前身为北京广播学院）作为新中国第一所信息传播类院校，自1954年创建伊始，即与媒介形态演变合律同拍、与国家发展同频共振，努力探索中国特色信息传播人才培养模式、构建中国信息传播类学科自主知识体系，执信息传播人才培养之牛耳、发信息传播研究之先声，被誉为"中国广播电视及传媒人才摇篮""信息传播领域知名学府"。

　　追溯中传肇始发轫之起源、瞩望中传砥砺跨越之未来，可谓创业维艰而其命维新。昔日中传因广播而起，因电视而兴，因网络而盛，今天和未来必乘风破浪、蓄势而上，因人工智能而强。在这期间，每一种媒介兴起，中传均吸引一批志于学、问于道、勤于术的

学者汇聚于此,切磋学术、传道授业,立时代之潮头,回应社会需求,成为学界翘楚、行业中坚,遂有今日中传学术研究之森然气象,已历七秩而弦歌不断,将传百世亦风华正茂。

自新时代以来,中传坚守为党育人、为国育才初心,励精图治、勠力前行,秉承"系统治理、创新图强、交叉融合、特色发展"的办学理念,牢牢把握高等教育发展大势、传媒业态发展趋势,瞄准"智能传媒"和"国际一流"两大主攻方向,以世界为坐标、以未来为向度,完成了全面布局和系统升级,正在蹄疾步稳、高质量推动学校从传统高等教育向未来高等教育跨越、从传统传媒教育向智能传媒教育跨越、从国内一流向世界一流跨越,全力建设中国特色、世界一流传媒大学。

中国特色、世界一流,在于有大先生扎根中国大地,汇聚古今、融通中外;在于有大先生执教黉门,学高为师、身正为范;在于有大先生躬耕杏坛,敦品积学、启智润心。习近平总书记更强调,高校教师要立志成为大先生,在教书育人和科研创新上不断创造新业绩。中传广大教师素来以做大先生为毕生职志,努力成为新时代"经师"与"人师"的统一者,做真学问、立高品行,践履"立德树人"使命。

2024岁在甲辰,欣逢中传建校70华诞,学校特邀约部分学者钩玄勒要、增删批阅,遴选已公开刊发的论文汇编成集,出版"中传学者文库",意在呈现学校在学科建设、科学研究、服务行业实践等方面的最新成果,赓续中传文脉,谱写时代新声。

文库汇聚老中青三代学者,资深学者渊渟岳峙、阐幽抉微;中年学者沉潜蓄势、厚积薄发;青年学者踌躇满志、未来可期。文库与五十周年校庆所出版的"北广学者文库"相承接,大致可勾勒中传知识生产薪火相传、三代辉映之概貌,反映中传在构建中国特色新闻传播类、传媒艺术类、传媒技术类学科体系、学术体系和话语体系方面的耕耘与收获,窥见中国特色信息传播类学科知识体系构建的发展脉络与轨迹。

这一构建过程,虽筚路蓝缕,却步履铿锵;虽垦荒拓野,亦四方辐辏。一批肇始于中传,交叉融合、具有中国特色的学科,如播音主持艺术学、广播电视艺术学、传媒艺术学、数字媒体艺术学、政治传播学等,从涓涓细流汇入滔滔江河,从中传走向全国,展现了中传学者构建中国自主知识体系的学术想象力和创新力。文库展示的虽然是历史,实则是呈现今天;看似是总结过去,实则是召唤未来。与其说这套文库的出版,是对既有学术成果的展示,毋宁说是对未来学术创新的邀约。

回首过往,七秩芳华。我们深知,唯有将马克思主义基本原理与中华优秀传统文化相结合,才能推动中华学术创造性转化和创新性发展,推动中国自主知识体系的构建。我们深知,唯有准确把握媒介形态演变的脉动、深刻认知媒介形态变革所产生的影响,才能推动中国信息传播类学科自主知识体系的构建与时俱进。

展望未来,星辰大海。我们深知,以人工智能为代表的产业和科技革命正迅疾而来,媒介生态正在加速重构,教育形态正在全面重塑,大学之使命与价值正在被重新定义;我们深知,唯有"胸怀国之大者"、面向世界科技前沿、面向经济主战场、面向国家重大需求,才能确保中传始终屹立于中国乃至世界传媒教育发展之潮头。

如何应对人工智能带来的深刻变革,对中传而言是一场要么"冲顶"、要么"灭顶"的"兴亡之战"。我们坚信,不管前方是雄关漫道,还是荆棘满途,唯有勇敢直面"教育强国,中传何为?"这一核心命题，奋力书写"智能传媒教育，中传师生有为！"的精彩答卷，才能化危为机，奋力开创人工智能时代中传智能传媒教育新纪元。

功不唐捐，芳华七秩；风帆正举，赓续创新。

是为序。

第十四届全国政协委员，中国传媒大学党委书记、教授、博士生导师

前　言

在全球化加速发展的当下，国际传播已不仅是政治意义上的跨国信息流动，它已成为塑造国家形象、传递文化价值观和经济互动的重要工具和战略手段。面对国际格局的深刻变化和全球治理体系的快速演变，特别是在面对西方传播霸权、国际舆论战和对中国主流媒体的打压，中国的国际传播活动面临前所未有的压力和挑战。这些变化和挑战要求我们对国际传播的理论与实践进行更深入的探讨和创新。

未来的方向在何处？品牌的作用不能忽视。《中国品牌与国际传播研究》是我对于国际传播重要性和发展趋势认识的一种体现。本文集囊括了我在2018年至2023年间发表的29篇精选论文，涵盖了从"国际传播与公关外交研究""品牌与国际传播研究"到"广告与传播研究"的广泛领域。

我的学术生涯始于中国对日宣传历史的研究。我的硕士论文聚焦新中国成立以来对日宣传与国家形象塑造；我的博士论文《抗战时期中共对日宣传战略战术》在一手资料方面取得了突破，并对政治宣传史研究作出了贡献，最终以"早稻田专著"的形式由早稻田大学出版社出版。2011年学成回国后，我入职中国传媒大学广告学院，致力于公共关系、公共外交、传播史方面的研究，积极推动国际传播的学术交流。在此期间先后主持国家社科基金、教育部人文社科基金、教育部留学回国人员科研启动基金等多项学术研究项目，出版《中日传播与公共外交》《萌力量：可爱传播论》《中国品牌四十年》等专著，出

版《广告的社会史》《中国品牌全球化》等译著。2021年，我的国家社科基金重大项目"日本馆藏中国共产党新闻宣传史料整理与研究（1921-1945）"获批，并于2023年获得滚动资助。我不断拓宽研究的视野和深度，特别是在品牌传播、国际传播和公共外交方面进行了广泛的探索和创新。

党的二十大报告强调，"加强国际传播能力建设，全面提升国际传播效能，形成同我国综合国力和国际地位相匹配的国际话语权"，为新时代加强和改进国际传播工作指明了前进方向、提供了根本遵循。2023年10月7日，习近平总书记对宣传思想文化工作作出重要指示时指出，"着力加强国际传播能力建设、促进文明交流互鉴，充分激发全民族文化创新创造活力，不断巩固全党全国各族人民团结奋斗的共同思想基础，不断提升国家文化软实力和中华文化影响力"。在全球化的大潮中，国际传播与公共外交已经成为政府、企业及非政府组织塑造国家形象、传达理念及促进国际合作的关键工具。这一过程不仅依赖政府、媒体和公众的共同参与，更需要将品牌作为重要的传播媒介积极利用。在全球市场中，品牌的表现不仅直接影响到企业的财务状况，也在国与国之间的文化交流和软实力推广中扮演着至关重要的角色。此外，广告作为现代社会中最具影响力的传播形式之一，不仅推动商品和服务的销售，更在塑造文化和传递价值观中起着核心作用。在国际传播领域，广告不仅能塑造品牌形象，还能传递深层文化理念，从而加强国际交流和理解。

面对新的国际变局、技术手段以及传播形势，我们必须要用新思路、新方法打开国际传播的新局面。通过本书的研究，我们可以明显地看到新的方向：要充分发挥品牌在国际传播乃至国际竞争中的多层次作用；要充分在国际传播中融入品牌传播的智慧；要充分发挥多元传播主体、多种传播媒介和多样传播形式的综合协同之力。未来的国际传播之路并非坦途，本书愿略尽绵薄之力。

目 录

一、国际传播与公共外交研究

共情传播视角下可爱中国形象塑造的路径探析 ······ 003

信任理论视野下可信中国形象塑造的路径 ······ 017

"敬"论视野下可敬中国形象的塑造 ······ 032

"可信、可爱、可敬的中国形象"的历史溯源、理论逻辑与实现路径 ······ 041

作为国际传播媒介的游戏 ······ 062

积极通过国际友人开展国际传播 ······ 068

中国公共外交机构与组织发展概览 ······ 075

奥运传播视角下可爱中国形象的立体化塑造与可持续传播 ······ 084

改革开放以来中国对外传播历程探析 ······ 091

二、品牌与国际传播研究

品牌外交论 ······ 099

新中国本土品牌对外传播历程探析 ······ 106

通过品牌国际传播讲好中国故事 ······ 113

作为国际传播媒介的品牌：日常生活的国际传播 ······ 115

新中国成立初期中国品牌对外传播研究（1949—1965）
　　——以《人民画报》的报道和广告为例 ·············· 125
广告的黎明：改革开放以来《人民中国》广告研究 (1978—1992) ·········· 150
伟大的历程：中国品牌 70 年 ································ 194
中国特色品牌 40 年发展路径探析 ···························· 201
主流媒体与民族品牌的构建
　　——基于《人民日报》相关报道的分析 ·············· 212
对"中国魔水"品牌故事的考证与思考 ······················ 217

三、广告与传播研究

古代商业广告的丰富形态与文化意蕴 ···························· 235
从国家社科基金立项项目看广告学术研究热点 ·············· 241
日本广告史研究的类型与启示 ································ 263
改革开放以来中国特色公共关系的发展 ························ 277
作为学术传播媒介的皮书：使命与趋势 ························ 283
新闻生产的去专业化与"再专业化"
　　——基于《人民政协报》"两会"特邀委员记者的分析 ·········· 291
媒体融合的内容策略与营销策略
　　——以迪士尼集团的实践为例 ························ 298
社交媒体环境下媒体融合探析
　　——以迪士尼集团的实践为例 ························ 304
5G 时代智能营销的机遇与挑战 ································ 310

一、国际传播与公共外交研究

共情传播视角下可爱中国形象塑造的路径探析*

一、问题的提出

2021年5月31日,习近平总书记在主持中共中央政治局第三十次集体学习时强调:"要注重把握好基调,既开放自信也谦逊谦和,努力塑造可信、可爱、可敬的中国形象。"[①] 这是习近平总书记首次提出塑造可爱的中国形象,从国家战略层面强调了塑造可爱中国形象的重要性,为中国国家形象塑造指明了新方向。

当前,国际舆论斗争形势复杂,提高中国形象亲和力十分迫切。关于国际传播和国家形象的相关研究数量很多,但关于可爱中国形象的相关研究尚不多见。塑造可爱中国形象的基本问题,不外乎内涵、意义和路径这三点,即可爱中国形象有怎样的内涵?为何要塑造可爱中国形象?如何塑造可爱中国形象?这三个问题是迫切需要我们解答的。在当前的国际格局和媒体环境下,研究可爱中国形象塑造的这些基本问题,有重要的理论价值和现实意义。

---

* 文章原载于《现代传播》(中国传媒大学学报)2021年第9期,收入本书时有改动。
① 习近平. 加强和改进国际传播工作 展示真实立体全面的中国[N]. 人民日报,2021-06-02(1).

二、国家叙事中的共情传播

习近平总书记在主持中共中央政治局第三十次集体学习时强调"要加快构建中国话语和中国叙事体系"①。国家形象的塑造离不开"讲好中国故事"和国家叙事。国家叙事可通过多种方式实现,如历史传记、文学作品、影视剧、新闻报道、阅兵活动等。这些国家叙事文本往往既发挥对内传播的功能也发挥对外传播的功能,在塑造国家形象方面的作用不可或缺。②日本心理学者岸田秀认为,国家叙事是支撑国家存在的必要条件,具体表现为:(1)国家叙事保障国家认知的连续性;(2)国家叙事应尽可能囊括最大范围的国民情绪;(3)国家叙事应支撑国民荣耀与价值观;(4)国家叙事应保持最大限度的一致性;(5)国家叙事应尽可能得到其他国家的认可。其中,"囊括最大范围的国民情绪",往往需要共情传播的支撑;"尽可能得到其他国家的认可",③则需要依靠国际传播。

共情(empathy)是一个心理学概念,指的是个体准确地理解他人的情感,并在特定情景下作出准确情感反应的一种能力。④共情的产生包含"情绪感染"(emotional contagion)、"观点采择"(perspective taking)和"共情关注"(empathic concern)三种成分或三个阶段。"爱"是共情的基础,沟通能够促进共情,共情因对象、因情境而变。⑤万物皆可共情,人类普遍共情,共情是人类与生俱来的一种能力。⑥共情传播始终贯穿于新闻舆论的传播过程,

---

① 习近平.加强和改进国际传播工作 展示真实立体全面的中国[N].人民日报,2021-06-02(1).

② 赵新利,张蓉.国家叙事与中国形象的故事化传播策略[J].西安交通大学学报(社会科学版),2014,34(1):97-101.

③ 岸田秀.ものぐさ精神分析[M].东京:中央公論社,1977.

④ 唐润华.用共情传播促进民心相通[J].新闻与写作,2019(7):1.

⑤ 吴飞.共情传播的理论基础与实践路径探索[J].新闻与传播研究,2019,26(5):59-76,127.

⑥ 李成家,彭祝斌.论跨文化共情传播:基于国际互助抗疫的探索[J].现代传播(中国传媒大学学报),2021,43(5):65-69.

涉及国内外政治社会和文化建构等方面的共情应用与量度把控。① 在新媒体语境下，共情传播对新闻舆论的影响空前提升。

习近平总书记强调"要善于运用各种生动感人的事例，说明中国发展本身就是对世界的最大贡献、为解决人类问题贡献了智慧"②。可爱中国形象的塑造离不开"生动感人"的事例和灵活轻松的方式，离不开共情传播。2017年出版的拙作《萌力量：可爱传播论》一书指出，可爱传播就是通过可爱信息开展的传播活动。应积极通过可爱传播，建设可爱中国，让"可爱"成为中国的新名片。③可爱传播是共情传播的一种，是塑造可爱中国形象的重要途径。

在国家叙事中，应更加积极地通过可爱元素开展共情传播。常用的可爱元素包括吉祥物、动漫形象等；常用的传播方式包括动漫、短视频等；可爱传播的传播机理运用的是人们接触到可爱、温暖或美好事物时的本能反应。相关研究发现，人们接触到可爱事物后会放松警惕，消除戒心，增进温柔的情感；可爱的事物拥有使人产生行动的力量。可爱信息是全人类通用的语言，在传播中可以提升积极情绪，最小化压力因素，增加机动技能，并且在传播中特别容易被识别。可爱传播已经被证实在公共关系、战略营销以及意见树立方面是一种有效的工具，可以促进销售、建立品牌，为客户提供友好的环境，可以通过可爱信息这种通用语言影响全球。④通过共情传播塑造可爱国家形象，日本是较具代表性的案例。动漫是日本文化创意产业的重要组成，日本政府十分注重"动漫外交"，人们熟悉的"哆啦A梦"曾被任命为日本历史上第一位"动漫文化大使"。日本希望通过动漫文化"打造日本形象，推销日本的梦想"，让人听到"日本"一词立刻联想到明快、温暖、漂亮和酷，"动漫外交"为日本国家形象塑造作出了积极贡献。⑤

---

① 刘海明，宋婷.共情传播的量度：重大公共卫生事件报道的共振与纠偏[J].新闻界，2020（10）：11-21，31.
② 习近平.加强和改进国际传播工作 展示真实立体全面的中国[N].人民日报，2021-06-02（1）.
③ 赵新利.萌力量：可爱传播论[M].北京：人民日报出版社，2017：235-238.
④ 赵新利.萌力量：可爱传播论[M].北京：人民日报出版社，2017：4.
⑤ 王众一，朴光海.日本韩国国家形象的塑造与形成[M].北京：外文出版社，2007：103.

三、可爱中国形象的丰富内涵

(一)"可爱"的内涵

所谓"可爱",就是讨人喜爱、令人敬爱、深受热爱之意。在不同语境下,"可爱"用来表达不同的含义,大体有如下几种。

首先,"可爱"可以用来表达"令人喜爱""讨人喜欢"之意,往往用来修饰幼小、柔弱、美好、温暖的人或事物,如"可爱的孩子""可爱的小猫"。日本学者四方田犬彦指出:可爱是指一种给人以小巧的、令人依恋的、亲密无害的感觉,从而使人解除防备与紧张感的感觉。① 2014年五四青年节,习近平总书记视察北京大学时指出:"在洋溢着青春活力的校园里一路走来,触景生情,颇多感慨。我感到,当代大学生是可爱、可信、可贵、可为的。"②

其次,"可爱"可以用来修饰人物,表达的是"令人敬爱"之意。"可爱的人"往往用来礼赞军人、医生、教师、科学家等带有职业荣誉的群体:抗美援朝军人被魏巍称为"最可爱的人",抗击疫情中的医务工作者被称为"可爱的人",袁隆平等广受尊敬的科学家等杰出人士,也被称为"可爱的人"。

最后,"可爱"可以用来表达"深受热爱"之意,用来修饰抽象的国家、家乡、制度、理念等。早在1935年,方志敏就写下不朽名篇《可爱的中国》,影响深远;作家茅盾著有《可爱的故乡》一文。"可爱的中国""可爱的祖国母亲""可爱的家乡""可爱的社会主义"等表述经常出现在各类新闻报道和文艺作品中。

可爱是人文的和感性的,讲求人文精神。可爱已经成为重要的审美范畴,构成了现代文化的重要方面。③ 在"Z世代""二次元"和社交媒体的综合影响下,可爱已然成为一种积极的审美标准、主流的社会价值、温暖的社会时尚。

---

① 四方田犬彦,蒋雯.什么是可爱?[J].北京电影学院学报,2006(1):21-24,106.
② 罗容海.做"可爱可信可贵可为"的新青年[N].光明日报,2014-05-08(2).
③ 高玉."可爱":一种新的审美时尚[J].天府新论,2008(4):149-151.

(二)关于"可爱中国"的重要论述

在革命战争年代和中华人民共和国成立后,革命志士、党和国家领导人留下许多关于"可爱中国"的重要论述。1935年,方志敏在名篇《可爱的中国》中指出:"中国是生育我们的母亲,你们觉得这位母亲可爱吗?我想你们是和我一样的见解,都觉得这位母亲是蛮可爱蛮可爱的。"① "无论如何,我们决不能让伟大的可爱的中国,灭亡于帝国主义肮脏的手里!"② 他还对可爱中国进行了充满热情的畅想:"欢歌将代替了悲叹,笑脸将代替了哭脸,富裕将代替了贫穷,康健将代替了疾苦,智慧将代替了愚昧,友爱将代替了仇杀,生之快乐将代替了死之悲哀,明媚的花园,将代替了凄凉的荒地!"③ 其中欢歌、笑脸、富裕、康健、智慧、友爱、生之快乐、明媚的花园,都是"可爱中国"的构成要素。"可爱的中国"是能充分表达近代中国民族意识、国家意识和情感意识的短语,它有思想、有智慧、有激情,赢得了人们的广泛认同,已成为"方志敏式"的爱国文化符号。④

新中国成立以来,党和国家领导人曾多次提出,要让人们觉得国家可爱、可亲,社会主义可爱、可亲。毛泽东于1957年批评部分人"觉得社会主义因素没有什么可爱,忍心地去挫折它",并强调要把中国建设成"一个大强国而又使人可亲"。⑤ 邓小平于1952年曾指出:"今后要更广泛地进行爱国主义的宣传教育,使人觉得我们国家可爱,这是我们今天要不断努力的工作,这是我们的任务。"⑥ 邓小平于1992年还提出:"共产主义理想是伟大的,但要经过相当长的历史阶段才能达到。社会主义是可爱的,为社会主义奋斗是值得

---

① 方志敏.可爱的中国[M].北京:人民文学出版社,1952:15.
② 方志敏.可爱的中国[M].北京:人民文学出版社,1952:27.
③ 方志敏.可爱的中国[M].北京:人民文学出版社,1952:26.
④ 陈忠.可爱的中国:一个"方志敏式"的爱国文化符号[J].九江学院学报(社会科学版),2011,30(2):1-4.
⑤ 中共中央文献研究室.毛泽东文集:第七卷[M].北京:人民出版社,1999:291.
⑥ 中共中央文献研究室.邓小平文集(一九四九——一九七四):上卷[M].北京:人民出版社,2014:347.

的。"①2014年，习近平在中法建交50周年纪念大会上针对拿破仑的"睡狮论"提出："中国这头狮子已经醒了，但这是一只和平的、可亲的、文明的狮子。"②

从以上重要论述可见，革命志士方志敏对可爱中国的描绘有其鲜明的时代性，表达的是对祖国母亲的热爱，是挽救祖国于垂危中的呐喊。新中国成立后党和国家领导人对"可爱中国"的期许由来已久，可爱中国与社会主义制度、爱国主义宣传、中国形象相关联，有对内和对外的双重属性。

（三）可爱中国形象的丰富内涵

可爱中国形象有丰富的内涵，认识可爱中国有多重维度。中国的气候、国土、物产是可爱的；灿烂的中华文明是可爱的；中国的政治制度和政治理念是可爱的；中国人的亲情、友情、爱情是可爱的。可爱的中国人、可爱的中国地方、可爱的中国共同塑造可爱的中国形象。

第一，可爱的中国人。作家魏巍的《谁是最可爱的人》创作于抗美援朝期间，讴歌了志愿军战士，影响了一代又一代中国人。此文认为前线的战士们是最可爱的人，"他们的品质是那样的纯洁和高尚，他们的意志是那样的坚韧和刚强，他们的气质是那样的淳朴和谦逊，他们的胸怀是那样的美丽和宽广！"③品质高尚、意志坚强、气质谦逊、胸怀宽广，均是"可爱"的应有之义。2021年"两会"期间，《中国人大》杂志刊文指出：共产党人的初心最可爱；为脱贫攻坚奋斗者最可爱；为我们抗疫作出贡献的人，都是最可爱的人；人民军队最可爱；人大代表最可爱；工人最可爱。④为党和国家作出贡献者都是可爱的人，普通民众的可爱特质也正在被国际社会认知。近年来，中国文化实力明显增强，《媳妇的美好时代》《西游记之大圣归来》等影视剧、动漫

---

① 中共中央文献研究室.邓小平年谱（一九七五——一九九七）：下［M］.北京：中央文献出版社，2004：1348.
② 习近平.在中法建交五十周年纪念大会上的讲话［N］.人民日报，2014-03-29（2）.
③ 魏巍.谁是最可爱的人［M］.北京：人民文学出版社，1951：61.
④ 周誉东."代表通道"：赞美新时代"最可爱的人"［J］.中国人大，2021（6）：55.

作品在很多国家广受欢迎,让世界公众了解了中国人的喜怒哀乐和中国人的精神世界。许多国家的媒体通过纪录片等形式关注中国百姓的故事,如NHK的《中国铁道大纪行》向日本观众展现了中国百姓纯朴、好客、善良的可爱特质。

第二,可爱的中国地方。当前,不少地方都十分重视区域传播,通过吉祥物、形象片、短视频等形式积极主动开展传播活动。如近年来《西安人的歌》爆红抖音平台,让人感受到西安的悠久历史和西安人有滋有味的生活,城墙、鼓楼、钟楼、泡馍、护城河、贾平凹等西安元素得到广泛传播。西安、重庆、成都等"抖音城市"成功在抖音平台传播和塑造区域形象,一些作品引发外国人翻唱传播,在国外社交平台得到广泛传播。西安的城市吉祥物唐宝、唐妞由漫画家乔乔以陕西历史博物馆的唐朝俑为原型打造,糅合了西安十三朝古都的历史文化底蕴,憨态可掬,还被做成不倒翁投放在景区,受到广大游客的喜爱。河南的丰富历史文化资源正在不断"破圈",从圈粉无数的《唐宫夜宴》到真人演绎的龙门石窟《帝后礼佛图》,从现象级博物馆文创"考古盲盒"到座无虚席的河南博物院华夏古乐团演出,都生动展现了河南悠久历史文化中的可爱元素。2020年8月,河南修武县举办"永不落幕的汉服节",吸引超过30万"Z世代"年轻人慕名而来。可爱的家乡、可爱的风土人情、可爱的历史文化,都应该成为可爱中国形象的组成部分,对各地可爱元素进行梳理分类和赋能传播十分迫切。

第三,可爱的中国。可爱的中国人、可爱的中国地方共同组成可爱的中国。可爱的中国应该包括中国的主流价值观、政治制度和政治理念、党政机关作风、社会风气,同时包括可爱的国土、传统文化和民族精神,还应包括中国文化、中国品牌、中国制造等。2013年12月,习近平总书记在中央政治局第十二次集体学习时明确提出:"要注重塑造我国的国家形象,重点展示中国历史底蕴深厚、各民族多元一体、文化多样和谐的文明大国形象,政治清明、经济发展、文化繁荣、社会稳定、人民团结、山河秀美的东方大国形象,坚持和平发展、促进共同发展、维护国际公平正义、为人类作出贡献的负责任大国形象,对外更加开放、更加具有亲和力、充满希望、充满活力的社会主义大国形象。"① 文明大国、东方大国、负责任大国、社会主义大国的定位，深刻全面阐释了中国形象的构成元素，其中"更加具有亲和力、充满希望、充满活力"的提法，也是塑造可爱中国形象的要求。

四、塑造与传播可爱中国形象的重大意义

在当前环境下，加快塑造与传播可爱中国形象十分迫切。塑造与传播可爱中国形象的重大意义主要体现在如下几个方面。

第一，国际局势和国际舆论斗争的迫切需求。在百年未有之大变局、逆全球化、疫情常态化和部分国家对华封锁的叠加影响下，各国内顾倾向明显上升，国际局势和国际舆论斗争格局出现重大变化，"中国威胁论""中国崩溃论"甚嚣尘上，部分外国势力将疫情政治化、标签化并恶意诋毁中国。一些人对中国依然持有偏见，中国被塑造成威胁四溢、面目可憎的负面形象，在一定范围内对中国的刻板印象依然根深蒂固。中国国家形象、国际话语权与我国的综合国力、国际地位还不匹配。我们迫切需要"运用各种生动感人的事例"向世界说明中国。塑造可爱中国形象，可以在一定程度上制衡"中国威胁论"，在国际上塑造更加有亲和力的友善形象。在暗流涌动的国际舆论斗争中，应该通过人性共通的可爱元素开展共情传播，让我们的国际传播刚中带柔、刚柔并济，改善国际社会对中国的认知，为中国发展营造良好的国际舆论环境。

第二，国家叙事与共情传播的迫切需求。改革开放以来，我国国家叙事发生深刻积极变化，出现了一些可爱称谓；国家仪式、社会正能量传播、英雄人物传播更加注重人性化和平民视角，更加深入人心。但也必须看到，中国国家叙事在一定程度上还存在过度的"高大全"现象，人性化和趣味化的传播还不充分。作为共情传播的一种形态，可爱传播可以更加人性化、趣味化，可爱传播的相关元素更能打动人心最柔软的地方。正如心理学所谓的

---

① 习近平.建设社会主义文化强国 着力提高国家文化软实力[N].人民日报,2014-01-01(1).

"白璧微瑕效应"：能力非凡、完美无瑕的主体给人的感觉高高在上，难以接近，让人敬而远之，让人觉得"卓越但不可爱"；一些小瑕疵却能让他们更有亲和力，让人们解除心理防备，更容易塑造"卓越而可爱"的形象。

第三，传播形态和受众环境的深刻变化。当前，全球媒体格局和传播形态发生重大变化，传统媒体和社交媒体、国内舆论场和国际舆论场深度交融；舆论形态从精英舆论向草根舆论转变；传播思维从"服从"思维向"批判"思维转变，从理性思维向感性思维转变。[①] 李子柒等草根力量成为外界认识和了解中国的重要窗口，是官方国际传播的重要补充。以漫画、动漫为代表的可爱传播方式对柔化党政形象无疑是有益之举。中国媒体曾发布习近平动漫形象，盘点习近平"时间去哪儿了"，萌翻网友。受众环境方面，在复杂国际局势和疫情叠加影响下，全球范围内的民族主义和仇恨情绪有所抬头，社会戾气、网络暴力广泛存在，一些国家之间的误解、隔阂根深蒂固。可爱传播可以让国际舆论多一些心平气和，少一些声嘶力竭；多一些温馨笑容，少一些面目狰狞。可爱传播可以减少国际社会的对立和仇恨，制衡社会戾气，充当国际社会情绪的"解压阀"，促进国际正能量的传播，助力人类命运共同体建设。

五、塑造与传播可爱中国形象的路径

（一）加强梳理可爱中国形象资源

可爱中国形象的塑造，离不开相关资源的梳理与运用。可爱中国形象的资源是立体、丰富、多元的，需要系统梳理，加以创新运用。

政治领域的可爱中国形象资源。让国际受众认识并认可中国的政治制度，帮助国外民众认识到中国共产党真正为中国人民谋幸福而奋斗，是中国国际传播的重大使命。毛泽东、邓小平、习近平等党和国家领导人多次强调，要

---

① 赵新利，黄升民，项星宇.新媒体与传统媒体引导舆论的思维模式比较［J］.青年记者，2017（10）：50-51.

让人们觉得中国可爱、可亲，让人们觉得社会主义可爱、可亲。中国共产党为什么能、马克思主义为什么行、中国特色社会主义为什么好，其背后有丰富的资源值得挖掘。应重点从党史、新中国史、改革开放史、社会主义发展史中梳理提炼能代表可爱中国形象的可爱元素。2012年11月29日，习近平总书记在参观《复兴之路》展览并看到《共产党宣言》中译本时，亲自向同行人员和媒体生动讲述了陈望道吃墨水的可爱故事，并得出"真理的味道非常甜"①的结论。这正是讲述政治领域可爱中国故事的生动实践。

经济领域的可爱中国形象资源。中国经济发展取得的巨大成就举世公认，即便是仇视中国政治制度的反华势力，也不得不承认中国的经济发展成就。中国是经济全球化的受益者，更是贡献者。要深入挖掘外国企业在华发展故事、中国企业和品牌海外发展故事、中国对外经济援助的故事、中外经济交流合作故事，让国际受众认识到，中国的经济发展，是世界的巨大机遇；中国发展本身就是对世界的最大贡献，为解决人类问题贡献了智慧。习近平在世界经济论坛2017年年会开幕式上发表主旨演讲时强调："中国人民深知实现国家繁荣富强的艰辛，对各国人民取得的发展成就都点赞，都为他们祝福，都希望他们的日子越过越好，不会犯'红眼病'，不会抱怨他人从中国发展中得到了巨大机遇和丰厚回报。中国人民张开双臂欢迎各国人民搭乘中国发展的'快车'、'便车'。"②

社会文化领域的可爱中国形象资源。中国是文化大国，中国特色社会主义道路自信、理论自信、制度自信，说到底是要坚定文化自信。文化自信是更基本、更深沉、更持久的力量。中国国际传播要更好推动中华文化走出去，以文载道、以文传声、以文化人，向世界阐释推介更多具有中国特色、体现中国精神、蕴藏中国智慧的优秀文化。2013年12月30日，习近平总书记在中央政治局第十二次集体学习时强调："要系统梳理传统文化资源，让收藏在

---

① 李斌."真理的味道非常甜"：纪念〈共产党宣言〉中文首译本出版一百周年[N].人民日报，2020-08-03（4）.

② 习近平.共担时代责任 共促全球发展：在世界经济论坛2017年年会开幕式上的主旨演讲[N].人民日报，2017-01-18（3）.

禁宫里的文物、陈列在广阔大地上的遗产、书写在古籍里的文字都活起来。"①近年来，中国文物、中医文化等领域的国际传播成就斐然，为塑造可爱中国形象作出重要贡献。故宫博物院、敦煌博物院等文物单位将传统文化融进互联网的新潮流中，打造了无数网红产品。这些文化产品结合二次元文化，借助抖音等短视频平台，得到广泛传播，火遍海内外，真正做到了"让文物活起来"。

（二）加强共情传播，塑造可爱中国形象

提升中国形象亲和力，塑造可爱中国形象，离不开各领域、各类型的共情传播。

第一，加强政治传播中的共情传播。近年来，中国的政治传播积极借助可爱元素开展共情传播，迈出扎实步伐。新华社、中新社、《光明日报》等媒体选择"小新""小明"等极富活泼气息的称谓，积极通过可爱的语气、可爱的方式进行共情传播。新华社曾发布"神曲"《四个全面》，通过流行乐混搭时政话题的风格用诙谐的方式面向外国受众对"四个全面"进行了趣味十足的阐释。党政部门不妨通过动漫、吉祥物、漫画等方式，传播政治理念，普及政策法规，这应该成为共情传播的常见方式。为开展网络公共关系活动，日本共产党设有"扩散部"（"扩散"意为"传播"），成员为几名虚拟动漫人物，定位是"传播正确的政策，扩散快乐的政治"，希望那些觉得政治深奥难懂的家庭主妇、觉得政治无聊的年轻人都能更加关心政治，享受政治的乐趣。②日本外务省网站的"KIDS外务省"页面，通过几位动漫形象生动介绍外交知识，借此让少年儿童增进对外交事务的理解，提高全民的外交素养。在宣讲比较复杂的政治理念、政策法规时，中国不妨借助漫画、动漫的力量，把政策法规植入动漫故事中，让各行各业、教育层次不同的各类民众都能看得明白。政府部门可以更大胆地设计制作自己的吉祥物，如旅游部门可以通

---

① 习近平. 习近平在中共中央政治局第十二次集体学习时强调 建设社会主义文化强国 着力提高国家文化软实力［N］.经济日报，2014-01-01（2）.
② 赵新利.萌力量：可爱传播论［M］.北京：人民日报出版社，2017：174-176.

过吉祥物宣讲文明旅游知识、海外旅游注意事项等；环保部门则可以通过吉祥物普及环保知识和理念，化解人们的误解。

第二，加强区域传播中的共情传播。近年来，中国不少地方党政部门主动开展国际传播，取得积极进展。有的地方积极在海外投放宣传片，开设并运营社交媒体账户，发布区域形象宣传广告等。在塑造可爱中国形象方面，区域传播大有可为。即将召开的北京冬奥会、冬残奥会将是北京市开展国际共情传播的重要机遇，吉祥物"冰墩墩""雪容融"应被赋予更立体、活泼的人格并加以持续运营，像日本熊本熊一样，让吉祥物真正"活起来""火起来"。在敏感的民族地区和民族议题上，不妨探索通过动漫、吉祥物等方式开展共情传播。吉祥物等元素往往有着较强的婴儿特征，容易触发人们的"先天释放机制"：当看到一个有着婴儿特征的生物时，人们会自动消除戒心，激增温柔情感，这是人的一种本能。①

第三，加强国际传播中的共情传播。由于历史上经济的落后和在国际上的孤立，中国在国际舞台一度呈现的是板着脸、不放松的形象。落后的国家往往开不得玩笑、玩不起可爱。而今，中国国力快速提升，人民生活水平快速改善，中国在国际舞台上的地位越来越高。越来越多的中国民众更加理性、成熟、平和。中国迎来一个新时代，这个时代，全国人民与国家、政府、企业等各类机构都更加自信、放松。十八大以来，中国的国际传播进行了重大创新。复兴路上工作室推出动漫短片《领导人是怎样炼成的》，其主要内容用英文制作，党和国家领导人在视频中以卡通头像出现，生动活泼地向海外受众介绍中国政治体制。其后，复兴路上工作室推出一系列视频作品。如面向外国受众的《十三五之歌》被网友称为"神曲"，网友评价视频"好听、好看、好玩儿，提神、醒脑、长知识"。②党和政府、中国品牌和中国企业、中国人民在国际场合正在展现更加自信、亲和的形象。新一代年轻人呈现许多新特征，他们更喜欢个性化、趣味化、感性化的表达，海外短视频平台有大

---

① 赵新利.萌力量：可爱传播论［M］.北京：人民日报出版社，2017：4.
② 赵新利.萌力量：可爱传播论［M］.北京：人民日报出版社，2017：2.

量"可爱的中国人"的各类短视频,大都出自中国年轻人之手,已经成为可爱中国形象的重要组成部分。

(三)塑造可爱中国形象的基本原则

塑造可爱中国形象需要在工作原则方面作出积极探索,发挥社会力量打好国际传播人民战争,改进评价机制,尤其注重创意与技术在国际传播中的重要作用。

第一,掌握可爱中国形象塑造主动权的同时,放手让社会力量、国际力量加入。首先,国际传播是重要国家战略,需要全国一盘棋进行战略规划,统筹推进。对于涉及关键问题和核心利益的国际传播,要有政治意识和底线意识。其次,国际传播不能只依靠"国家队",还要广泛动员社会力量,做到"国际传播人人有责",打好国际传播人民战争。国际传播既要"大而全",也要"小而美";既需要"正规军",也需要"游击队"。在一些国家,民众在接受信息时,对政府发布的"宣传",存在一定抵触心理。一旦认定其是"官方的宣传",他们就会打上问号,或在接受时打个折扣。李子柒的作品在海外受欢迎,就是因为她的视频自然而然、顺其自然地传播内容,并没有想给观众"灌输"特定观点和认知。最后,要大胆动员国际力量为中国国际传播服务。中国共产党在历史上曾通过斯诺等国际记者开展国际传播,当前我们需要更多新时代的斯诺,更加公正地在全球为中国发声。需要创新性开展新闻舆论领域国际组织的工作,积极通过国际传媒集团等平台开展中国国际传播。

第二,加强统筹协调和战略规划,强化创意与技术在可爱中国形象塑造中的应用。首先,建立国际战略传播机制。加强顶层设计和研究布局,构建具有鲜明中国特色的战略传播体系。美国奥巴马政府曾建立"美国国家战略传播机制",韩国也成立"国家品牌委员会",中国应加强统筹协调和战略规划,加强多部门的国际传播协同机制。① 其次,成立国际传播的设计与创意相关机构和部门,借鉴创意与设计在商业传播中的应用,开展有创意、有创新、

---

① 赵新利.萌力量:可爱传播论[M].北京:人民日报出版社,2017.

有设计的国际传播，提升国际传播的效果。最后，加强国际传播技术的研究与开发，将计算传播、计算广告、大数据、云计算、智能传播等技术在国际传播领域大胆应用，广泛推广。

第三，改进可爱中国形象塑造的评价机制。要系统研究国际传播的绩效规律，深刻认识国际传播评价机制中存在的问题。首先，要破除国际传播评价机制中的"唯数字论"，建立综合评价体系。相关部门在总结国际传播成绩时，往往使用粉丝人数、点击量、转发量、评论量等数字。这些数字很难真正衡量国际传播的效果。应破除"唯数字论"，探索建立综合评价体系。其次，要破除国际传播评价机制中的"唯成就论"，不回避问题、争议和误会。国际传播的重要使命，是把我国取得的成就传播出去，这无可厚非。同时还应该加大力气回应问题、化解误会、阐释争议，这方面的共情传播显然做得还不够。最后，破除"唯短期效果论"。不同于商业广告和产品营销，国家形象的塑造是一个长期过程，要破除短期主义和功利主义，探索建立覆盖短期、中期、长期的国际传播过程评价体系。

信任理论视野下可信中国形象塑造的路径[*]

一、问题的提出

2021年5月31日,习近平总书记在主持中共中央政治局第三十次集体学习时发表重要讲话强调:"要注重把握好基调,既开放自信也谦逊谦和,努力塑造可信、可爱、可敬的中国形象。"[1] 这是习近平总书记首次明确提出中国形象的"可信"维度,从国家战略层面强调了塑造可信中国形象的重要性,为中国国家形象塑造指明了新方向。2021年12月14日,习近平总书记在中国文联十一大、中国作协十大开幕式上发表重要讲话指出,希望广大文艺工作者"用情用力讲好中国故事,向世界展现可信、可爱、可敬的中国形象"[2]。讲话再次突出强调"可信、可爱、可敬"的中国形象,这成为我国国际传播工作的重要目标。

总书记系列重要讲话引起学界高度关注,并逐渐出现相关研究成果。[3] 这

---

* 文章原载于《现代传播》(中国传媒大学学报)2022年第5期,收入本书时有改动。
[1] 习近平.加强和改进国际传播工作 展示真实立体全面的中国[N].人民日报,2021-06-02(1).
[2] 习近平.增强文化自觉坚定文化自信 展示中国文艺新气象铸就中华文化新辉煌[N].人民日报,2021-12-15(1).
[3] 这方面的成果包括:钟新,尹倩芸.可信、可爱、可敬:北京冬奥会中国体育形象的多维建构[J].对外传播,2021(11):9-13;傅莹.努力塑造可信可爱可敬的中国形象[N].人民日报,2021-10-14(9);钟新,蒋贤成.完善全民国际传播体系构建可信、可爱、可敬的中国形象[J].中国记者,2021(7):38-43.

些成果大都把"可信、可爱、可敬"中国形象的塑造看作一个整体来探讨。然而,"可信、可爱、可敬"是中国形象的三个不同维度,其理论依据、问题指向和实现路径皆不相同,仅仅概而论之显然是不够的,而应加以解构并分别予以聚焦。赵新利的《共情传播视角下可爱中国形象塑造的路径探析》一文探析了"可爱中国形象"的塑造路径[1],开始了将"可信、可爱、可敬"分而论之的探索。以笔者目力所及,目前关于"可信中国形象"塑造的专门研究尚未出现。在当前形势下,我们迫切需要回答可信中国形象塑造的一些基本问题:可信中国形象的内涵是什么?为什么要塑造可信中国形象?如何塑造可信中国形象?这些基本问题的解答,既是学界研究所需,也有重要的现实指导意义。

当前,中国日益走近世界舞台中央,成为推动世界和平发展的参与者、建设者和引领者,在各个领域努力赢得国际信任、塑造可信中国形象十分重要。本文拟结合信任理论的相关研究,探析可信中国形象的内涵、意义和塑造路径等问题。

二、信任理论视野下的国际传播

信任是"对一个人或一个系统可依赖性所持有的信心"[2]。当前,关于信任的研究主要集中在个人、人际关系和社会层面,国际信任层面的研究尚不多;研究成果的学科分布在心理学、经济学、社会学、伦理学等领域,传播学领域的运用尚不普遍。心理学者认为信任是一个受外界刺激的因变量,信任程度伴随情景改变而改变;经济学者将信任看成是人们为了规避风险、减少交易成本的一种理性计算;社会学者将信任看成一种根植于整个社会宏观背景之中的社会关系;伦理学者将信任作为一个有哲学高度的问题来讨论,提出

---

[1] 赵新利.共情传播视角下可爱中国形象塑造的路径探析[J].现代传播(中国传媒大学学报),2021,43(9):69-74.
[2] 吉登斯.现代性的后果[M].田禾,译.南京:译林出版社,2000:30.

了信任对于人类生活的重要意义。①

传播学者胡百精将信任分为基本信任、人际信任和系统信任。基本信任是人在社会化过程中逐渐形成的一种心理机制和人格特质；人际信任则是一种社会关系；系统信任的对象是抽象、专业化的原则、规范、符号、程序或契约。②塑造可信中国形象，需要努力确定共同目标，扩大共同利益，赢得国际社会的系统信任。政治学者肯尼斯·纽顿认为，信任是社会成员的黏合剂，它把缺乏社会良心和社会责任感的、自利的和自我中心的算计者，转变成具有共同利益的、对社会关系有共同假设和共同利益感的共同体的一员。③

国际传播与国际信任密切相关，可信中国形象的塑造依赖中国国际信任的提升。亚伦·霍夫曼认为，国家间互信的产生源于国家对对方国行为、潜力的确认与肯定，愿意为对方国的行为承担一定的风险，也愿意将自己的利益委托给对方。④国家间信任有三个主要维度：理性选择维度、情感心理维度和文化认同维度。国际关系中战略利益维系的互信关系并不稳定，需要发展更深程度的情感性信任。⑤自由制度主义用国际机制解释合作，认为制度可以有效地培育信任；建构主义者则强调国家在社会互动中首先确定敌友身份，信任产生于朋友之间，他们可以结成信任基础上的安全共同体。⑥认知决定信任水平，信任双方只有不断强化亲密认知与利益认知，不断弱化乃至消除风险认知与敌对认知，才能实现高水平的信任。⑦国家间的信任关系与国家利益相关，同时还涉及文化、道德、历史、亲缘关系、相互认知等因素，国际传播的重要性凸显。

---

① 郭慧云.论信任［M］.重庆：西南师范大学出版社，2016：8-10.
② 胡百精，李由君.互联网与信任重构［J］.当代传播，2015（4）：19-25.
③ 李惠斌，杨雪冬.社会资本与社会发展［M］.北京：社会科学文献出版社，2000：381.
④ HOFFMAN A M. A conceptualization of trust in international relations［J］. European journal of international relations，2002，8（3）：375-401.
⑤ 陈丽颖.情感性信任：国家间互信关系中的深度形式［J］.学海，2017（6）：48-53.
⑥ 朱立群.信任与国家间的合作问题：兼论当前的中美关系［J］.世界经济与政治，2003（1）：16-20.
⑦ 王正.信任的求索：世界政治中的信任问题研究［M］.北京：北京时代华文书局，2017：250-252.

三、可信中国形象的丰富内涵

所谓"可信",就是值得信赖、值得信任之意。"可信"一词与信任、诚信、信誉、信心、信用、公信力等词汇有着千丝万缕的联系。可信中国形象有着丰富的内涵。

(一)"可信"的多重维度

"可信"是信任者和被信者之间的一种关系,也是被信者自身的一种形象,折射被信者的公信力。

第一,作为关系的"可信"。"可信"无法独立存在,必须依托特定的关系,如人际关系、伦理关系、医患关系、官民关系、国际关系等。在中国传统文化中,"自己人"天然就是可信的,这种"可信"就是一种伦理关系的呈现。"自己人"既包括有血缘关系的"家人",也包括人际关系紧密的"铁哥们",还包括有共同利益和共同目标的"同志"。在国内层面,中国不断努力通过信息公开、反腐倡廉等手段,改善了官民关系。在国际层面,中国与许多国家建立战略互信关系,积极承担国际责任、履行国际承诺,提升了中国的国际信任。

第二,作为形象的"可信"。"可信"反映的是某种特定的社会性情景,即通过话语沟通、文化规范与互动实践所塑造的社会形象。国际信任与国家形象密切相关,国家间的信任离不开良好的声誉,负面事件和违约行为容易造成信任危机甚至信任瓦解。2017年1月,新上任的特朗普总统就职当天旋即宣布美国退出《跨太平洋伙伴关系协定》。国际社会普遍认为,美国此举令参与各方大失所望,使其盟友心生芥蒂,加之美国国际政策的反复无常,美国国家形象遭受严重损害。[①] 全球知名公关咨询公司爱德曼国际公关公司发

---

① 李志杰,王庆华. 国际关系中的信任问题:概念内涵、影响因子与补偿路径[J]. 太平洋学报,2020,28(2):18-26.

布的《2020年爱德曼全球信任度调查报告》显示，中国的信任度综合指数以82%的成绩连续三年位居世界各主要经济体首位，而全球平均指数仅为54%。① 这种高信任度本身就是可信中国形象的重要组成。

第三，"可信"折射被信者的公信力。公信力的三大主要维度分别为专业能力、可信度和友好善意，次要维度包括冷静与活力等。② 习近平十分注重在多边和双边场合向国际社会强调中国人民不接受"国强必霸"的逻辑，强调有着5000多年历史的中华文明始终崇尚和平，展现中国的友好善意。中国相关白皮书和国际传播活动努力阐释中国国防、民族政策、环境保护、"一带一路"、人类命运共同体等，就是为了消除国际社会对中国的猜测和疑虑，通过增强确定性因素提升中国的国际公信力。这种建立信任的出发点和动机是积极的，从国际传播角度看，影响效果的因素可能出现在如下环节：第一，是否通过有公信力的媒体进行传播；第二，是否经过某些媒体和智库的歪曲解读；第三，受众的价值判断是否会认为这些信息是战略欺骗。这些问题也正是中国国际传播工作面临的挑战。解决这些问题的根本，在于提升整个国家的国际公信力。

（二）"可爱"与"可信"的关系

"可爱"与"可信"的关系一直受到学界关注，王国维、陈先达等著名学者均曾予以论述。"可爱"与"可信"是既对立又统一的整体。

第一，"可爱"偏重感性逻辑，"可信"偏重理性逻辑，二者有对立的一面。王国维曾言："哲学上之说，大都可爱者不可信，可信者不可爱。"王国维认为理性的"可信"与人文主义的"可爱"格格不入，而二者又无法丢弃。③ 可爱是相对感性的，是基于人文主义的；可信是相对理性的，基于科学精神的。但并不是说可爱就没有科学的东西，也不是说可信就没有感性的东西，

---

① 方莹馨.《2020年爱德曼全球信任度调查报告》发布［N］.人民日报，2020-03-07（3）.
② 钟新.公信力视野下国家首脑国际形象建构［J］.对外传播，2014（4）：4-6.
③ 曾昭式."可爱"与"可信"：论王国维关于逻辑学的二难困境［J］.人文杂志，1999（1）：44-47.

而是哪个多一些，哪个少一些的问题。可信中的情感信任在国际关系中也颇为常见且非常重要，如小布什在2001年6月与普京的联合记者招待会上说"当我看到普京的眼睛时，我就感觉到他是非常直爽和值得信赖的"①。

第二，"可信"与"可爱"是相辅相成的统一整体。著名马克思主义哲学家和教育家陈先达主张"哲学应该是可爱且可信的"，抽象人文主义与伪科学主义都是片面的。②其实，即便是偏重理性逻辑的"可信"，也有感性的成分。信任可以分为情感信任和认知信任，认知信任强调信任建立在认知的基础上，须基于不确定性的消除或减弱，情感信任则来源于对信任对象的即时信任感。在中美建交前的关系缓和过程中，尼克松十分注重和中国领导人发展个人层面的情感信任关系，提出要表明"我们的严肃认真、可靠"，也就是要让中国领导人在感性上把他看成可靠以及可信的人。③

第三，"可爱"与"可信"中国形象的相互支撑。讲好中国故事、开展中国国际传播，要开展既可信又可爱的传播，塑造既可信又可爱的中国形象。可爱的信息可以增加受众的情感信任，可信的信息又可以让传播主体变得更加可爱。2021年，云南象群北上迁徙的过程受到多国媒体关注，人们通过象群感受到"可爱的中国"；同时相关部门和中国媒体积极发布环保信息、被象群破坏财物的赔偿信息等，同步塑造了"可信的中国"形象。

（三）可信中国形象的丰富内涵

可信中国形象与中华优秀传统文化、马克思主义和中国共产党的革命建设改革实践密切相关，有着丰富内涵。

第一，中华优秀传统文化中的"可信"。中华优秀传统文化一贯注重"信"的问题。夫信者，"从人，从言"。④言从人出，言之有信。人无信不立，国无信不兴。首先，在个人层面，儒家提倡做人的道德准则为"仁、义、礼、

---

① 尹继武.国际信任的起源：一项类型学的比较分析［J］.教学与研究，2016（3）：98-106.
② 陈先达.可信又可爱的哲学［M］.北京：人民出版社，2015：32.
③ 陈丽颖.情感性信任：国家间互信关系中的深度形式［J］.学海，2017（6）：48-53.
④ 许慎.说文解字［M］.长春：吉林美术出版社，2015：312.

智、信",其中"信"是重要的行为规范。在《论语》中,"信"字共出现38次,如"人而无信,不知其可也"的表述已深入人心。① 历史上既有曾子"杀猪教子"、商鞅"立木为信"等诚实守信的美谈,也有"烽火戏诸侯"等亵渎信任的笑谈。其次,在国家层面,中国古人高度重视治国的诚信。晋文公说:"信,国之宝也,民之所庇也。"(《左传·僖公二十五年》)司马光在《资治通鉴》中指出:"古之王者,不欺四海,霸者不欺四邻。"② 最后,中国传统文化和传统智慧是增强中国国际信任的重要资源。中华文明历来主张天下大同、协和万邦。中华优秀传统文化倡导"君子义以为上""国不以利为利,以义为利"。当前,我国在国际场合积极倡导正确的义利观,是对中华优秀传统文化的继承和发扬,有利于增强中国的国际信任,塑造可信中国形象。

第二,马克思主义与可信中国形象。马克思认为,信任就是一个人承认或相信另一个人,信任一个人的前提是这个人是"诚实的"。③ 马克思认为资本主义的信任异化是资本主义深刻的信任危机,是由资本主义私人所有制本身的不公平所导致的,也是人的本质的异化:从发达的信贷系统看,信任似乎超出了前所未有的程度,而从道德互信看,人与人之间的互信反倒降低了。④ 在马克思看来,共产主义社会是一个平等、自由、公正的社会,因而是具有真正高度信任的社会,应该"用爱来交换爱","用信任来交换信任"。⑤ 而无产阶级政党必须赢得工人阶级的信任才能建立政权。恩格斯在《德国的革命和反革命》中指出,德国的小手工业者、小商人阶级本来有机会组织政府,但由于其政治上的"短见、畏缩和动摇","失去了欧洲所有起义的真正

---

① 吴根友. 现代中国人际信任的传统资源:《论语》《老子》中的"信任"思想略论 [J]. 伦理学研究, 2003 (3): 31.
② 司马光. 资治通鉴·周纪二·显王十年 [M]. 北京:中华书局, 1956: 48.
③ 马克思. 1844年经济学哲学手稿 [M]. 中共中央马克思恩格斯列宁斯大林著作编译局, 译. 北京:人民出版社, 2000: 168.
④ 马克思. 1844年经济学哲学手稿 [M]. 中共中央马克思恩格斯列宁斯大林著作编译局, 译. 北京:人民出版社, 2000: 146.
⑤ 刘珂. "信任"理念的嬗变:休谟、马克思、吉登斯的信任谱系 [J]. 南华大学学报(社会科学版), 2016, 17 (3): 39-45.

战斗力量——工人阶级的信任",最终失败。①列宁指出,布尔什维克党领导的"无产阶级专政在世界上是最巩固的,因为它用行动赢得了信任"②。中国共产党在革命、建设、改革各个历史时期,以马克思主义为根本遵循,在中国大地建立并发展了无产阶级政权,赢得广泛信任,为塑造可信中国形象打下坚实基础。

第三,中国共产党革命建设改革实践中的可信中国形象。中国共产党高度重视把马克思主义基本原理同中国具体实际相结合、同中华优秀传统文化相结合,在革命建设改革实践中传承了马克思主义和中华优秀传统中的相关理念。首先,在"可信"的政党、政府、领导人方面,毛泽东说:"威信是逐渐建立的。……群众对领导者真正佩服,要靠在革命实践中了解。真正了解,才能相信。"③此处"了解才能信任"的逻辑深刻揭示了传播工作在建立信任中的重要作用。邓小平在1989年同几位中央负责同志谈话时强调,"无论如何要给国际上、给人民一个改革开放的形象",要求新的领导班子"要能够取得人民的信任和国际上的信任",④实质上已经提出了"通过改革开放塑造可信中国形象"的重大问题。其次,在"可信"的中国人方面,习近平总书记在2014年视察北京大学时指出:"在洋溢着青春活力的校园里一路走来,触景生情,颇多感慨。我感到,当代大学生是可爱、可信、可贵、可为的。"⑤中国一贯注重从公民个人层面推动诚信社会建设。党的十八大提出,倡导富强、民主、文明、和谐,倡导自由、平等、公正、法治,倡导爱国、敬业、诚信、友善,积极培育和践行社会主义核心价值观。⑥其中,"诚信"就是公

---

① 马克思,恩格斯.马克思恩格斯全集:第八卷[M].中共中央马克思恩格斯列宁斯大林著作编译局,译.北京:人民出版社,1961:114.
② 列宁.列宁全集:第40卷[M].中共中央马克思恩格斯列宁斯大林著作编译局,编译.北京:人民出版社,1986:252.
③ 中共中央文献研究室.毛泽东选集:第五卷[M].北京:人民出版社,1977:86-87.
④ 中共中央文献研究室.邓小平文选:第三卷[M].北京:人民出版社,1993:315.
⑤ 罗容海.做"可爱可信可贵可为"的新青年[N].光明日报,2014-05-08(2).
⑥ 黄敬文,兰红光.中国共产党第十八次全国代表大会在京开幕[N].人民日报,2012-11-09(1).

民个人层面的价值准则,在中国全社会得到广泛接受。再次,在国际视野下的"可信"中国建设方面,习近平总书记在多种场合强调国际互信的重要性:"当前,国际竞争摩擦呈上升之势,地缘博弈色彩明显加重,国际社会信任和合作受到侵蚀。我们要把互尊互信挺在前头""增进战略互信,减少相互猜疑"。① 最后,在其他领域,中国共产党领导人也有重要论述。如在军事领域,邓小平指出:"相互信任本身就是战斗力,是重要的战斗力。"② 2019 年 3 月 18 日,习近平总书记主持召开学校思想政治理论课教师座谈会并发表重要讲话,用"可信、可敬、可靠"肯定了思政课教师队伍。③ "可信"的相关重要论述和理念已经深入人心,成为塑造可信中国形象的重要基础。

四、塑造可信中国形象的重大意义

当前,国际关系的不确定性增加,国际信任的重要性凸显,塑造与传播可信中国形象十分迫切。其重大意义主要体现在如下几个方面。

第一,打破西方社会对华误解与偏见,塑造可信中国形象有强烈的迫切性。首先,长久以来,西方社会对中国的信任问题抱有深刻偏见,孟德斯鸠、黑格尔、韦伯等西方学者认为"中国人是地球上最会骗人的民族""(中国人)欺诈实在可以说诡谲巧妙到了极点""中国人在世界上具有罕见的不诚实";④ 福山则认为中国是低信任度文化的代表⑤。西方学者对中国信任情况过低评价,在国际学界得到广泛传播和接受,这是塑造可信中国形象面临的巨大挑战之一。其次,中国提出的理念和倡议在一定范围遭到误读和曲解。人类命运共同体理念在部分西方媒体中呈现出较多误读,有的媒体解读为"中国的

---

① 汪晓东,李志伟,鞠鹏,等.习近平出席中法全球治理论坛闭幕式并致辞[N].人民日报,2019-03-27(1).
② 朱敏,肖渝凡.相互信任是重要的战斗力[N].解放军报,2017-04-28(6).
③ 习近平.用新时代中国特色社会主义思想铸魂育人 贯彻党的教育方针落实立德树人根本任务[N].人民日报,2019-03-19(1).
④ 吴建华.质疑韦伯的中国社会信任观[J].中州学刊,2006(1):140-143.
⑤ 福山.信任:社会美德与创造经济繁荣[M].郭华,译.桂林:广西师范大学出版社,2016:2.

野心""与美国的对立""中国全球化新主张";"一带一路"倡议提出后,部分国际媒体曲解为"意识形态渗透""文化入侵""债务陷阱";孔子学院被部分媒体曲解为"间谍机构""政治宣传机构""锐实力的体现"。最后,亟须构建官民协同的国际传播体系,以提升中国国际传播公信力。一些西方媒体在援引中国官方媒体消息时,特别指出"党报""国家电视台""官方媒体",其潜台词往往是别有用心的。

第二,中国与西方信任逻辑的冲突亟须弥合。中国的"信"文化为伦理本位,而西方之"信"紧紧围绕契约文明展开。① 《论语》曰:"吾日三省吾身。为人谋而不忠乎?与朋友交而不信乎?"(《论语·学而篇》)《墨子》强调"兼爱非攻"。中国传统文化的"信"有明显的"克己"倾向,折射了"克己复礼为仁"的传统精神哲学。"克己"精神也体现在当前中国国际传播话语中,如强调中国有数千年和平传统,从未武力侵略其他民族。而作为西方文明社会的主流精神,契约精神的核心是守信,是在商品交易过程中逐渐形成的。西方资本主义国家的所谓"信任",实质上不过是对"资产阶级的信任,即对企业家的活动……对商业的信任"②。某些西方国家谋求国家利益时,十分注重对国际规则和国际法的"操纵"。这种操纵伪装了一层"契约精神"的外衣,很容易博取国际社会的"信任"。中西方信任逻辑的冲突亟须寻求弥合之策,否则塑造可信中国形象将面临巨大挑战。

第三,西方多国面临信任危机,可信中国形象塑造迎来重大战略机遇。当前部分西方国家政治操弄的恶果频现,美国等西方大国的"人设"和"话语"崩塌,在一定范围出现国际信任危机。这为我国开展国际传播、塑造可信中国形象带来重大战略机遇。在媒体公信力方面,近年来西方主要国家媒体公信力呈现下降趋势。英国新闻界沦陷于"窃听门",美国大选中新闻媒体

---

① 孟庆国,崔萌,吴晶妹,等.政府公信力的伦理解释与建构——数字治理价值实现的基础理论[J].中国行政管理,2021(2):14-20.

② 马克思,恩格斯.马克思恩格斯全集:第六卷[M].中共中央马克思恩格斯列宁斯大林著作编译局,译.北京:人民出版社,1961:136.

被操纵，民众越来越不相信媒体，媒体公信力滑坡，成为全球性问题。① 而与此相对，中国国际话语权正在增强。美国外交学者网站指出，中国提出的"生态文明""一带一路"倡议等术语已经深刻影响了《联合国气候变化框架公约》第26次缔约方大会的某些议程，也影响了英国提出的"清洁绿色倡议"和七国集团峰会上宣布的"重建更好世界"计划。中国提出的这些术语作为一种能影响外国受众和决策者的说法已经取得显著成功，多种迹象表明中国的话语权有所增强。② 2019年，习近平总书记在中法全球治理论坛闭幕式上发表重要讲话指出，国际社会正面临治理赤字、信任赤字、和平赤字、发展赤字四大挑战。在防止核扩散、应对全球气候变化、解决地区争端、打击恐怖主义、维护网络安全以及促进国际经济体系发展等诸多领域，国际社会的互不信任、彼此猜疑已经成为常态。在此背景下，中国提出塑造"可信中国"形象的敏锐判断和战略方向，可谓正当其时，大有可为。

五、塑造可信中国形象的路径

可信中国形象内涵丰富，塑造可信中国形象意义重大。应在理论引领、信息供给、国际说理等多方面综合施策，积极塑造可信中国形象。

（一）以科学的理论引领可信中国形象塑造

中国共产党一向注重理论传承和理论创新，并积极开展重大理论的国际宣讲，不断增强国际信任，加强中国特色体制优势的战略引领，塑造可信中国形象。

第一，积极将"四个自信"转变为国际信任，塑造可信中国形象。"四个自信"（道路自信、理论自信、制度自信、文化自信）自提出以来，就成为宣传思想工作的重要内容，在广大党员领导干部和群众中做到了入脑入心。"自

---

① 李其芳.传播信任：转型期电视媒介公信力研究[M].北京：人民出版社，2018：26-30.
② 美学者文章：2021年中国有更大"话语权"[N].参考消息，2021-11-25（13）.

信"是对自我的相信,要将其转变为国际社会对中国的信任,还需要付出巨大努力。要加强中国特色社会主义道路、中国特色社会主义理论体系、中国特色社会主义制度、中国特色社会主义文化的国际传播,将"四个自信"转变为国际社会对中国道路、中国理论、中国制度和中国文化的信任,是塑造可信中国形象的"牛鼻子"。

第二,加强重要理论的国际宣讲,通过可信承诺消除国际疑虑。在国际战略领域,可信承诺受国家的实力、决心和履约能力影响。在社会建构主义者看来,承诺可信与否,其实是一个互动建构的过程。话语的建构性有着特殊的力量,有说服力的承诺可以化敌为友。[1] 当前,我国不只开展国际新闻宣传,还积极开展国际理论宣讲,向国际社会说明中国的战略意图,打消国际社会的疑虑和误读。十八大以来,我国加强了国际理论宣讲工作,中联部派多批海外宣讲团宣讲党的十八届三中全会精神、十九大精神等,覆盖范围包括美国、欧洲多国、亚非拉多国,取得很好效果。

第三,加强中国特色体制优势的战略引领,以持续一贯的政策塑造可信中国形象。塑造可信中国形象对国际政策的一贯性有很高要求。卢曼在讨论获得和维持信任的条件时,尤其强调一贯性、连续性的重要性。[2] 中国共产党一贯注重总结和传承历史经验,注重从中华优秀传统文化和马克思主义中汲取营养,百年党史、70余年新中国史、40余年改革开放史中相关理论、理念、政策得以不断传承发展,这正是中国特色体制优势所在。西方一些两党制国家在政权更迭时往往出现政策的反复甚至矛盾。如特朗普上台后宣布退出世界卫生组织、联合国教科文组织、《跨太平洋伙伴关系协定》、《巴黎协定》等;拜登宣誓就职后立即宣布重新加入世界卫生组织和《巴黎协定》等,这种反复无常让美国国际威信大打折扣。

---

[1] 曹德军. 国际政治中的可信承诺:一项学术评估[J]. 太平洋学报, 2017, 25(10): 12-24.
[2] 郭慧云, 丛杭青, 朱葆伟. 信任论纲[J]. 哲学研究, 2012(6): 11.

（二）以真实的信息供给塑造可信中国形象

真实可信是新闻传播的基本原则，实事求是思想路线是中国共产党的生命线。提供真实信息是塑造可信中国形象的重要保障。

第一，真实是可信的生命线。哈贝马斯把真实和真诚看作理想交往的基本条件，对真实的渴望与追求是社会信任得以发挥功能的一个最基本前提。[1]2003年"非典"暴发早期，真相和事实没有被及时公开，严重损害了政府公信力；"汤山速度"、一个月之内出台相关应急条例、"非典"最终得到有效防控，体现了良好的政府效率，中国政府公信力提升。[2]习近平总书记指出："我们国家发展成就那么大、发展势头那么好，我们国家在世界上做了那么多好事，这是做好国际舆论引导工作的最大本钱。我们有本事做好中国的事情，还没有本事讲好中国的故事？我们应该有这个信心！"[3]中国发展进步的生动实践和铁的事实，为塑造可信中国形象提供了源源不断的生动事例。

第二，坦诚是建立信任的有效助力。1944年，中国共产党曾促成外国记者到边区采访，极大促进了国际社会对中国共产党的认知。毛泽东强调："对待来宾的宣传工作，一定要实事求是地宣传我们党的政策。""要采取老实的态度，知之为知之，不知为不知。切不要不懂装懂，自以为是。"[4]周恩来强调："宣传工作，要实事求是，介绍我们的成绩，也要说明我们工作中有错误、有缺点，说明我们有克服错误、缺点的办法，切不可搞浮夸，更不可弄虚作假。"[5]这种态度赢得了外国记者的信任，白修德等外国记者在其著作中对中共领导人的"开诚布公"和"坦率"感到"惊讶"[6]，这成为中国共产党通过外国记者开展国际传播的重要成功案例。

---

[1] 郭慧云，丛杭青，朱葆伟.信任论纲[J].哲学研究，2012（6）：11.
[2] 龚培兴，陈洪生.政府公信力：理念、行为与效率的研究视角——以"非典型性肺炎"防治为例[J].中共中央党校学报，2003（3）：34-38.
[3] 习近平.论党的宣传思想工作[M].北京：中央文献出版社，2020：120-121.
[4] 金城.延安交际处回忆录[M].北京：中国青年出版社，1986：6.
[5] 金城.延安交际处回忆录[M].北京：中国青年出版社，1986：200-201.
[6] 白修德.探索历史[M].马清槐，方生，译.北京：生活·读书·新知三联书店，1987：164-166.

第三,实事求是是构建可信形象的基础。1976年唐山大地震伤亡人数曾一度被列为国家机密,政府部门还多次就外国媒体的报道进行辟谣,国际上对中国政府一度持怀疑甚至否定态度。①2008年汶川大地震发生后,中国政府第一时间通报灾情和死伤人数,外媒记者在灾区的采访环境非常宽松,是中国政府自信心的体现。透明的新闻政策让灾难的严重性直接展现在全世界媒体受众面前,积极救灾工作也得到了大量报道,为中国政府赢得了很高的评价。②

(三)以有效的国际说理夯实可信中国形象

毛泽东曾说:"要好好地说理。如果说理说得好,说得恰当,那是会有效力的。"③在中国国际传播中,观点、事实的传播固然重要,通过说理让人信服更加重要。国际说理依赖事实与叙事的力量。

第一,国际说理的重要性。在塑造可信中国形象过程中,应牢记一个朴素的道理:我们开展国际传播的目的,不是让人"知晓"我们的立场观点,而是让人"相信和认可"我们的所想所说。一般来讲,"宣传话语是武断下达的,它追求的是简单、直接、容易接受的效果"。④在塑造可信中国形象过程中,不能只是阐明事实和观点,还要特别注重说理和论证,给出证据,让受众发自内心地相信和认可,而非认为是战略欺骗。中国外交部发言人在回答记者提问时常用"固有领土""不容置疑""无可争辩"等结论性措辞,仅凭这些信息很难起到说理作用,其说理的过程则需要其他领域积极配合。在南海争端中,中国通过纪录片等多种方式向国际社会传播中国南海渔民的风俗、传统,把中国渔民祖祖辈辈在南海捕鱼的事实通过故事化、感性化的方式进行传播,让国际受众信服,效果良好。

---

① 余曙光,全薇.中国政府信任类型的历史嬗变与现实思考[J].重庆大学学报(社会科学版),2016,22(1):217—222.
② 赵新利,小田真.关于报道中国的对话[J].青年记者,2009(28):13.
③ 中共中央文献研究室.毛泽东选集(第三卷)[M].北京:人民出版社,1991:833.
④ 徐贲.明亮的对话:公共说理十八讲[M].北京:中信出版社,2014:23.

第二,注重故事性说理。讲故事是提升说服力的重要途径。习近平总书记多次强调"讲好中国故事",并身体力行,在国际舞台通过中国故事开展国际说理。2015年习近平访美期间,他通过亲身经历的"梁家河的今昔对比"来阐释中国改革开放以来中国社会发展的巨大成就:他当村党支部书记时,期盼让乡亲们吃上一顿肉,却很难实现;而今这个村子修了柏油路,村民们住上了砖瓦房,用上了互联网,吃肉当然已不成问题。通过讲述一个小村庄的故事,见微知著地折射整个中国的发展,显然比列举干瘪的结论性观点更有说服力。

第三,注重民间视角的说理。首先,国之交在于民相亲。国家之间的互信离不开两国民众之间的相互信任,两国民众的互信能够增强两国关系网络的黏稠度。中日两国人民之间缺乏良好的信任基础,在决策者需要提升两国关系时,往往缺乏民意基础和舆论准备,这是多年来困扰两国关系的重要症结。其次,构建立体化国际传播体系。西方社会在一定程度上对官方媒体有天然的不信任。中国的国际传播不能只靠官方媒体,而应同步重视民间力量、外媒外嘴外脑的力量,分工协作,打好配合,形成国际信任的"证据闭环",增强国际传播的说服力。最后,注重多主体的国际说理支撑体系建设。中国的可信形象由可信的中国人、可信的中国企业、可信的中国制度等因素组成。当代中国与世界研究院发布的《中国企业形象全球调查报告2021》显示,在可信维度,85%的青年受访者认可中国企业遵守当地的法律法规,成为中国企业形象表现的重要支撑。①

---

① 王林.海外青年认可中国企业形象[N].中国青年报,2021-12-07(3).

"敬"论视野下可敬中国形象的塑造*

一、问题的提出

2021年5月31日，习近平总书记在主持中共中央政治局第三十次集体学习时发表重要讲话强调，"要注重把握好基调，既开放自信也谦逊谦和，努力塑造可信、可爱、可敬的中国形象"①。这是习近平总书记首次明确提出中国形象的"可敬"维度，从国家战略层面强调了塑造可敬中国形象的重要性，为中国国家形象塑造指明了新方向。

近年来，关于"可信、可爱、可敬"中国形象的研究成果逐渐涌现，如钟新的《可信、可爱、可敬：北京冬奥会中国体育形象的多维建构》(《对外传播》，2021年11月)、傅莹的《努力塑造可信可爱可敬的中国形象》(《人民日报》，2021年12月29日)等。这些成果大都把"可信、可爱、可敬"中国形象作为一个整体来探讨。然而，"可信、可爱、可敬"是中国形象的三个不同维度，其理论依据、问题指向和实现路径皆不相同，仅仅概而论之显然是不够的，而应加以解构并分别予以聚焦。笔者的《共情传播视角下可爱中

---

* 文章原载于《青年记者》2022年第17期，收入本书时有改动。
① 习近平.加强和改进国际传播工作 展示真实立体全面的中国[N].人民日报,2021-06-02(1).

国形象塑造的路径探析》①和《信任理论视野下可信中国形象塑造的路径》②开始了将"可信、可爱、可敬"分而论之的探索。以笔者目力所及,目前尚未出现"可敬中国形象"塑造的专门研究。在当前形势下,我们需要回答可敬中国形象塑造的一些基本问题:可敬中国形象的内涵是什么?如何塑造可敬中国形象?这些基本问题的解答,既是学界研究所需,也有重要的现实指导意义。

二、中华优秀传统文化中的"敬"论思想

当前,中国许多学术研究往往依靠西方理论,言必称希腊,对中华优秀传统文化中的理论挖掘和阐释十分不足。实际上,几千年中华优秀传统文化中有大量经典理论,对当前学术研究和实践工作都有指导意义,尚未被学界充分挖掘。

在"敬"论方面,康德的道德哲学认为"敬"的情感发自实践理性而非源于经验;海德格尔将康德道德哲学中在情感与理性必然之间摇摆的"敬"之情进行了提升,使之脱离了感性情感,成为理性情感。③康德否认"敬"作为一种道德情感的经验性的来源,而将其归结于一种预设的抽象的道德法则。这一方面使"敬"有了一种基于纯粹思辨理性的让人敬畏的崇高感,一方面又因为其抽离了生活世界的经验维度而变得让人感到高不可攀,于是使人感到可敬而不可亲。④

中华优秀传统文化中"敬"则根植日常生活和修身立命,诚信、爱敬、

---

① 赵新利.共情传播视角下可爱中国形象塑造的路径探析[J].现代传播(中国传媒大学学报),2021,43(9):69-74.

② 赵新利.信任理论视野下可信中国形象塑造的路径[J].现代传播(中国传媒大学学报),2022,44(5):68-75.

③ 沈鸿慎.海德格尔与牟宗三对康德"敬"之情的理解比较[J].湖北大学学报(哲学社会科学版),2018,45(3):100-106.

④ 谢狂飞."仁"与"敬"——孔子与康德的道德教育思想比较及其现代启示[J].皖西学院学报,2021,37(1):150-156.

知耻、忠恕、和同等价值理念博大精深、内涵丰富，在当前依然有重要的理论价值和现实意义。中华优秀传统文化对"敬"有系统阐释。"敬"是中国传统伦理思想的重要范畴，贯穿了中国古代思想发展的始终，有强烈的伦理属性与社会价值。商周时期由"敬天"转向"敬德"，以政治伦理为主导；战国秦汉时期以礼履敬、以敬行礼，体现了动荡时代人文理性精神的升华；程朱理学则视"敬"为圣门至上心法，是儒家心性论、工夫论的最高理论水平。① "敬"是儒家核心范畴之一，是儒家人文精神和道德理性的哲学表达，积淀为中华文化的精神品性和价值信仰，有丰富的人学意蕴。② 从最早"敬天"的宗教情怀，到"敬民"的统治智慧，再到"敬德"的治德理念，体现了中国古人对伦理的慎思与对社会治理的虔敬。而"敬"中所包含的自我警醒、庄敬肃穆、敬慎道德、言行恭敬等含义，有人文与社会规范的深刻含义。朱熹"敬论"要求在"心"上做功夫，要"主一无适"，要容貌恭顺、言语畏谨；要"整齐严肃"，要求仪容整齐，举止端庄；强调"常惺惺法"，保持头脑清醒和内心净澈；要"此心收敛，不容一物"，心主这事，不为他事所乱。

中国古人由其"敬天"活动建立了最初的"敬"论，包括警戒、恭谨、端肃、畏惧等含义，构建起敬天、敬德、敬民的道德行为和政治秩序。③ 在国际传播视角下，"天"即"道"，"敬天"就是遵循自然规律和人类发展规律；"敬德"就是遵从人类普遍道德准则；"敬民"就是倾听民众呼声赢得民众支持。"敬天、敬德、敬民"反映了通过天道、德行和民心构建"可敬"形象的路径。

---

① 冯兵.儒家"敬"论的三个发展阶段：以《尚书》、《曲礼》和程朱理学为例［J］.哲学动态，2016（11）：61-68.
② 付粉鸽.生存态度与生命情感：孔子"敬"思想的人学意蕴［J］.孔子研究，2016（2）：57-63.
③ 赵正泰."敬天"与"敬德"：试析"敬"论的出现与义涵［J］.齐鲁学刊，2018（5）：12-16.

三、可敬中国形象的内涵

可敬，就是值得尊重、受到尊敬之意。"可敬"一词与敬爱、敬仰、尊敬、崇敬、敬佩、敬意、敬重等词汇有千丝万缕的联系。可敬中国形象有着丰富的内涵。

（一）"可敬"的多重维度

笔者在"中国知网"收集了题中含"可敬"二字的文章近200篇，所描述的对象大致有如下几类：第一，医生、军人、教师、手艺人、环卫工等职业或群体；第二，某些特定人物，如孟子、鲁迅、粟裕、刘胡兰等著名历史人物，也包括父亲、母亲等亲人；第三，某些抽象的事物，如可敬的共产党、可敬的马克思主义、可敬的信仰、可敬的匠心；等等。综合来看，"可敬"用来修饰的特定群体和特定人物，往往作出卓越历史贡献，有卓越历史功绩，或有高尚的道德品质；所修饰的抽象事物则往往有先进性、引领性和模范性等特点。

"敬"的双重含义，折射"可敬"的关系属性。首先，"敬"是主体的某种心境或状态，表示严谨、净澈、专注、安定、庄重、端庄、警醒、戒谨、克己、恭敬、端肃等含义，其反面的状态包括浮躁无主、慌乱无定等。孔子说："修己以敬"，宋明理学所说"主一无适""整齐严肃""常惺惺法""此心收敛，不容一物"，均属此类。人们积极勤恳，保持专注，时时警惕，时刻检省，不敢妄为，这个层面上的"敬"，是主体本身的修养、品质和特性，也是重要的修身功夫。其次，"敬"是对某些对象的特定意向性行为或感受，如敬爱、敬仰、尊敬、憧憬、敬佩、敬意、敬重、孝敬等。这些词语均有一定的指向性，表达"敬天""敬神""敬人""敬民""敬忠""敬士""敬命""敬老""敬师"等含义。再次，"可敬"的关系属性。"可敬"综合了"敬"的上述双重含义。可敬的主体首先要注重"修己"，有"敬"的特质；这种特质得到他者注意，获得他者认可，才能引起他者尊敬，从而实现敬佩、敬意、孝敬等带有关系属性的含义。

"敬"是社会秩序和国际秩序的体现。中国传统儒家思想注重"亲亲"与"尊尊",如在父子关系中,"严父孝子"体现的是晚辈对长辈的"敬",这种"敬"是建立在血缘伦理关系之上的,体现的是家庭秩序;在君臣关系中,"明君忠臣"体现的是臣对君的"敬",这种"敬"是建立在政治权力关系之上的,体现的是政治秩序;在国际关系中,宗主国与藩属国的关系体现的是小国对大国的"敬",这种"敬"是建立在文化、经济、军事等的依附关系上的,体现的是国际秩序。

(二)"可敬"与"可信""可爱"的关系

可信、可爱、可敬之间有密切联系,是辩证统一的整体。我们在分而论之的同时,更要关注三者之间的相互关系。

1. "可敬"与"可爱"的关系。"敬"与"爱"均是儒家思想的重要理念。孟子说:"爱人者,人恒爱之;敬人者,人恒敬之。"汉代儒学家扬雄说:"人必其自爱也,而后人爱诸;人必其自敬也,然后人敬诸。"可爱与可敬,都是一种关系,有双向性和相互性。《通书》"爱敬第十五"有言:"故君子悉有众善,无弗爱且敬焉。"此句劝人向善而不弃人于恶,"爱"与"敬"是两个并行的概念。"整齐严肃便是敬,散乱不收敛便是不敬",可敬的事物,需"整齐严肃",而可爱的事物往往不具备这种特质。《中庸》有"敬其所尊,爱其所亲";佛经《中阿含经》有言:"爱敬同道,恭恪奉事。"佛教讲求顶礼膜拜的同时,还要内心向善,博爱众生,使人内存和悦,外有品节。由于"爱敬""敬爱"经常连用,"敬"也感染了"爱"的意思,"敬"夹杂着"爱",表达了更为丰富的思想活动与内心感受。① 在国家形象视野下,可爱与可敬是相辅相成的。如南非驻华大使谢胜文在接受采访时指出:"我眼里的中国可爱可敬,中国人吃苦耐劳、相互尊重,中国人的好客友善令人难忘,中国治安

---

① 施晓风. 佛教"敬"的内向语义发展与程朱持敬论[J]. 周易研究, 2018(6): 89-95.

也非常好。"①

2."可敬"与"可信"的关系。"可敬"与"可信"的关系，实质上是"敬"与"信"的关系。《中庸》有言："故君子不动而敬，不言而信。"意思是说，君子不待有所行，人人都尊敬他，不必开口说话，人人都相信他。《论语·学而》篇记载，子曰："道千乘之国，敬事而信，节用而爱人，使民以时。"同时出现了"敬""信""爱"，某种程度上可以对应可敬可爱可信中国形象的要求。在佛经中，"敬信"多表示尊敬信任或崇敬信奉，用于对佛祖或佛法的虔诚敬肃。在"敬"的基础上才能产生信任之心，在信的前提下才会有敬重之情。②

（三）可敬中国的丰富内涵

"可敬"是中国形象塑造的重要指针和目标，在国家形象视角下的可敬中国有着丰富内涵。

在国内层面，可敬的中国元素组成可敬的中国。首先，可敬的中国人。中国一贯注重从公民个人层面推动敬业文化建设。党的十八大提出，倡导富强、民主、文明、和谐，倡导自由、平等、公正、法治，倡导爱国、敬业、诚信、友善，积极培育和践行社会主义核心价值观。③其中，"敬业"就是公民个人层面的价值准则，在中国全社会得到广泛接受。习近平总书记2014年视察北京大学时指出："在洋溢着青春活力的校园里一路走来，触景生情，颇多感慨。我感到，当代大学生是可爱、可信、可贵、可为的。"④其次，可敬的中国制度、理念。中国是全球经济发展的推动者、世界和平的建设者、国际秩序的维护者。中国的制度优势加之所提出的人类命运共同体、"一带一路"等倡议和理念，已经在全球引起广泛影响和共鸣。最后，可敬的中国成就、

---

① 毛莉，吴正丹."我眼里的中共可爱可敬"：访南非驻华大使谢胜文［N］.人民日报（海外版），2021-07-12（8）.
② 施晓风.佛教"敬"的内向语义发展与程朱持敬论［J］.周易研究，2018（6）：89-95.
③ 黄敬文，兰红光.中国共产党第十八次全国代表大会在京开幕［N］.人民日报，2012-11-09（1）.
④ 罗容海.做"可爱可信可贵可为"的新青年［N］.光明日报，2014-05-08（2）.

贡献。做好中国自己的事情，就是对世界最大的贡献。中国坚定不移扩大改革开放，放宽市场准入，持续优化营商环境，积极扩大进口，扩大对外投资，为世界经济稳定作出贡献；在百年变局和世纪疫情叠加影响下，中国不断回答时代之问，向国际社会提出中国方案。

在对外层面，中国一向注重道义外交，注重道德感化。诸葛亮"七擒孟获"通过道义赢得人心，中国共产党在土地革命、抗日战争、解放战争、抗美援朝等过程中均实行优待俘虏政策，与"七擒孟获"一脉相承。中国外交有道义性，如在对日政策中，中国主张将日本军国主义与日本人民相区分，在侵华责任和战争赔偿等问题上充分考虑日本人民的处境，马克思的国际主义、威尔逊的理想主义、中国的王道主义贯穿了中国的对日外交。[1] 当前中国在国际舞台上积极承担大国责任，在对外援助、债务减免等方面积极作为，努力塑造受尊重的大国形象。

党和国家领导人对"可敬"有许多重要论述。1936 年 10 月 25 日，毛泽东致信傅作义："日寇西侵，国难日亟。先生统帅师旅捍卫边疆，今夏小试锋芒，已使敌人退避三舍。……四万万人闻之，神为之王，气为之壮，诚属可贺可敬"[2]，对其英勇抗日大加赞誉。1949 年 3 月 25 日，北平各界代表和民主人士到西苑机场欢迎毛泽东主席、朱德总司令，毛泽东对沈钧儒说："你在国民党政府统治下，为坚持真理，主持正义，不怕坐牢，不怕杀头，令人可钦可敬。"[3] 毛泽东在六届六中全会上告诫全党，"自私自利，消极怠工，贪污腐化，风头主义等等是可鄙的；而大公无私，积极努力，克己奉公，埋头苦干的精神，才是最可敬的"[4]。2019 年 3 月 18 日，习近平总书记主持召开学校思想政治理论课教师座谈会并发表重要讲话，用"可信、可敬、可靠"肯定了

---

[1] 毛里和子. 中日关系：从战后走向新时代 [M]. 徐显芬，译. 北京：社会科学文献出版社，2009：77.
[2] 中共中央文献研究室. 毛泽东选集：第一卷 [M]. 北京：人民出版社，1993：455.
[3] 林玉华. 毛泽东在西苑机场会见民主人士 [J]. 百年潮，2000（8）：24-28.
[4] 中共中央文献研究室. 毛泽东选集：第二卷 [M]. 北京：人民出版社，1991：660.

思政课教师队伍。①

四、可敬中国形象的塑造

孟子说:"恭敬之心,人皆有之。"恻隐、羞恶、恭敬、是非"四心"是人的本能。吸引国际社会的"恭敬之心",是中国国际传播的重要任务,也是可敬中国形象塑造的主要目标。

第一,塑造敬天敬道的中国形象。汉字的字形结构包含了古人的丰富思想内涵,"敬"之初文"苟"的字形结构反映的正是羌族巫师在作法礼神时的形体样式,所表达的正是"敬"的原始内涵,即人对天敬畏。②人与自然关系方面,近年来中国推动绿色发展,提出环境保护、生态文明建设、碳减排和碳中和等重要理念,正是中国优秀传统文化中天人合一、道法自然理念的体现。中国的许多理念产生了广泛国际影响。美国外交学者网站指出,中国提出的"生态文明"、"一带一路"倡议等术语已经深刻影响了《联合国气候变化框架公约》第26次缔约方大会的某些议程,也影响了英国提出的"清洁绿色倡议"和七国集团峰会上宣布的"重建更好世界"计划。中国提出的这些术语作为一种能影响外国受众和决策者的说法已经取得显著成功,多种迹象表明中国的话语权有所增强。③

第二,塑造敬业奉献的中国形象。"敬"作为一种道德,出现于西周初年,其最初意义主要是指一种临事态度,即"敬事"。古代中国有"执事敬""事思敬""行笃敬"等说法,程朱理学的"敬"论也特别强调内心专注。朱熹说:"居敬则常存于事物之中,令此敬与事物皆不相违,言也须敬,动也须敬,坐也须敬,顷刻去他不得。"朱熹的"敬"论指向人心,属于内心之功夫,强调自省自存、收敛内心等。古人所谓"敬",是一种有对象的心理和情

---

① 习近平.用新时代中国特色社会主义思想铸魂育人 贯彻党的教育方针落实立德树人根本任务[N].人民日报,2019-03-19(2).
② 王颖."敬"德论[J].中州学刊,2017(9):101-105.
③ 美学者文章:2021年中国有更大"话语权"[N].参考消息,2021-11-25(13).

感活动，其对象可以是"人"，可以是"事"。"敬人"主要用于臣对君、子对亲等的恭敬、敬仰之心；"敬事"是指以敬畏和谨慎的态度处事。当前，中国强调"工匠精神"、高质量发展，敬业奉献成为主流价值观。敬业的中国人，是可敬中国形象的重要组成。

第三，塑造修己敬民的中国形象。在儒家看来，克己与敬有许多互补、相似，甚至内涵完全一致之处。钱穆先生甚至认为朱熹晚年"以克己代敬"。[1] 习近平总书记在主持十九届中央政治局第十次集体学习时指出，《论语》中说要"修己以敬""修己以安人""修己以安百姓"，对我们共产党人来说，修己最重要是修政治道德。孔子提出的"修己以敬"是自反性向度，折射了"克己复礼为仁"的传统精神哲学。"克己"精神也体现在当前中国国际传播话语中，如强调中国有数千年和平传统，从未武力侵略其他民族；习近平总书记在出访时所说"我将无我，不负人民"体现了其自身"克己奉公"的宝贵品质，也体现了中国共产党"除了最广大人民的利益，没有自己特殊的利益"的高度自觉。中国共产党提出"人民对美好生活的向往就是我们的奋斗目标"，明确提出人民当家作主、全过程人民民主，推动脱贫攻坚和乡村振兴，塑造了修己敬民的形象。

总之，塑造可敬中国形象需要恭敬、谦逊的心态，需要积极向国际社会讲述可敬的中国故事。要积极通过传播价值理念、宣传发展成就和履行国际责任等方式，塑造敬天敬道、敬业奉献、修己敬民的可敬中国形象。

---

[1] 焦德明. 克己与主敬：朱子晚年的工夫抉择 [J]. 中州学刊，2019（12）：125-131.

"可信、可爱、可敬的中国形象"的历史溯源、理论逻辑与实现路径*

一、问题的提出

2022年10月16日，习近平总书记在中国共产党第二十次全国代表大会报告中强调，"讲好中国故事、传播好中国声音，展现可信、可爱、可敬的中国形象"，"推动中华文化更好走向世界"。① 在此之前的2021年5月31日，习近平总书记在主持十九届中共中央政治局第三十次集体学习时发表重要讲话，首次提出了"塑造可信、可爱、可敬的中国形象"这一重大命题，"要注重把握好基调，既开放自信也谦逊谦和，努力塑造可信、可爱、可敬的中国形象。"② "可信、可爱、可敬的中国形象"的提出，为我国国际传播工作提供了方向指引。近年来，关于"可信、可爱、可敬的中国形象"的研究成果不断涌现，但多从共时性角度展开论述，以问题与对策研究为主，鲜有历时性、

---

* 文章原载于《山西大学学报》2023年第6期，收入本书时有改动。
① 习近平.高举中国特色社会主义伟大旗帜 为全面建设社会主义现代化国家而团结奋斗：在中国共产党第二十次全国代表大会上的报告（2022年10月16日）[N].人民日报，2022-10-26（1）.
② 新华社.加强和改进国际传播工作 展示真实立体全面的中国[N].人民日报，2021-06-02(1).

理论阐释方面的研究。"可信、可爱、可敬的中国形象"的研究①，既需要以实践视角和全球思维进行延展性、共时性的梳理，也需要以理论视角和历史眼光进行学理性、历时性的阐释；既需要"分而论之"，以分解方式对其各自内涵进行深入追问，又须"合而析之"，以整体性思维对三者之间关系进行系统辨析。当前，国际传播与国家形象构建面临复杂多变的国际环境和日新月异的媒介技术变革。为更好推动我国国际传播工作，亟须回答"可信、可爱、可敬的中国形象"塑造的一些基本问题：作为国际传播的新概念、新范畴、新表述，"可信、可爱、可敬的中国形象"有怎样的历史渊源？作为国际传播的理论体系，"可信、可爱、可敬的中国形象"蕴含着怎样的逻辑层次？作为国际传播工作的方向指引，"可信、可爱、可敬的中国形象"理论体系又将如何指引国家形象传播取得实践突破？这些问题的解答具有重要的理论意义与现实意义。

二、"可信、可爱、可敬的中国形象"的历史溯源

中国国家形象在不同历史时期有着不同目标定位与塑造策略，经历了不断发展、完善的过程。"可信、可爱、可敬的中国形象"是中国国家形象传播的最新理论成果，凝聚了不同历史时期党和国家主要领导人的智慧，体现了国家形象定位的基因绵延与历史传承。

---

① "可信、可爱、可敬的中国形象"的相关研究参见：钟新，蒋贤成.完善全民国际传播体系，构建可信、可爱、可敬的中国形象[J].中国记者，2021（7）：38-43；钟新，蒋贤成，崔灿.构建可信、可爱、可敬中国形象的媒体传播策略：CGTN云南野生象群迁移热点事件报道分析[J].电视研究，2021（9）：21-23；赵新利.共情传播视角下可爱中国形象塑造的路径探析[J].现代传播（中国传媒大学学报），2021，43（9）：69-74；赵新利.信任理论视野下可信中国形象塑造的路径[J].现代传播（中国传媒大学学报），2022，44（5）：68-75；赵新利."敬"论视野下可敬中国形象的塑造[J].青年记者，2022（17）：54-57；刘松岩，范红.塑造可信、可爱、可敬的中国形象：博物馆国际传播的价值与策略[J].出版广角，2022（1）：38-44；毛明星.塑造可信、可爱、可敬的中国形象的国际传播策略研究：以CGTN北京冬奥会相关报道为例[J].新闻世界，2022（7）：12-15.

(一)建设"使人可亲的大强国":国家形象的除旧布新

中华人民共和国成立初期,面对西方话语霸权,"维护政权稳定和政治安全"[①]是中国形象建设的迫切要求。以毛泽东同志为核心的党的第一代中央领导集体面对全新的国内外形势,对新中国形象的定位提出了明确目标,为其后各历史阶段的国家形象构建奠定了基础。这一时期中国形象建设的鲜明特点是"除旧布新",具体体现为三个方面。第一,外交形象的理性设计与生动表达。"另起炉灶""打扫干净屋子再请客""一边倒""和平共处五项原则""求同存异"均是建构新中国外交形象的有力话语,体现出中国形象的"可信"基因。第二,中国人民形象的真切描摹。新中国的形象不是抽象空泛的,而是具体生动、充满活力的。中国人民的生产与生活图景是对"整个国家形象"的最好诠释。1957年,毛泽东同志提出"中国会变成一个大强国而又使人可亲"[②],体现出中国形象的"可爱"基因。第三,"独立自主、不信邪、不怕鬼"的精神展现。毛泽东同志曾引用《聊斋志异·青凤》中"狂生夜坐"的故事阐释"鬼是怕不得的"[③]。"不怕鬼"体现出中国共产党及新生政权的斗争精神,体现了中国形象的"可敬"基因。毛泽东指出,中国是"一个大国"、一个"庞然大国"[④],中国"可以而且应该用'伟大的'这几个字"来称呼[⑤]。

(二)大国责任与小康社会:国家形象的实事求是

改革开放大幕拉开后,中国与西方国家关系开启破冰之举。以邓小平同志为核心的党的第二代中央领导集体积极维护并更新中国形象,一以贯之地反对霸权主义,维护世界和平,开启国家形象建构的中国特色实践。

国际视野与中国实践的交融之下,邓小平同志在对毛泽东同志有关思想

---

① 叶肖,孙振威.新时代背景下中国国家形象建构的整体性审视[J].中共云南省委党校学报,2022,23(1):102.
② 中共中央文献研究室.毛泽东文集:第七卷[M].北京:人民出版社,1999.
③ 中共中央文献研究室.毛泽东文集:第八卷[M].北京:人民出版社,1999.
④ 中共中央文献研究室.毛泽东文集:第六卷[M].北京:人民出版社,1999.
⑤ 中共中央文献研究室.毛泽东文集:第七卷[M].北京:人民出版社,1999.

的继承与丰富中，提炼出中国特色的国家形象定位。邓小平同志以生动话语对中国形象进行精准描绘，强调树立"改革开放的形象""安定团结的形象"，维护"独立自主、不信邪、不怕鬼"的形象。①1979年，邓小平同志在会见外宾时谈到"小康之家"。在讲述中国是一个什么样的国家时，邓小平同志曾使用过"兴旺发达""有力量""值得信任"等一系列措辞。邓小平同志屡次提到中国是一个"大国""中国理解自己的责任"。②"值得信任""大国责任"等体现出中国形象建构中"可信""可敬"的既有传统，"小康之家"延续着中国形象建构中"可亲""可爱"的强大基因。这一时期中国国家形象的定位，与国家建设发展实践紧密关联，体现出实事求是的精神与鲜明的中国特色。

（三）"五形"与"四力"：国家形象的知识创新

随着改革开放的全面展开与中国国力的快速提升，国家形象塑造与传播需求日益迫切。在20世纪末至21世纪初，我国国家形象实践探索更为积极、自觉、主动，国家形象的知识生产不断取得创新成果。1999年，江泽民同志在全国对外宣传工作会议上从社会主义道路、改革开放、爱好和平、不懈奋斗、社会主义法治五个方面对中国形象进行了系统阐释。③"五个形象"的提出，标志着中国形象知识生产的自觉创新与理论体系的初步完善。21世纪初，

---

① 邓小平文选：第3卷［M］.北京：人民出版社，1993.
② 邓小平文选：第2卷［M］.北京：人民出版社，1994.
③ 1999年2月26日，江泽民同志在全国对外宣传工作会议上发表重要讲话指出："对外宣传工作的着力点应该是，继续向世界说明我国改革和建设的伟大成就，说明邓小平同志开创的建设有中国特色社会主义道路的正确性，充分展示中国人民坚定不移地走自己的路、实现社会主义现代化的形象；继续向世界说明我国改革开放的方针政策，充分展示中国人民坚持实行改革开放的形象；继续向世界说明我国反对霸权、维护和平、支持国际正义事业的立场，充分展示中国人民爱好和平的形象；继续向世界说明我国政治稳定、经济发展、社会进步、民族团结的局势，充分展示中国人民为维护安定团结和实现繁荣富裕而不懈奋斗的形象；继续向世界说明我国社会主义民主法制建设的成就，充分展示中国人民依法治国、建设社会主义法治国家的形象。"参见：江泽民在全国对外宣传工作会议上强调站在更高起点上把外宣工作做得更好［N］.人民日报，1999-02-27（1）.

国际格局发生深刻变化，信息交往形态加速变革，国家形象日益成为国际交往的新语言、文化战略的新引擎、国际竞争力的新媒介。在经验积累、知识更新、思路拓展过程中，中国对国家形象的意涵把握日趋深刻、全面、立体。2009年，胡锦涛同志围绕国家形象提出政治影响力、经济竞争力、形象亲和力、道义感召力[①]，"可信、可爱、可敬的中国形象"初步形成。其中，政治影响力有"可信"元素，形象亲和力有"可爱"元素，道义感召力有"可敬"元素。国家形象的塑造与传播工作更为具象地融汇贯穿于国家政治、经济、社会文化、宗教事务、对外交往等各个方面。

（四）可信、可爱、可敬：国家形象的范式突破

党的十八大以来，随着中国日益走近世界舞台的中央，国际社会对中国的关注度空前提升。在所谓"中国威胁论""逆全球化"等情绪弥漫的国际氛围中，中国形象建构与传播的迫切性、重要性日渐凸显，中国形象传播逐渐进入自我建构与他者感知的立体互动与深刻交融时期。中国形象的价值体系、叙事体系、话语体系日臻完善，中国话语、中国故事、中国价值与世界话语、世界故事、人类共同价值的融通程度不断加深。

习近平总书记提出的"可信、可爱、可敬的中国形象"，体现出国家形象自我建构与他者感知的内外融通。"可信、可爱、可敬"兼具传统性与时代性特征，彰显出中国形象的历史传承和与时俱进。"信、爱、敬"是对中国形象塑造的历史传承，而"可"字体现出对他者情感心理的重视与关注。"可信、可爱、可敬的中国形象"体现出中国形象话语体系建设从单向度向双向度的转变跃升。[②] 定位承接与基因绵延中的中国形象理论研究和知识生产正在历经一次范式突破。

[①] 在2009年7月第十一次驻外使节会议上，胡锦涛同志指出"我们要坚持统筹国内国际两个大局，不断提高外交工作能力和水平，努力使我国在政治上更有影响力、经济上更有竞争力、形象上更有亲和力、道义上更有感召力"。参见：胡锦涛文选：第三卷[M].北京：人民出版社，2016：236.

[②] 陈婷婷.话语场域·议程设置·国家形象：全球治理中的中国话语谱系及其构建[J].苏州大学学报（哲学社会科学版），2022，43（3）：1-9.

三、"可信、可爱、可敬的中国形象"的理论逻辑

"可信、可爱、可敬的中国形象"不仅是构建中国国家形象的新范畴、新概念、新表述，更体现出中国形象理论系统的日趋完备。作为一个科学的理论体系，"可信、可爱、可敬的中国形象"具有丰富层次与严密逻辑。

（一）"可信、可爱、可敬的中国形象"的丰富层次

从思想内核到历史实践再到传播特色，"可信、可爱、可敬的中国形象"是从多维层次对国家形象本质进行的精准提炼、生动诠释与综合表达。

1. 价值观念层：中国形象思想内核的精准提炼

"可信、可爱、可敬的中国形象"定位根植中华优秀传统文化，有丰富意蕴。所谓"可信"，就是值得信赖、值得信任之意。[①] 人无信不立，国无信不兴。在个人层面，"信"是重要的行为规范；在国家层面，中国自古高度重视治国的诚信。所谓"可爱"，就是讨人喜爱、令人敬爱、深受热爱之意。[②] 孟子说，"爱人者，人恒爱之"。"可爱的中国""可爱的祖国母亲""可爱的家乡""可爱的社会主义"等表述经常出现在各类新闻报道和文艺作品中。所谓"可敬"，就是值得尊重、受到尊敬之意。[③] "敬"是中国传统伦理思想的重要范畴。从商周之前的"敬天"、商周时期的"敬德"、战国秦汉时期的"以敬行礼"，再到程朱理学视"敬"为"圣门至上心法"，"敬"论思想贯穿了中国古代思想发展的始终。

"可信、可爱、可敬的中国形象"的定位贴合中国当代价值，得到广泛认同。"可信"源于人在社会化过程中逐渐形成的心理机制和人格特质，是国际

---

① 赵新利. 信任理论视野下可信中国形象塑造的路径 [J]. 现代传播（中国传媒大学学报），2022，44（5）：68–75.
② 赵新利. 共情传播视角下可爱中国形象塑造的路径探析 [J]. 现代传播（中国传媒大学学报），2021，43（9）：69–74.
③ 赵新利. "敬"论视野下可敬中国形象的塑造 [J]. 青年记者，2022（17）：54–57.

关系发展的心理基础与前提；"可爱"讲求人文精神，代表着一种积极的审美标准、主流的社会价值、温暖的社会时尚，是国际关系发展的情感纽带；"可敬"是道德理性的哲学表达，具有丰富的人学意蕴与伦理属性[①]，体现着国际关系发展的价值认同与道义归属。从中华传统文化重义守诺、以和为贵、利他主义的道德规范，到革命年代坚韧不拔、为人类解放事业不懈奋斗的情感自觉，再到如今"开放自信、谦逊谦和"的胸襟姿态，"可信、可爱、可敬"表达出中国形象在历时性绵延中形成的独具中国特色的价值内核。

2. 构建方法层：中国形象历史实践的生动诠释

在可信中国形象方面，"实事求是"是中国形象建构的传统。早在延安时期，以毛泽东同志为代表的中国共产党人就坚持以坦诚胸襟向世界展示真实的延安、真实的中国。毛泽东同志强调"主动权来自实事求是"[②]。1986年，邓小平同志会见外宾时也强调"拿事实来说话"[③]。2013年，习近平总书记指出"要有光明磊落、无私无畏、以事实为依据、敢于说出事实真相的勇气和正气"[④]。"实事求是"体现出中国向世界展现真实自我面貌的诚恳态度与高度自信。真实的才是可信的。可信中国形象的构建要求我们不矫揉造作，不弄虚作假，不浮躁夸耀，不回避问题。

在可爱中国形象方面，"灵动可爱"是中国形象建构的风格。毛泽东同志在谈话、演讲、文章中经常巧妙引用中华优秀传统文化内容，对民众日常生活中广泛使用的习语、双关语等"如数家珍"。在同印度总理尼赫鲁的谈话中，毛泽东同志曾引用孟子"夫物之不齐，物之情也"来描述"事物的多样性"。[⑤] 习近平总书记在中法建交50周年纪念大会上针对拿破仑的"睡狮论"提出："中国这头狮子已经醒了，但这是一只和平的、可亲的、文明的狮

---

① 付粉鸽.生存态度与生命情感：孔子"敬"思想的人学意蕴[J].孔子研究，2016，（2）：57-63.
② 毛泽东文集：第8卷[M].北京：人民出版社，1999.
③ 邓小平文选：第3卷[M].北京：人民出版社，1993.
④ 习近平.在纪念毛泽东同志诞辰120周年座谈会上的讲话[N].人民日报，2013-12-27（2）.
⑤ 中共中央文献研究室.毛泽东文集：第六卷[M].北京：人民出版社，1999.

子。"① 在中国人民对外友好协会成立60周年纪念活动的讲话中,习近平总书记以"有朋自远方来,不亦乐乎""滴水之恩,当涌泉相报"来比喻中国人民在国际交往中的和平友好原则。② 面对问题的坚韧乐观、分析问题的鞭辟入里、解决问题的智慧灵巧赋予中国特色的"可爱"以丰富意涵,使得中国形象愈显亲和。

在可敬中国形象方面,"礼敬包容"是中国形象建构的境界。中国重视睦邻友好,始终站在人类解放、文明进步、共同发展的立场上看待问题。和平共处五项原则提出后得到国际社会的广泛认可。"求同存异"方针体现出中国的宽阔胸怀与远见智慧,为国际交往提供了新思路、拓展了新空间。"人类命运共同体"理念凸显出新形势下中国对人类社会生产交往的本质思考、对世界面临共同问题的深厚关切。中国坚持独立自主,反对霸权压迫,致力于维护世界和平。这些理念与行动大大提升了中国的国际认同感,为"可敬"中国形象的塑造提供了丰富的情感积累。

表1 党的十八大以来习近平总书记关于国家形象重要论述的关键词(摘选)

1. 2013年8月19日,全国宣传思想工作会议 中国特色,中华文化,中华优秀传统文化,中国特色社会主义,新概念新范畴新表述,中国故事、中国声音
2. 2013年12月30日,十八届中共中央政治局第十二次集体学习 文化软实力,当代中国价值观念,中国梦,中华文化,以理服人,以文服人,以德服人,文明大国形象、东方大国形象、负责任大国形象、社会主义大国形象,国际话语权,国际传播能力,对外话语体系,创造力、感召力、公信力,讲好中国故事,传播好中国声音,阐释好中国特色
3. 2014年2月24日,十八届中共中央政治局第十三次集体学习 文化软实力,核心价值观,生命力、凝聚力、感召力,思想文化力量,中华优秀传统文化,中华文化的时代价值,文化自信、价值观自信

---

① 习近平.在中法建交五十周年纪念大会上的讲话[N].人民日报,2014-03-29(2).
② 习近平.在中国国际友好大会暨中国人民对外友好协会成立60周年纪念活动上的讲话[N].人民日报,2014-05-16(2).

续表

4. 2014年5月15日，在中国国际友好大会暨中国人民对外友好协会成立六十周年纪念活动上的讲话 　　中国梦，世界人民的梦想，中华文化，宇宙观、国际观、社会观、道德观，文明交流互鉴，民间外交、城市外交、公共外交，以诚感人、以心暖人、以情动人，中国声音、中国故事，真实的中国、立体的中国、全面的中国
5. 2016年2月19日，在党的新闻舆论工作座谈会上的讲话 　　讲故事，中国特色社会主义的故事、中国梦的故事、中国人的故事、中华优秀文化的故事、中国和平发展的故事。讲事实、说服人，讲形象、打动人，讲情感、感染人，讲道理、影响人，中国道路、中国理论、中国制度、中国精神、中国力量，对外话语体系建设，中国理论、中国实践，中国思想、中国主张。"五位一体"、"四个全面"、五大发展理念，经济发展新常态，正确义利观、命运共同体、新型大国关系、共建"一带一路"
6. 2018年8月21—22日，全国宣传思想工作会议 　　展形象，国际传播能力建设，讲好中国故事、传播好中国声音，真实、立体、全面，国家文化软实力、中华文化影响力
7. 2021年5月31日，十九届中共中央政治局第三十次集体学习 　　中国故事、中国声音，真实、立体、全面，国际传播能力，国际话语权，人类命运共同体，中华文化，中国特色的战略传播体系，国际传播影响力、中华文化感召力、中国形象亲和力、中国话语说服力、国际舆论引导力，中国话语、中国叙事体系，中国理论、中国实践，新概念、新范畴、新表述，中国精神、中国价值、中国力量，开放自信、谦逊谦和，可信、可爱、可敬，中国主张、中国智慧、中国方案，中华文明，发展观、文明观、安全观、人权观、生态观、国际秩序观、全球治理观，国际新秩序、新型国际关系，人文交流，体制机制，精准传播，全球化表达、区域化表达、分众化表达，亲和力、实效性，国际传播效能，国际传播理论研究，学科建设、后备人才培养
8. 2021年12月14日，在中国文联十一大、中国作协十大开幕式上的讲话 　　文化自觉、文化自信，用情用力，中国故事，可信、可爱、可敬，中国审美旨趣、当代中国价值观念、全人类共同价值追求，中华文化立场
9. 2022年5月27日，十九届中共中央政治局第三十九次集体学习 　　独特精神标识，中国精神、中国价值、中国力量，中华文明故事，可信、可爱、可敬，读懂中国、读懂中国人民、读懂中国共产党、读懂中华民族
10. 2022年10月16日，中国共产党第二十次全国代表大会报告 　　中国式现代化，中华文明传播力影响力，国家文化软实力、中华文化影响力，精神标识、文化精髓，中国话语和中国叙事体系，讲好中国故事、传播好中国声音，可信、可爱、可敬，国际传播能力建设，国际传播效能，国际话语权，文明交流互鉴

3. 传播实践层：中国形象传播特色的综合表达

"可信、可爱、可敬"体现出中国形象传播的多维层次与显著特色。"可信"突出理性逻辑，"可爱"偏重情感心理，"可敬"则体现出情感与理性的平衡互补。可信的内涵增强理性逻辑的说服力量，可爱的内容可以增加受众的情感信任，可敬的精神内核则更好附着于丰富多元的表达之中。中国在抗击新冠疫情的国际传播过程中，有防疫成果方面的"可信数字"，有各类温暖人心的"可爱故事"，有抗疫群像承载的"可敬精神"，从而促进了"可信、可爱、可敬的中国形象"的立体塑造与广泛传播。

"可信、可爱、可敬"体现出中国形象传播的多元渠道与综合表达。随着数字全球化进程的加速与万物互联世界的到来，国际交往的媒介网络与话语形态不断变革更新，信息交流方式与社会表达结构发生深刻变化，国际传播主体与传播媒介日益多元。自媒体、民间组织与微粒化个体在国际交往与国家形象塑造中日益发挥重要作用。技术赋权之下国际传播逐渐走向"内外融通"，愈加立体化、泛在化与丰富化。文化与文明、历史传说与现实故事、地域与物产、仪式景观与日常生活均是国家形象传播的丰富矿藏。"可信、可爱、可敬"以平实化、包容性、日常化的显著特质，将中华元素的历史意蕴、时代张力、本质特征进行了综合表达。

（二）"可信、可爱、可敬的中国形象"的理论逻辑

党的十八大以来，习近平总书记从战略高度对中国形象国际传播进行部署，多次发表重要讲话，作出重要批示指示，不断提出新观点、新论断、新要求。习近平总书记于2021年5月31日主持中共中央政治局第三十次集体学习时提出的"可信、可爱、可敬的中国形象"，是中国形象建构与传播理论发展历程中的一次重要突破。"可爱、可信、可敬的中国形象"作为一个科学的理论体系，具备严密逻辑。要以"可信、可爱、可敬的中国形象"理论指导中国形象建构与国际传播实践，就必须深入分析、科学认识并充分把握这一理论体系的研究边界、本质内涵、各个层次及其内在关系。

"可信、可爱、可敬的中国形象"的历史溯源、理论逻辑与实现路径

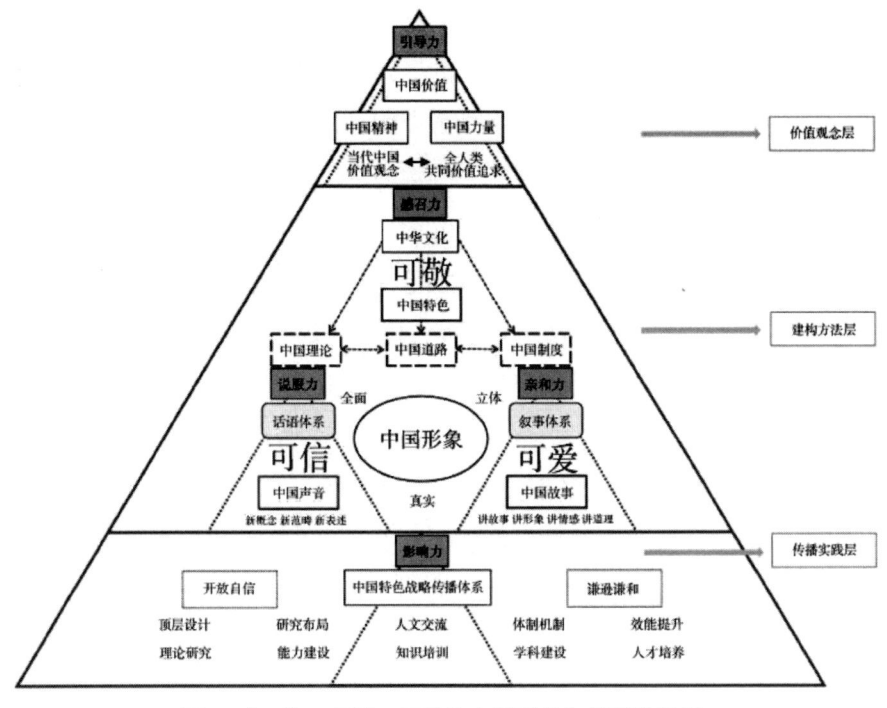

图1 "可信、可爱、可敬的中国形象"的理论逻辑

本研究认为,在"可信、可爱、可敬的中国形象"的理论体系中,"可信、可爱、可敬"是中国国家形象传播的根本要义;价值观念体系、建构方法体系与传播实践体系是"可信、可爱、可敬的中国形象"传播的三个层次,体现出从价值观到方法论再到实践层的互动统一;"影响力、感召力、亲和力、说服力、引导力"是理论建构的框架基础与有力支点;"向世界展示真实、立体、全面的中国"是中国形象建构与传播的基本原则与整体方针。

"可信、可爱、可敬的中国形象"作为"信、爱、敬"的镜像表达,具有价值观念层、建构方法层、传播实践层的多重解释力与引导力,凝结着中国形象建构与传播历程中的智慧总和,是贯穿于中国特色国家形象理论三个层次的关键线索。在价值观念层,"信、爱、敬"凝结于中国核心价值观念与全人类共同价值之中;在建构方法层,"信、爱、敬"体现于"讲好中国故事,传播好中国声音,阐释好中国特色"的方法论之中;在传播实践层,"信、爱、敬"融通于中国特色战略传播体系之中。

习近平总书记"国际传播影响力、中华文化感召力、中国形象亲和力、中国话语说服力、国际舆论引导力"的提出，为中国特色国家形象理论体系提供了基本框架和有力支点。如上页图1所示，中国特色国家形象理论体系呈现"金字塔"结构。位于"塔尖"位置的是价值观念体系，强调方向性和引领性，与"引导力"相对应；中间位置为建构方法体系，强调科学性和完备性，由"中国特色""中国声音""中国故事"三个子体系构成，分别与"感召力""说服力""亲和力"相对应；位于"塔基"部位的是传播实践体系，强调综合性与实效性，以中国特色战略传播体系为核心内容，与"影响力"相对应。

1."可信、可爱、可敬的中国形象"的价值观念

体系"中国价值"是国家形象的精神引领，位于"可信、可爱、可敬的中国形象"塑造的顶端位置，与"引导力"相对应（如图1"塔尖"位置所示）。习近平总书记指出，核心价值观"是决定文化性质和方向的最深层次要素"①。价值的普遍意义源于人们对满足其需要的外界物与自身关系的思考、理解与判断所形成的认知，核心价值观念关乎人的社会性与根本信仰。从本质上看，国家形象的建构与传播过程就是国家价值观念的表达与沟通过程。

习近平总书记指出，"要坚持弘扬平等、互鉴、对话、包容的文明观，以宽广胸怀理解不同文明对价值内涵的认识"，"弘扬中华文明蕴含的全人类共同价值，推动构建人类命运共同体"。② 当代中国价值观念与全人类共同价值追求的融通互动是"可信、可爱、可敬的中国形象"塑造在价值观念层的具体体现。中国价值与中国精神、中国力量紧密连接、互为支点（如图1上方位置所示），使社会主义核心价值观内化为人们的精神追求，外化为人们的自觉行动。要弘扬社会主义核心价值观，弘扬以爱国主义为核心的民族精神和

---

① 新华社.习近平在中共中央政治局第十三次集体学习时强调，把培育和弘扬社会主义核心价值观作为凝魂聚气强基固本的基础工程［N］.人民日报，2014-02-26（1）.
② 新华社.把中国文明历史研究引向深入 推动增强历史自觉坚定文化自信［N］.人民日报，2022-05-29（1）.

以改革创新为核心的时代精神,不断增强全党全国各族人民的精神力量。①"展示中华民族的独特精神标识,更好构筑中国精神、中国价值、中国力量",是"可信、可爱、可敬的中国形象"塑造的应有之义。

2. "可信、可爱、可敬的中国形象"的建构方法体系

习近平总书记提出"讲好中国故事,传播好中国声音,阐释好中国特色"②,为中国形象建构与传播提供了科学完备的方法论体系。"可信""可爱""可敬"分别与"中国声音""中国故事""中国特色"相对应,同时分别与"中国话语说服力""中国形象亲和力""中华文化感召力"相呼应(如图1中间位置所示)。

"可信"强调真实、理性,属"信度"层面,是对外话语体系建设、"传播好中国声音"的基础要素,与"中国话语说服力"相呼应(如图1中左位置所示)。话语体系"可信度"的提升是中国声音"传播好"的基础与前提。习近平总书记指出,要"精心构建对外话语体系",增强对外话语的创造力、感召力、公信力③,打造融通中外的新概念、新范畴、新表述④,为新时代"传播好中国声音"指明了突破方向与创新路径。

"可爱"强调人文、情感,属"温度"层面,是叙事体系建设、"讲好中国故事"的关键要素,与"中国形象亲和力"相呼应(如图1中右位置所示)。叙事体系"可爱度"的提升是中国故事"讲得好"的核心与关键。"要组织各种精彩、精练的故事载体,把中国道路、中国理论、中国制度、中国精神、中国力量寓于其中,使人想听爱听,听有所思,听有所得。"⑤"讲故事就是讲事实、讲形象、讲情感、讲道理",可爱中国形象需要事实传播、共情

---

① 习近平.在庆祝中国共产党成立95周年大会上的讲话[N].人民日报,2016-07-02(2).
② 新华社.习近平在中共中央政治局第十二次集体学习时强调 建设社会主义文化强国 着力提高国家文化软实力[N].人民日报,2014-01-01(1).
③ 新华社.习近平在中共中央政治局第十二次集体学习时强调 建设社会主义文化强国 着力提高国家文化软实力[N].人民日报,2014-01-01(1).
④ 新华社.加强和改进国际传播工作 展示真实立体全面的中国[N].人民日报,2021-06-02(1).
⑤ 中共中央文献研究室.习近平关于社会主义文化建设论述摘编[M].北京:中央文献出版社,2017.

传播和说理传播的协同配合。

"可敬"强调礼敬、感召、包容，属"高度"层面，是"阐释好中国特色"的核心归旨，与"中华文化感召力"相呼应（如图1中上位置所示）。在当前全力推动中国式现代化的大背景下，"阐释好中国特色"尤为重要。阐释好中国特色，关键在于妥善处理"中国特色"内部各要素之间的互动统一关系。中国特色社会主义是改革开放以来党的全部理论和实践的主题，包含中国特色社会主义道路、理论、制度、文化。"要更加自觉地增强道路自信、理论自信、制度自信、文化自信"。其中，"文化自信是一个国家、一个民族发展中最基本、最深沉、最持久的力量"[①]。中华优秀传统文化、革命文化、社会主义先进文化代表着中华民族独特的精神标识。在中华文化的涵养之中，"用中国理论阐释中国实践，用中国实践升华中国理论"[②]，"中国特色"得以阐释，中国道路、中国理论、中国制度的世界影响力得以提升。"文明大国、东方大国、负责任大国、社会主义大国"形象建设，[③]则从文明渊源、历史地域、国际角色、国家制度角度展现出中国形象的特色定位。

3. "可信、可爱、可敬的中国形象"的传播实践体系

习近平总书记强调，"必须加强顶层设计和研究布局，构建具有鲜明中国特色的战略传播体系"。中国特色战略传播体系的建设关系着中国国际传播综合能力的提升，是"可信、可爱、可敬的中国形象"从价值观念、建构方法落实到传播实践的物质基础与制度保证，强调"广度"层面，与"国际传播影响力"相呼应（如图1"塔基"位置所示）。在媒介深度融合的环境下，中国形象传播实践体系的特殊作用尤为凸显。

中国特色的战略传播体系有丰富的内涵。这个体系包含顶层设计与研究布局，人文交流活动与创新体制机制，效能提升与理论研究，能力建设与知

---

① 习近平.在全国抗击新冠肺炎疫情表彰大会上的讲话[N].人民日报，2020-09-09（2）.
② 新华社.加强和改进国际传播工作 展示真实立体全面的中国[N].人民日报，2021-06-02（1）.
③ 新华社.习近平在中共中央政治局第十二次集体学习时强调 建设社会主义文化强国 着力提高国家文化软实力[N].人民日报，2014-01-01（1）.

识培训、学科建设、后备人才培养等丰富内容。前瞻性、科学性的顶层设计与研究布局是中国形象传播实践的指导框架；各种形式人文交流活动的开展是中国同世界各国"民心相通"的重要途径；创新体制机制是制度优势、组织优势、人力优势转化为传播优势的必要环节；国际传播效能提升与理论研究是增强国际传播的亲和力和实效性的系统策略；知识培训、学科建设、后备人才培养是国际传播能力建设的知识、学科与人才保证。"开放自信"与"谦逊谦和"辩证统一，互为补充，是中国形象传播实践的基调与姿态。

四、"可信、可爱、可敬的中国形象"的实现路径

科学的理论来源于实践又能指导实践。"可信、可爱、可敬的中国形象"须从价值观念、建构方法、传播实践三个层次寻求突破。党的二十大报告中关于国际传播与国家形象的论述为"可信、可爱、可敬的中国形象"的塑造提供了根本遵循。我们须清晰认识、正确把握并妥善处理"文化自信自强"与"中华文明传播"、"坚守中华文化立场"与"深化文明交流互鉴"、"综合国力"与"国际影响力"三对辩证统一关系。

（一）价值观念层：推进文化自信自强，阐释中国道路的文明根源

党的二十大报告第八个分目提出"推进文化自信自强，铸就社会主义文化新辉煌"，强调"坚守中华文化立场，提炼展示中华文明的精神标识和文化精髓"。"可信、可爱、可敬的中国形象"的实现，最根本的是要有正确的价值引领。

第一，推进文化自信自强，发展面向世界的社会主义文化。习近平总书记指出，"世界上各种文化之争，本质上是价值观念之争"[①]，强调"增强文化

---

① 中共中央文献研究室.习近平关于社会主义文化建设论述摘编[M].北京：中央文献出版社，2017.

自信和价值观自信"①。从价值层面来看，塑造"可信、可爱、可敬的中国形象"，须坚持马克思主义在意识形态领域指导地位的根本制度，以社会主义核心价值观为引领，加强中国特色"信、爱、敬"观念的自信自强。中国特色的可信观、可爱观、可敬观，体现在中国人、中华民族、中华文化对"信、爱、敬"理想图景的描绘与行为准则中，体现在中国精神与中国力量的凝聚与释放中。"体恭敬而心忠信，术礼义而情爱人。"中国人"文质彬彬，然后君子"的质朴情怀，赋予中国形象以亲诚忠信品格；中华民族"亲亲、仁民、爱物"的人文精神，赋予中国形象以宽和、仁爱底色；中华文化绵延累积形成的"协和万邦"国际观，赋予中国形象以礼敬、开阔胸襟。社会主义核心价值观中的"爱国、敬业、诚信、友善"体现了对"信、爱、敬"的深刻呼应。

第二，加强"信、爱、敬"观念的交流融通。塑造"可信、可爱、可敬的中国形象"，须在自信自强基础上，加强"信、爱、敬"观念的世界交流与融通互动。因社会生产实践与历史条件的不同，世界各国的民族文化与价值观念也存在差异，也形成了各具特色的关于"信、爱、敬"的观念与文化。因此，须着眼于人类社会共同繁荣的深远立意，设置资源丰富、生动多元的议程话题，开拓不拘一格、形式多样的交流通路，以生动实践、缜密叙事、多维视角，兼顾阐释、聆听、互鉴，努力实现更深层次的价值认同。在"中国价值"与"人类共同价值"的融通互动中，国际社会将解码中国人民的价值观念与心灵世界，进而信任中国、喜爱中国、敬重中国。

第二，增强中华文明传播力影响力，阐释中国道路的文明根源。新时代国际传播的重要任务是增强中华文明的传播力、影响力，阐释中华文明与中国道路的逻辑关系。习近平总书记指出："我们走的中国特色社会主义道路，它内在的基因密码就在这里，有中华优秀传统文化这个基因。所以我们现在就是要理直气壮、很自豪地去做这件事，去挖掘、去结合中华优秀传统文化，

---

① 新华社. 习近平在中共中央政治局第十三次集体学习时强调　把培育和弘扬社会主义核心价值观　作为凝魂聚气强基固本的基础工程［N］.人民日报，2014-02-26（1）.

真正实现马克思主义中国化时代化。"① 当前的中国道路,是中华文明进步与发展的必然选择,是马克思主义基本原理同中国具体实际结合的必然结果,这正是"两个结合"在国际传播中的具体应用。中国道路实质上就是中国式现代化道路,中国式现代化为人类实现现代化提供了新的选择,中国共产党和中国人民为解决人类面临的共同问题提供更多更好的中国智慧、中国方案、中国力量。

(二)建构方法层:提炼精神标识、概念标识、叙事标识

党的二十大报告指出,"加快构建中国话语和中国叙事体系,讲好中国故事、传播好中国声音,展现可信、可爱、可敬的中国形象",并强调"深化文明交流互鉴,推动中华文化更好走向世界"。从建构方法层面来看,"可信、可爱、可敬的中国形象"的塑造,须以中华文化"精神标识"的凝练、中国话语"标识性概念"的提炼、中国故事"原型叙事"的挖掘来加强"可信、可爱、可敬"特色标识的提炼创新。

第一,提炼中华文化精神标识,丰富人类文明新形态。习近平总书记强调:"要把优秀传统文化的精神标识提炼出来、展示出来。"② 当今世界呈现出丰富多元的文化图景。"可信、可爱、可敬的中国形象"的塑造,一方面要"各美其美",立足中国历史,扎根中国社会,梳理"可信、可爱、可敬"的文明与文化资源,挖掘"可信、可爱、可敬"的特色元素,提炼创新中华文化中"可信、可爱、可敬"的精神标识,使得"文物""遗产""文字"不再局限于"禁宫"与"古籍",实现"活化"与广泛流传,彰显典雅与灵动兼备、传统与时代交融的中国潮流、中国风格与中国气派;另一方面要"美人之美",尊重人类文明的多样性,与世界文明进行积极交流与理性对话,在文化的互动与传播中,凸显中华文明独特魅力与中国形象核心价值,提升中华

---

① 本报评论部.中华文明赋予中国式现代化以深厚底蕴:"两个结合"的历史逻辑[N].人民日报,2023-07-20(5).

② 张洋,鞠鹏.习近平在全国宣传思想工作会议上强调 举旗帜聚民心育新人兴文化展形象 更好完成新形势下宣传思想工作使命任务[N].人民日报,2018-08-23(1).

文化感召力与中国形象"可敬度"。

第二，凝练中国话语概念标识，丰富中国话语体系。一个国家的话语体系是围绕国家的物质实体、日常活动、共同想象形成的符号、文本、媒介等相关形式的集合。[①] 国家形象的话语体系是知识、新闻、故事的容器，更是与国际公众形成关系连接与情感互动的场域、通路与纽带，是特定国家的历史渊源、治国理念、思维范式、价值立场与独特文化的符号表达。"可信、可爱、可敬的中国形象"的塑造，须凝练具有阐释力、说服力、引导力的标识性概念。具体来讲，"可信、可爱、可敬"的中国话语既要覆盖到"塞北秋风猎马""江南春雨杏花"等景观与风土人情，也要覆盖到中国特色社会主义道路、理论、制度、文化；既要展示生态的中国、田园的中国、舌尖上的中国，又要展示科技的中国、文化的中国、学术的中国；既要体现中国话语的新概念、新范畴、新表述，又须将中国话语融入世界话语，寻找"共通的意义空间"与"最大公约数"，全面提升中国话语说服力与中国形象"可信度"。

第三，挖掘中国故事叙事标识，丰富中国叙事体系。故事是关于共享性真实信息的"元代码"[②]，是信息流、情感流与经验流的融合体。"讲好中国故事"是一项多元内容展现、多元路径汇通、多元主体参与、多元情境交融的综合性系统工程。在新型全球化与媒介化社会背景下，中国形象的叙事体系须突破传统框架，挖掘"可信、可爱、可敬"的叙事标识，丰富中国故事的内容、风格、情感、场景，充分释放中国故事的能量与活力。在抗击新冠肺炎疫情期间，《瑞恩的平安日志》受到了海外受众的热切关注。这部在社交平台广泛传播的"日志"，满足了外国受众对中国日常生活的好奇与想象。"可信、可爱、可敬"的中国故事凝结着中国特色的价值观念、文化传统、历史命运、基本国情。改革开放和社会主义现代化建设深入推进，书写了经济快速发展和社会长期稳定两大奇迹的新篇章。中国奇迹的成功实践，是中国故

---

① 陈薇.作为知识生产的国家话语：国际传播中的知识理性与主体性认同[J].南京社会科学，2021（9）：110–119.
② 王昀，陈先红.迈向全球治理语境的国家叙事："讲好中国故事"的互文叙事模型[J].新闻与传播研究，2019，26（7）：17–32，126.

事挖掘开采的坚实根基与丰富素材。须以真实、生动、精彩的中国故事讲述，让中国形象在世界范围内"不断树立和闪亮起来"，并找到中国故事与世界故事互动融通的切入点，提升中国形象的亲和力与中国形象的"可爱度"。

（三）传播实践层：国际传播的战略升维、边界拓展与想象重构

党的二十大报告指出，"加强国际传播能力建设，全面提升国际传播效能，形成同我国综合国力和国际地位相匹配的国际话语权"。我们须从中国式现代化的高度来认识、理解、把握国际传播工作，以传播实践的战略升维、边界拓展与想象重构，切实促进"可信、可爱、可敬的中国形象"的塑造。

第一，中国形象国际传播的战略升维。"构建具有鲜明中国特色的战略传播体系"的提出，表明新时代背景下中国国际传播从特定工作职责到国家整体战略的突破升维。战略传播研究范式将"战略"思维融入传播学研究，其核心特征表现为目标导向与整合导向。[①] 要不断推动中华文明国际传播，打造"中华优秀传统文化"的国际名片，阐释中华文明与中国道路的逻辑关系。战略升维背景下，中国形象的塑造须突破决策环节先行、传播环节后置的"政策图解""方针诠释"的传统线性模式，探寻大传播观与全球传播生态视域下的互动、循环、可持续路径。具体来讲，须以全球治理为基础语境[②]，以中国特色道路、理论、制度、文化为基础坐标，以共通价值为基础内核，以物质层与精神层的公共产品为平台纽带，聚合多层次沟通与复调交流行为，以传播实践与中国主张、中国智慧、中国方案的连通互动，以政治、经济、社会、文化、科技、数据等资源整合与优势转化，实现"全息"表达、"全员"参与、"全程"评估与"全效"协同，建构"可信、可爱、可敬"的"全球中国"。

第二，中国形象国际传播的边界拓展。国际传播与国家形象塑造应聚焦

---

① 史安斌，童桐. 从国际传播到战略传播：新时代的语境适配与路径转型 [J]. 新闻与写作，2021（10）：15.

② 王昀，陈先红. 迈向全球治理语境的国家叙事："讲好中国故事"的互文叙事模型 [J]. 新闻与传播研究，2019，26（7）：17-32，126.

关于异质性社会关系的问题，而不仅限于意识形态再生产的文化政治。① 一方面，我们须进入信息生产与传递的内部，重新发现并梳理信息传播行为与政治经济体系的形成，物质精神生产消费过程的互动、适配与整合；另一方面，我们须拓展传播的外延边界，跨越话语、技术、通路中的"噪音"，抵达彼此的心灵世界，实现包含给予/告知、迁移/传输、交换/情感共享/礼尚往来等多维意涵② 的真正意义的交流。二十大报告明确提出多个领域的重大战略，并以"××大国""××强国""××中国"等提法加以固定，构成了中国国家形象的具体内容，极大拓宽了国际传播的边界，成为国际传播的新坐标。二十大报告揭示了中国式现代化道路的文明属性和文明特征，明确回答了"建设什么样的社会主义现代化强国、怎样建设社会主义现代化强国"这一时代课题。二十大报告指出，建成教育强国、科技强国、人才强国、文化强国、体育强国、健康中国，加快建设制造强国、质量强国、航天强国、交通强国、网络强国、数字中国，加快建设农业强国、海洋强国、贸易强国，加快建设教育强国、科技强国、人才强国，建设社会主义文化强国，推进法治中国建设；推进健康中国建设，推进美丽中国建设，建设更高水平的平安中国，建设学习型大国。二十大报告还提出若干"世界一流"目标，包括世界一流的大学、世界一流企业、世界一流军队，擘画了在这些领域传播国家形象的宏伟目标。凡此，都是进行中国形象国际传播的重要母题。

第三，中国形象传播的想象重构。新技术延伸出新的交流空间，同时建构起新的传播藩篱。当前全球媒介平台化趋势下数字鸿沟加剧，信息疫情与病毒疫情复杂交织，议题碎片化、数字断连、后真相现象对国际传播秩序造成严重干扰；西方个别国家宣扬"中国威胁论""中国搭便车论""中国崩溃论""中国渗透论""中国谜题论"③ 等抹黑中国形象的污名化言论，在全球传

---

① 史安斌，盛阳. 从"跨"到"转"：新全球化时代传播研究的理论再造与路径重构[J]. 青年记者，2021（2）：5.
② 彼德斯. 交流的无奈：传播思想史[M]. 何道宽，译. 北京：华夏出版社，2003：6-7.
③ 周宇豪，刘宁. 习近平国际传播观的科学内涵、核心内容与时代特征[J]. 新闻与传播评论，2022，75（6）：14.

播拟态场域中对中国进行"围追堵截"、蓄意抹黑与污名贬损。与冷战思维、霸权逻辑有着根本区别,中国国际传播理论与实践有着自身鲜明的历史渊源与时代特色。要真正实现本土化,就必须增强我们的想象力。^① 中国形象传播在实践推进之中须突破边陲思维、路径依赖、西方中心主义框架与语境,发挥中国特色理论建构、知识创新、学科发展的丰富想象,建设中国特色国家形象传播的实践共同体、理论共同体、知识共同体,提升学术命题、学术思想、学术观点、学术标准、学术话语的能力与水平,完成从硬实力向软实力的积累、转化、跃迁。要以"可信、可爱、可敬"为灵感原点,突破桎梏与局限,在信息、知识、文化、思想、观念的平等、双向、通畅流动中,通过国际传播"解决人类面临的共通问题"^②,实现美美与共的传播愿景。

---

① 冯仕政,魏钦恭.中国社会学的想象力、本土化与话语权[J].江苏行政学院学报,2019(5):67.
② 张毓强,潘璟玲.国际传播的实践渊源、概念生成和本土化知识构建[J].新闻界,2021(12):53.

作为国际传播媒介的游戏*

近年来，随着通信技术和游戏产业快速发展，游戏的相关研究受到重视。从尧舜禹时期开始流行的围棋到如今流行的手机游戏，游戏的形式不断变化，是人们重要的娱乐方式和社交方式。20世纪80年代以来，美国学者对电视游戏的教育应用价值开始了研究，并提出"教育游戏"概念。① 目前，游戏社交、游戏消费、游戏教学等领域正成为学者们研究的重点，关于游戏与国际传播的相关研究很少，本文试图从这个角度进行梳理。

一、游戏与国际传播

近年来，不少中国游戏走出国门，为中国文化国际传播提供了新平台。

应充分认识游戏的正面价值。随着5G、人工智能以及全球互联网技术的发展，加之智能手机、平板电脑等电子设备的更新换代，网络游戏载体、类型不断丰富，游戏品质不断提高，各细分游戏类型均有庞大的受众群体，全球游戏市场迅速崛起，市场规模逐步扩大。② 的确，过度沉迷游戏让一些人"玩物丧志"，不健康的游戏给青少年成长带来负面影响。在一定范围内，网

---

* 文章原载于《青年记者》2020年第6期，与官效喆、陈曦合作，收入本书时有改动。
① 董虫草，汪代明.虚拟论的游戏理论：从斯宾塞到谷鲁斯和弗洛伊德[J].西南民族大学学报（人文社会科学版），2006（4）：224-228.
② 赵凯龄.中国传统文化的继承和发展：传统文化与游戏产业的结合发展[J].大众文艺，2015（6）：140.

络游戏依然被认为是毒害青少年的"毒品"。但我们也要充分认识游戏的正面价值，除了给人们提供娱乐之外，网络游戏的底层技术在电影工业、虚拟军事培训、外科医疗手术、建筑设计等领域有着广泛的应用。同时，网络游戏市场也成为文化市场的重要部分，网络游戏已经成为社交和文化传播的重要平台。

中国游戏的国际化传播方兴未艾。近年来，中国在ACG领域发展迅速，许多产品不但在国内受欢迎，还走出国门，在日本、欧美等国家获得成功。腾讯公司推出的《王者荣耀》海外版以16种语言版本，在日韩、东南亚、北美、欧洲等全球85个国家和地区发行，占领了其中28个国家和地区的畅销榜前十名。特别是在东南亚地区，《王者荣耀》海外版在泰国、越南、新加坡、马来西亚、菲律宾等地均成为下载量最高的网络游戏。根据2018年的数据，在韩国，谷歌与苹果系统中下载量最多的100款游戏里有28款来自中国厂商。[1]在印度，中国游戏发行商在2019年上半年平均所占市场份额接近20%，用户支出平均增长51%。[2]特别是策略类游戏，中国游戏占近50%的市场份额。同时，经过多年的快速发展，我国游戏行业发展成熟度不断提高，游戏行业企业规模迅速扩大，游戏开发、运营等环节的实力与企业品牌影响力得到了显著提升，为我国游戏企业与自主开发的游戏产品走出国门进军海外市场奠定了坚实的基础。

游戏为传播中国文化提供新平台。中国音数协游戏工委与联合国际数据公司发布的《2019年1—6月中国游戏产业报告》显示，截至2019年6月，中国游戏用户规模突破6.4亿人，同比增长5.9%，2019年1月至6月，中国游戏市场实际销售收入1140.2亿元，同比增长8.6%。同时，我国自主研发网络游戏海外市场实际销售收入从2007年的0.7亿美元上升至2019年上半年的

---

[1] 2018年中国网络游戏行业发展现状及发展趋势［EB/OL］.（2018-04-18）［2024-05-16］. http://www.chyxx.com/industry/201804/631654.html.
[2] 2019年上半年中国游戏产业报告用户规模超6.4亿人［EB/OL］.（2019-08-01）［2024-05-16］. http://baijiahao.baidu.com/s?id=1640659236285999916&wfr=spider&for=pc.

55.7亿美元，呈迅猛增长态势。① 近年来，我国有多款手游在海外上线，其中有许多游戏含有中国传统文化中的经典形象，成为中国文化出海的"轻骑兵"。《王者荣耀》海外版等游戏，以更贴近年轻受众和更有沉浸式体验的方式，给中国文化的国际传播提供了新平台，带来了新机遇。

二、游戏：作为国际传播媒介的优势

文化出海有直接的意识形态输出，也有通过文化产品实现的文化输出。其中，通过产品实现的文化输出会更合理，更有持续性。② 游戏属于文化产品，而相对于其他的文化产品也具有独特的优势。

游戏已经成为各国相通的重要娱乐产品。如果把游戏时间和观看游戏直播、视频的时间加起来会发现，游戏是世界上最受欢迎的打发时间的方式。③ 亚里士多德将游戏定义为："游戏是劳作后的休息和消遣，本身不带有任何目的性的一种行为活动。"游戏可以成为不同国家、民族、种族人们相互沟通的媒介。目前，全球范围内的社会资源供需不均衡、市场化竞争日趋激烈等客观因素不可避免地影响到现代人的心理状态，经济压力、社会压力等多重压力使得现代人必须找到一个情感的宣泄口，于是游戏成为现代人消遣及释放压力的主要途径之一。弗洛伊德认为，游戏是人借助（作为梦幻或梦幻及其外在表现的）想象来满足自身愿望的虚拟活动。④ 因此，相比于观看影视作品等其他消遣方式，游戏中的虚拟世界可以更多地满足用户的欲望与幻想。玩家将自己虚化成游戏里的主角，通过自己的努力和思考闯关成功，获得在现

---

① 2019年上半年中国游戏产业报告用户规模超6.4亿人［EB/OL］.（2019-08-01）［2024-05-16］. http://baijiahao.baidu.com/s?id=1640659236285999916&wfr=spider&for=pc.

② 赵建波.一带一路拉动手游走出去中国文化如何出海［EB/OL］.（2017-07-06）［2024-05-16］. http://games.ifeng.com/a/20170706/44648916_0.shtml.

③ 2018全球游戏市场报告：中国占全球游戏收入28%［EB/OL］.（2018-06-25）［2024-05-16］. https://games.qq.com/a/20180625/030844.htm.

④ 董虫草.弗洛伊德眼中的游戏与艺术［J］.浙江师范大学学报（社会科学版），2005（3）：40-45.

实生活中无法得到的成就感和"王者"地位。如在《梦幻西游》等角色扮演类游戏中，玩家可以以主角扮演的形式体验江湖的爱恨情仇，徜徉在曼妙的古典世界里，享受古韵古风带来的意趣，对江湖世界的期待和幻想在这里得到满足。

新技术发展让游戏的受众群更加广泛。游戏不只吸引某一特定群体，而是可以使不同情绪、兴趣、生活方式、区域和收入水平的玩家享受对游戏的热情。游戏的发展历史与相关技术的发展密切相关。早期的游戏依赖现实物体，往往需要人们面对面完成。传播技术的进步让游戏走入报纸、广播、电视等大众媒体；网络技术的进步让游戏的互动性、社交性属性大幅提升；5G、人工智能和全息投影等技术让游戏的体验性、沉浸性得到加强。近年来，竞技游戏产业迅速发展，观看体验成为游戏的核心要素之一，衍生出来的直播、职业玩家及职业战队可以吸引其他数百万粉丝。手游顺应了游戏用户对碎片化时间、移动化场所的娱乐需求，它的快速崛起带来了一大批年轻的用户群体，传播更加广泛。

相比其他传播方式，游戏可以潜移默化地传播本国文化。传统的文化传播方式有新闻、广告、影视作品、音乐等，由于各个民族的文化差异，受众容易对其中某些话语和符号进行误读甚至对立解读。游戏这一载体可以有效降低语言和文化壁垒，更容易被国外年轻玩家接受。随着移动互联网技术的发展，特别是我国在"互联网+"领域的飞跃发展，借助国产游戏在海外市场的高占有率，让国产游戏在文化输出的过程中扮演更加重要的角色，靠潜移默化、润物无声的体验感开展中国国际传播，是一个特别值得开拓的新领域。

三、游戏在国际传播中的作用

随着传播技术的进步、游戏产业的发展、游戏国际化的拓展，游戏已经成为国家提高文化软实力的重要阵地。

首先，游戏可以展示国家文化影响力。早在 20 世纪 80 年代，日本游戏产业获得快速发展，在全球处于引领地位。在游戏硬件和软件方面，创造了

"日本奇迹",全球的游戏玩家在徜徉游戏的同时了解日本、认识日本、喜欢上日本,游戏成为日本的一张亮丽名片。《马里奥》等游戏风靡全球,被欧美玩家广泛认可和追捧,《马里奥》的全球累计销量超过1000万。2016年里约奥运会闭幕式上演"东京八分钟",日本首相安倍晋三扮演成游戏人物马里奥,向全球受众展现日本形象,讲述日本故事,达到很好的效果。

其次,游戏可以传播本国传统文化。海外版《王者荣耀》游戏中的大量英雄形象都来自中国传统文化,并保持了中国传统文化中的美术风格,游戏的配乐也特别注重使用中国传统音乐元素,包括笛子、手锣、板鼓等中国特色乐器。本国的优秀传统文化不仅可以体现在游戏的场景、音乐等方面的设计中,而且可以体现在游戏的剧情设计中。《古剑奇谭》的游戏背景及剧情中融入了很多中国传统文化观念,包括中国传统的仙剑文化、道教思想、儒家文化等,游戏中的角色之一方兰生是一名书生,熟读各种儒家经典,常引用孔子名言,如"礼之用,和为贵""来而不往非礼也"等。日本的很多游戏,也取材于本国的历史,如以日本战国时期为背景的《战国无双》《信长之野望》《武田信玄》等,很多游戏加入了日本浮世绘等传统文化元素,雪女、狸猫、河童、人鱼等日本民间传说的角色也无一例外地进入相关游戏。

再次,游戏可以传播一切优秀文化。整体来看,游戏是需要商业化运作的,一切优秀文化都可以被吸纳到游戏中。网易公司制作的《阴阳师》手游就是以《源氏物语》的古日本平安时代为背景设计的,在中国乃至新西兰、加拿大等国家引发关注。日本游戏也特别注重吸纳中国优秀传统文化,如以《西游记》《三国演义》中的人物为原型改编的游戏有很多种,许多日本人是通过游戏了解诸葛孔明、曹操等中国历史人物的。在某种意义上,日本游戏推动了中国传统文化在日本的传播和接受。

我们也应看到,通过游戏开展国际传播也面临一些问题。从目前流行的国产游戏来看,其游戏背景都来自中国的历朝历代,但其深度、广度和系统性还不够。多是在游戏的人物形象、建筑风格、游戏道具中表达传统文化元素，而在游戏人物价值观上的表现还有待深入。[①] 合格的游戏仅仅是"好玩"就可以，而一款卓越的游戏应该承担起创造更多文化内容和精神价值的使命。中国的游戏从业者应该有更广的视野和社会责任，更多赋予游戏新内涵和文化价值，将文化与游戏有效结合起来，把中华民族优秀传统文化传播到海外。

总之，随着新媒体格局的快速变化和 5G、人工智能等技术的迅速发展，信息传输效率将极大提升，游戏的沉浸性、社交性、互动性、体验性得到进一步提升，游戏已经成为重要传播媒介。当前，游戏已经开始扮演国际传播的角色；今后游戏传承和传播文化的功能有望进一步强化。通过游戏开展国际传播，需要科学、深入、持续地推动。

---

① 金晓贞.刍议网络游戏与传统文化的关系[J].电子技术与软件工程，2013（14）：30.

积极通过国际友人开展国际传播[*]

2021年5月31日，中共中央总书记习近平在主持中共中央政治局第三十次集体学习时发表重要讲话强调，"要广交朋友、团结和争取大多数，不断扩大知华友华的国际舆论朋友圈"。开展国际传播需要多种渠道，其中通过国际友人开展国际传播值得高度重视。早在革命战争年代，中国共产党就团结和影响了斯诺、史沫特莱等一批外国记者、作家和友人；在全面抗战时期，中国共产党及其领导的军队积极争取和转化日本俘虏，成为对敌宣传的"尖兵"；在新时期，我国积极做好国际友人工作，知华友华朋友圈不断扩大，如新疆人民的老朋友小岛康誉积极对日讲述"新疆故事"，成为通过国际友人讲述中国故事的典型案例。

一、国际友人的"皮下注射"效果

"皮下注射"论是传播学的一个早期理论，是指大众媒体在传播过程中有十分强大的力量，就像药剂注入皮肤一样，可以引起直接速效的反应。

在开展国际传播活动时，语言隔阂、文化差异、国境和地理距离就像人的皮肤一样，将国内外的人们隔离，沟通、交流、理解都十分困难。也就是说，大量的国际传播活动都是在多种隔阂存在的情况下开展的，这种国际传播活动要么传受双方距离遥远，要么双方隔阂巨大，要么受体制制约很多，

---

* 文章原载于《公共外交季刊》2021年第3期，收入本书时有改动。

多数需要通过翻译等中间环节进行，可以姑且称之为"外敷药型"国际传播。

而国际友人则为国际传播提供了一个捷径，他们往往既懂中国文化、了解中国发展实情，又熟知其祖国的社会、政治、文化环境。通过国际友人讲述中国故事，可以发挥他们"贯通中外"的巨大优势，直接向其国民传递真实的中国形象，正如传播学的"皮下注射"论一样，会引起直接速效的反应。

中国一贯重视通过国际友人开展国际交流和国际传播，从埃德加·斯诺到伊斯雷尔·爱泼斯坦，从热爱中国文化的国外政要到不为人知的普通百姓，中国的朋友遍布全球。历史上，中国共产党通过统战、外联等途径，吸引了大量国际友人。抗战时期，中国共产党冲破重重阻挠，吸引斯诺、白修德等著名记者前来边区采访，让自己的声音成功进入国际主流舆论体系。同时，也积极团结野坂参三等日本共产党进步人士和反战的日本友人，对日展开舆论战，为抗战胜利打下舆论基础。当前，我国积极开展团结和争取国际友人的工作，在国庆、春节等庆祝活动上，也都会邀请有代表性的国际友人出席，国际友人工作得到持续重视。

在网络等新技术日新月异的当前，"皮下注射型"国际传播手段越来越多，如中国虽然在媒体准入等方面设置了较高门槛，但很多国际组织、国外媒体、国外记者都已经通过微博、微信等平台进入了中国，与中国网民进行面对面的密切交流，其中很多机构的交流形式都从"外敷药型"快速转变为"皮下注射型"国际传播。我们需要尽快综合研究国际友人国际传播的主要特征和规律，与其他途径的国际传播综合应用，以推动更加直接、高效地讲好中国故事。

二、革命战争年代的国际记者工作

在全面抗战前夕的 1936 年 6 月至 10 月，中国共产党积极邀请美国记者埃德加·斯诺前往解放区进行采访。斯诺采访了毛泽东等中国共产党领导人，并根据采访和观察所得，于 1937 年在英国出版《红星照耀中国》一书，该书反响很大，很好地推动了西方世界消除对中国共产党的误解、客观正确认识中国共产党。1937年10月，毛泽东接受英国记者贝特兰的采访，批判国民党的偏颇抗日路线，阐述了共产党主张的全面抗日路线。

在全面抗战时期，中国共产党通过"延安交际处"等机构积极开展对外工作，尤其重视通过欧美记者开展国际舆论工作，积极组织中外记者西北访问团到解放区进行采访。据延安《解放日报》记载，中外记者西北访问团一行21人于1944年5月17日抵达西安。记者团外国记者6人，分别为：斯坦因、爱泼斯坦、福曼、武道、夏南汉神甫、普金科。6月9日，访问团到达延安。6月10日，朱德在王家坪礼堂举行记者团欢迎会，叶剑英致欢迎词，爱泼斯坦作为外国记者的代表致辞。6月12日，毛泽东接受记者团的采访。6月22日，叶剑英向记者团做报告，还分发了翻译成英语的小册子。其中有八路军、新四军的抗战成绩、民兵分布、八路军及新四军的发展状况图表等。发表了在八路军、新四军中牺牲的外国友人的名单，在记者中引发反响。6月25日，毛泽东、朱德、叶剑英分别接受了外国记者的采访。8月20日，在延安持续采访活动的爱泼斯坦等5名外国记者前往晋绥抗日根据地之前，毛泽东到延安交际处饯行。采访过程中，爱泼斯坦和福曼数次撰文报道八路军英勇抗日的事迹，呼吁美国提供武器援助。

在西方得以出版的欧美记者的著作有：《红色中国杂记》(*Random Notes on Red China*)、《红星照耀中国》(*Red Star Over China*)、《人民中国的黎明》(*Inside Red China*)、《中国的惊雷》(*Thunder Out of China*)、《华北前线》(*North China Front*)、《新西行漫记》(*Two Years With The Chinese Communists*)、《北行漫记》(*Report from Red China*)等。1937年末出版的《红星照耀中国》极大加深了世界对中国共产党和延安的了解。与此类似，其他著作也在某种程度上为中国共产党的国际传播作出了贡献。中外记者西北访问团的许多外国记者实地访问了边区，采访了中国共产党的主要领导人，通过新闻报道和出版活动，向欧美社会介绍了中国共产党和边区，极大地推动了国际社会对中国共产党的了解和认识。

三、全面抗战时期的日俘教育与对敌宣传

1937年全面抗战爆发后，中国共产党进行军事作战的同时，还积极开展对日宣传以瓦解日军士气、削弱日军战斗力。全面抗战初期，中国共产党主要通过中国人开展对日宣传；随着日本俘虏的增多，逐步开始注重对日本俘虏的转化与利用，逐渐让部分可靠的日本俘虏参与对日宣传；随着日本反战组织的发展壮大，中国共产党领导反战组织开展了丰富的对日宣传工作。众所周知，中国政府一直对日本采取"二分法"，认为侵华战争是日本军国主义者发动的，广大日本人民也是战争的受害者。其实，早在全面抗战初期，中国共产党就已经确立对日本采取"二分法"策略，将发动战争的日本帝国主义者与普通士兵和日本人民相区分，认为日本民众和普通士兵也是战争的受害者。"二分法"一直贯穿全面抗战时期，是中国共产党对日工作的核心理念。

全面抗战期间，八路军对日本俘虏进行教育和训练，并通过他们开展对日宣传工作。中国共产党中央委员会在1940年4月6日发布的《关于瓦解日军工作的指示》中，提出战略性利用日本俘虏开展对日宣传："对日军俘虏工作除执行总政过去的指示，凡俘虏愿意回去者即给以鼓励招待令其回队外，应注意选择少数进步分子给以较长期的训练。现决定晋东南选三名（包含杉本）、晋察冀军区送三名、120师送三名最进步的日本俘虏来延安受训，以培养出日本的革命者。"在延安的日本工农学校先后教育转化数百名日本俘虏，这些俘虏成立觉醒联盟、反战同盟等组织，在中国共产党的领导下开展了系统的对敌宣传。

对日宣传工作均通过日文开展，媒介种类包括日文报纸、日文杂志、日文广播等。除此之外，还积极通过日文标语、传单、书信、电话等方式开展对日宣传。对日宣传还十分注重植入日本文化，如日本歌谣、日本传统节日元素，甚至在打扫战场时掩埋日兵尸体并通过日文立起墓碑，写上能够引起日兵厌战情绪的文字，日军来打扫战场时就可以看到。整体上看，这个时期

的对日宣传内容贴近侵华日军的实际，宣传手段丰富多样，实事求是，注重实效。对日宣传工作在日军内部产生一定的反响，促进了日军内部反战、厌战、怠战情绪的增长。

四、新时期的国际友人与国际传播

新中国成立以来，中国在全世界广交朋友，许多"中国人民的老朋友"在关键时候能够为中国发声，积极向国际社会讲述中国故事，发挥了重要作用。

如日本友人小岛康誉多年来积极向日本社会讲好新疆故事。2013年6月，新疆维吾尔自治区文化厅党组书记韩子勇主编、笔者翻译的日文版《大爱无疆：小岛精神与新疆30年》在日本出版，从各自的角度宣传了新疆的历史、文化、经济发展、教育等方面的最新发展成就。该书系统、全面讲述了小岛康誉的新疆情缘，该书日文版在日本出版，向日本读者展现了生动的"新疆故事"，是通过国际友人讲述中国故事的成功案例。

小岛康誉是新疆人民的老朋友。时任新疆维吾尔自治区党委书记张春贤于2011年9月19日在乌鲁木齐会见小岛康誉时说，小岛康誉先生在新疆家喻户晓，是中国新疆和日本的友好使者，30年来为宣传中国新疆做了很多工作，向日本社会传递了新疆和谐、稳定的正面形象。作为新疆人民的老朋友，小岛康誉在日本的大学、图书馆、地方自治体、研讨会频频发表演讲，介绍新疆最新发展变化。小岛无论走到哪儿，都会有意识地宣传和推广新疆，让大家更多地了解新疆的发展。他是新疆国际传播的实践者和"新疆故事"的讲述者，主编了《见证新疆变迁》系列丛书，在日本出版了《王恩茂日记》日文版、《铁木尔·达瓦买提诗集》日文版等，同时在日本举办了百余次演讲会介绍新疆，极大地激发了日本人对新疆的兴趣和关心，为向世界、特别是日本人民介绍新疆、宣传中国，作出了突出贡献。小岛先生同时积极邀请新疆青少年赴日旅游，在文物保护的同时，从多方面推动中日之间的民间交流。

小岛康誉在《见证新疆变迁》序言中指出："每个国家都有权利根据自己

的实际情况选择适合自己的发展道路，别人无权对另一个国家指手画脚。对中国这样一个过去贫穷落后的国家，加快发展经济，让人民过上富裕的生活，就是实现了最大的人权保障。"《见证新疆变迁》从国际友人的视角讲述了精彩的"新疆故事"，是中国故事的组成部分，为讲述中国故事和塑造国家形象提供了新的视角。

当前，我国的国际传播工作有一批国际友人深度参与。中国外文局、CGTN、中国国际广播电台国际传播机构一直活跃着一批外籍雇员，如中央电视台在1986年创办《英语新闻》栏目时就聘请了母语为英语的外国专家做改稿编辑，并聘请英籍华人担任主持人；当前，CGTN、中国外文局、中国国际广播电台等机构均聘有外籍雇员，他们为中国国际传播事业作出积极贡献。

五、结语

中国共产党一向注重统一战线工作，积极争取了团结了一批友好人士，为讲好中国故事、传播好中国声音作出积极贡献。在新时期，更应该广交朋友、团结和争取大多数，不断扩大知华友华的国际舆论朋友圈。

第一，"通过国际友人开展国际传播"的相关研究亟须加强。在不同历史时期，中国共产党注重借助外国人的力量开展国际传播，如斯诺等外国驻华记者的报道和著作、全面抗战时期日本反战组织的对日宣传、新中国成立后国际传播机构中的外国专家和外籍雇员等。当前，这方面的历史尚没有得到系统梳理，相关理论研究和对策研究也十分不足，亟须进一步深入开展，为新时期国际传播工作提供理论支撑。

"通过国际友人开展国际传播"需要明确的核心价值理念。如上所述，全面抗战时期中国共产党在对日宣传中运用"二分法"策略，将日本普通士兵和日本军部进行区分，在教育和转化日本俘虏、瓦解和争取日本士兵方面发挥了巨大作用。这种"二分法"策略在新中国成立后依然得到广泛应用，是中国共产党"团结大多数，孤立极少数"的法宝。在新时期，应更广泛宣传人类命运共同体理念，使之成为争取和团结国际友人的核心价值理念。

"通过国际友人开展国际传播"需要共同的愿景和追求。全面抗战时期，"通过日本人开展对日宣传"之所以能够成功实现，从根本上得益于中国共产党和日本反战组织找到了共同利益：中国共产党是无产阶级政党，日本反战组织作为日本无产阶级的代表，二者有着共同的阶级利益；中国共产党积极通过抗战打败日本军国主义者的对华侵略，符合中国共产党的阶级利益，日本反战组织也希望通过推翻日本军国主义进而开展日本的革命事业，同样符合其阶级利益。在共同利益驱动下，成就了全面抗战时期"通过日本人开展对日宣传"的历史。在当前，我们更应该努力让更多中国主张、中国智慧、中国方案成为大家共同的愿景和追求。

中国公共外交机构与组织发展概览[*]

近年来,中国的公共外交理论研究和实践都受到重视,公共外交相关研究机构、人才培养机构、咨询机构不断涌现,公共外交相关的协会、组织纷纷成立。这些公共外交的相关组织和机构开展了积极有效的活动,取得了丰硕的成果。本文将公共外交相关的研究机构、人才培养机构、咨询机构、协会组织进行了较为系统的梳理,从公共外交组织机构的角度进行了考察。

一、公共外交研究机构

在公共外交研究机构方面,自 2009 年以来,我国已经先后成立公共外交相关的研究所、研究院、研究中心近 20 家。

察哈尔学会是第一家以公共外交为主攻方向的非官方智库。察哈尔学会成立于 2009 年,承办了《公共外交季刊》(创刊号为《公共外交通讯》),召集国内代表性公共外交学者出版"察哈尔公共外交丛书",还举办了多种多样的公共外交主题活动,成为推动中国公共外交研究和实践的重要力量,被誉为"中国公共外交的一面旗帜"。

成立于 2010 年 8 月的北京外国语大学公共外交研究中心也是公共外交研究和实践的重镇,是公共外交决策咨询的重要智库。北京外国语大学公共外交研究中心团结了一批优秀的公共外交学者,多次主办公共外交相关的论坛

---

* 文章原载于《公共外交季刊》2018 年第 3 期,收入本书时有改动。

和研讨会，发布了《中国公共外交研究报告（2011/2012）》，出版了《周恩来公共外交访谈录》《公共外交与人文交流案例》等。

清华大学中国战略与公共外交中心2011年11月26日宣布成立。该机构依托清华大学当代国际关系研究院，承担国家社科基金重大项目"我国的公共外交研究：战略与策略"等重要科研项目，致力于中国重大战略问题和公共外交问题的研究，为党和政府提供智力支持。

吉林大学公共外交学院是全国唯一一所"公共外交学院"，于2012年底成立，该院与美国、澳大利亚、韩国、阿根廷的相关机构有密切合作，国际化特色凸显。

2014年2月26日，中国人民大学公共外交研究院宣布成立。名誉院长由原国务委员、中央外事工作领导小组办公室主任戴秉国担任，国务院新闻办公室原主任、中国人民大学新闻学院院长赵启正任院长。公共外交研究院与中国人民大学国家发展与战略研究院共同主办了"2015中美公共外交高层论坛"，并发布中国首部公共外交蓝皮书《中国公共外交发展报告（2015）》。

上海大学上海合作组织公共外交研究院是2011年3月经中华人民外交部批准成立的学术机构，致力于上海合作组织和平发展、我国公共外交事业发展的学术研究、人才培养及国际交流。同在上海的还有上海政法学院公共外交研究中心，该中心成立于2013年2月。

此外，公共外交相关研究机构还包括海南大学海南公共外交研究中心、九江学院公共外交研究中心、华侨大学侨务公共外交研究所、三亚公共外交研究院、GBD公共外交文化交流中心、外交学院公共外交研究中心、中国传媒大学媒介与公共事务研究院公共外交研究所、浙江省委党校公共外交研究中心、广西民族大学东盟学院东盟文化与公共外交研究所、温州大学公共外交研究所、广东省公共外交与跨文化传播研究基地、浙江大学公共外交与战略传播研究中心等。

在学术团体方面，中国新闻史学会全球传播与公共外交委员会于2017年1月宣布成立，是中国新闻史学会下的二级学会，聚集了从新闻传播学视角研究公共外交的众多学者。

表 1 公共外交研究机构一览表

机构名称	所在地	成立时间
察哈尔学会	北京	2009 年
北京外国语大学公共外交研究中心	北京	2010 年 8 月
清华大学中国战略与公共外交研究中心	北京	2011 年 11 月 26 日
吉林大学公共外交学院	长春	2012 年
中国人民大学公共外交研究院	北京	2014 年 2 月 26 日
上海大学上海合作组织公共外交研究院	上海	2011 年 3 月
上海政法学院公共外交研究中心	上海	2013 年 2 月
海南公共外交研究中心	海口	2015 年 6 月 9 日
九江学院公共外交研究中心	九江	2013 年 5 月 14 日
华侨大学侨务公共外交研究所	厦门	2013 年 5 月 9 日
三亚公共外交研究院	三亚	2015 年 7 月 6 日
GBD 公共外交文化交流中心	北京	2009 年 10 月
外交学院公共外交研究中心	北京	2010 年
中国传媒大学媒介与公共事务研究院公共外交研究所	北京	2013 年
浙江省委党校公共外交研究中心	杭州	2014 年
广西民族大学东盟学院东盟文化与公共外交研究所	南宁	
温州大学公共外交研究所	温州	2014 年 11 月
华南理工大学广东省公共外交与跨文化传播研究基地	广州	2015 年 1 月
浙江大学公共外交与战略传播研究中心	杭州	2017 年 6 月

从上述梳理可以发现公共外交研究机构和人才培养机构的几个特点。首先，在成立时间方面，绝大多数公共外交研究机构成立于 2009 年之后，2013

年—2015年成立的研究机构最多。其次，在区域分布上，大都分布在沿海经济较为发达、国际交流较为繁盛的区域，尤其是北京、上海、浙江、广东、海南等省市最为集中。最后，从研究机构特色来看，不同研究机构依托不同的学科背景，表现出不同的研究特色。如北京外国语大学公共外交研究中心依托北京外国语大学的外语优势；清华大学中国战略与公共外交研究中心依托清华大学当代国际关系研究院的学术积累；中国人民大学公共外交研究院则依托中国人民大学新闻学院在国际传播等领域多年的积累。

二、公共外交组织建设

公共外交涉及外交、外宣、外事、侨务、文化、教育、统战等多个部门，与全国政协、国务院新闻办、外交部、对外友协、国务院侨办、文化部、中联部、教育部、统战部等机构有密切关联。近年来，公共外交相关协会等机构纷纷成立，为公共外交的发展奠定了组织基础。

2004年，外交部新闻司专门设立了"公众外交处"，负责主办外交部的公众开放日等活动，让外交走进普通民众，让普通民众了解外交、亲近外交、支持外交。2009年，公共外交处升格为公共外交办公室。2010年8月24日，外交部公共外交咨询委员会成立，委员会由十余位政策理论水平高、工作经验丰富的大使、资深外交官及专家学者组成，主要职能是为外交部和驻外使领馆开展公共外交提供咨询建议等。

2012年12月31日，中国公共外交协会成立，外交部前部长李肇星当选会长。在中国公共外交协会成立之前，就有天津公共外交协会、上海公共外交协会、广东公共外交协会等地方性公共外交组织成立。至今，全国已有上海、广东、天津、扬州、杭州、西宁、南京等20多个地方公共外交（人民外交、城市外交）协会，不同地方均摸索出各自的特色资源。例如，广州城市外交协会充分发掘广州国际化城市的基础，强调城市外交，希望在城市层面把公共外交扎实推进。扬州公共外交协会则深入挖掘扬州的国际交往历史，重视挖掘鉴真、崔致远、马可·波罗、普哈丁历史名人与扬州的关系。

表 2　公共外交协会一览表

机构	所在地	成立时间
中国公共外交协会	北京	2012 年 12 月 31 日
上海公共外交协会	上海	2011 年 2 月 25 日
广东公共外交协会	广州	2011 年 12 月 26 日
天津公共外交协会	天津	2011 年 11 月 27 日
扬州公共外交协会	扬州	2013 年 10 月 17 日
中山市公共外交协会	中山	2013 年 11 月 8 日
惠州公共外交协会	惠州	2012 年 10 月 30 日
温州公共外交协会	温州	2012 年 5 月 17 日
杭州市公共外交协会	杭州	2012 年 12 月 29 日
浙江青田公共外交协会	青田	2013 年 3 月 1 日
西宁公共外交协会	西宁	2013 年 1 月 8 日
佛山公共外交协会	佛山	2013 年 3 月 20 日
广州城市外交协会	广州	2013 年 9 月 2 日
珠海公共外交协会	珠海	2013 年 3 月 28 日
广东省清远市公共外交协会	清远	2013 年 6 月 30 日
南京公共外交协会	南京	2012 年 12 月 10 日
辽宁省人民外交学会	沈阳	2011 年 11 月 11 日
广东河源公共外交协会	河源	2014 年 11 月 26 日
汕头公共外交协会	汕头	2016 年 11 月 3 日
东莞公共外交协会	东莞	2016 年 9 月 6 日
江门市公共外交协会	江门	2017 年 8 月 3 日
韶关市公共外交协会	韶关	2018 年 6 月 1 日
广州公共外交协会	广州	2018 年 5 月 18 日

续表

机构	所在地	成立时间
汕头市龙湖公共外交协会	汕头	2017年5月6日
云浮公共外交协会	云浮	2018年6月29日

从汇总表可以发现公共外交协会的如下特征。首先，在成立时间方面，从2011年上海公共外交协会成立以来，各地公共外交协会集中成立于2012年和2013年，至今仍在不断出现新的公共外交协会。其次，从区域来看，地方公共外交协会主要分布在沿海地区，尤其是广东省的地方公共外交协会数量最多。越是对外开放程度深、对外交流繁盛的地区，越会更加积极地成立公共外交协会，如上海、天津、杭州、温州、扬州等。再次，各地公共外交协会都与当地政协机构有密切关联，多地的公共外交协会会长由当地政协主席兼任，如南京公共外交协会、佛山公共外交协会、珠海公共外交协会、青田公共外交协会的会长分别由南京市政协主席、佛山市政协主席、珠海市政协主席、青田县政协主席担任。最后，公共外交协会呈现基层化倾向。除国家层面和省、直辖市的公共外交协会外，地市层面的公共外交协会迅速增多，县区层面的公共外交协会也开始出现。2013年，浙江省著名侨乡青田县成立青田公共外交协会；2017年，汕头市龙湖区成立龙湖公共外交协会，都是县区层面的公共外交协会。

地方公共外交协会成立的势头依然在持续。2018年6月29日，广东省云浮市民政局批复同意成立云浮公共外交协会；广东省湛江市也正在积极筹备成立公共外交协会。

三、活动与成果

（一）地方公共外交活动

地方公共外交组织建设为各地开展公共外交活动提供了组织保障，地方公共外交开展得丰富多彩。如扬州在开展公共外交时善于打历史名人牌。鉴真、崔致远、马可·波罗、普哈丁的故事在扬州公共外交活动中得到充分展示。2014年6月22日,"中国大运河"被列入联合国《世界文化遗产名录》。这是扬州以运河文化扎实推进城市外交,进而促进城市国际化战略实施的见证和成果。另外,美食也是扬州开展公共外交的重要抓手。据介绍,目前,扬州在136个国家和地区开设了餐馆。淮扬风味已成为海内外中餐馆的主要流派之一。"扬州包子包打天下,扬州炒饭炒遍全球"不仅是扬州美食的一句标志性口号,也正成为外国友人对扬州美食的第一印象而逐渐深入人心。

温州也特别积极地开展公共外交,遍布全球的温州商人成为其开展公共外交的重要资源。温州公共外交协会曾编辑《中国智慧:温州人走出去的公共外交案例》,对温州商人跨国经营行为中的公共外交给予非常详细的记录。有一些企业家在海外经营过程中,跨国经营行为与公共外交行为一体化,如有的温州商人在海外收购当地媒体,将其打造成传播中国文化的重要平台。也有一些温州商人在跨国经营过程中,通过慈善事业、捐资助学、灾难救援、融入当地社会等方式履行企业社会责任,是值得研究的公共外交案例。

(二)学术出版活动

公共外交相关的期刊有《公共外交季刊》和《公共外交》两本。《公共外交季刊》是公共外交研究领域的代表性期刊,由全国政协外事委员会和察哈尔学会于2010年3月创刊,每年发行4期,是中国首个专门研究和讨论公共外交问题的专业刊物,是中国公共外交研究者、传播者与实践者的必读杂志。该刊每期会确定一个专题,关注人民政协与公共外交、孔子学院与公共外交、宗教与公共外交、智库与公共外交等热点话题。除《公共外交季刊》外,还有《公共外交》双月刊,该刊由GBD公共外交文化交流中心主办,创刊于2011年12月,内部发行。

除期刊外,很多公共外交相关的专著、研究报告也纷纷出版发行,包括赵启正主编的《跨国经营公共外交十讲》(世界出版社出版,2013年1月)、《中国公共外交研究报告(2011/2012)》(北京外国语大学公共外交研究中心发布)、中国首部公共外交蓝皮书《中国公共外交发展报告(2015)》(中国人民大学公共外交研究院发布）等，这些专著、研究报告都已经成为中国公共外交研究的必读书目。

教材方面，由韩方明主编的《公共外交概论》于2011年出版，是我国第一部公共外交教材。《公共外交概论》结合我国的实际情况，在借鉴西方公共外交学发展的基础上，兼顾了公共外交与政治学、国际关系学、新闻传播学、公共关系学等专业的学科关联和理论跨越，既有很强的跨学科性，又有很强的专业性。2013年，这本教材还被翻译成韩文，由韩国东国大学出版社正式出版发行。

（三）学术研讨活动

公共外交相关的学术研讨和论坛为公共外交学者和实践者提供了交流切磋的平台。代表性公共外交研讨包括清华—卡内基全球政策中心的"软实力与公共外交"系列研讨会、北京外国语大学的"公共外交国际论坛"和公共外交"北京论坛"、全国政协外委会和察哈尔学会主办的"察哈尔公共外交研讨会"、中国国际友谊促进会主办的"公共外交国际论坛"等。2016年以来，公共外交高端论坛保持高频度、高热度的态势，由中韩两国外交部联合主办、中国公共外交协会和韩国国际交流财团共同承办的"中韩公共外交论坛"已经举办五届，中美公共外交论坛、中日韩公共外交论坛、"一带一路"国家公共外交论坛、中非公共外交论坛等公共外交相关的国际论坛、国际会议频繁举行。

（四）人才培养和培训

上文梳理的相关公共外交学院、公共外交研究机构都在不同程度上承担着人才培养的任务，承担公共外交领域各层次全日制、非全日制教育。外交部公共外交办公室的职责之一，就是通过多种手段提升国内民众的公共外交素养。2013年9月，中共中央印发的《2013—2017年全国干部教育培训规划》规定，要积极开展各种知识教育，"加强国防和军队建设、公共外交、民族宗教、安全保密和心理健康等方面的教育"。"公共外交"首次列入全国干部教育培训规划。与此同时，一些地方公共外交协会积极启动培训工作。例如，上海与温州公共外交协会合作举办公共外交理论高级研修班，广东与惠州公共外交协会在外交学院举办公共外交专题学习培训班。2017年5月，中国公共外交协会、上海市公共外交协会联合举办第二届全国公共外交高级研修班。2017年11月，青田公共外交协会联合杭州、南京公共外交协会委托外交学院在北京联合举办了第五期公共外交专题培训班。2017年12月，广东公共外交协会在北京外交学院举办了"广东公共外交研修班"。这些培训和研修活动对提升涉外工作人员和民众的公共外交素养起到了积极作用。

奥运传播视角下可爱中国形象的立体化塑造与可持续传播*

疫情特殊背景下，2020年东京奥运会与2022年北京冬奥会在万众瞩目中顺利举行。集仪式符号、人文故事、日常生活等多维场域于一体的"可爱传播"成为奥运显著景观，在抚慰社会情绪、实现情感共鸣、建构价值认同等方面作用。奥运可爱传播体现出仪式传播、人物传播、吉祥物传播等丰富层次。中国特色的可爱文化在奥运传播中获得空前能量释放，可爱中国形象得以立体化塑造。可爱中国形象的可持续传播，须以"可爱"价值观念为精神内核搭建整体战略体系；以"可爱"符号体系为沟通载体打造立体传播矩阵；以"可爱"文化的丰富积累、"可爱"情感的深度连接实现传播效果的持续绵延。

随着2020年东京奥运会与2022年北京冬奥会在新冠肺炎疫情特殊背景下顺利举行，越来越多的"可爱"中国符号、中国故事、中国人物、中国话语得以在世界范围内广泛传播，人类日常生活与生命叙事中碎片化、微粒化存在的"可爱"能量在奥运全球景观中得以空前凝聚、传递与释放。"可爱"日渐成为中国的"关键词"与"新名片"，"可爱中国形象"的建设与传播日益凸显出深刻意义与时代价值。

---

* 文章原载于《公共外交季刊》2022年第1期，与牛昆合作，收入本书时有改动。

一、奥运传播——可爱中国形象塑造的重要通路

奥运会作为全球顶级体育赛事，集纳体育竞技、文化交流、艺术审美等丰富元素，是物质与精神、竞技与人文、符号与意义、个体生命叙事与集体记忆书写的高度统一体，对于传播奥林匹克精神、增进人类情感共鸣、促进世界文明交流、构建人类命运共同体具有重要意义。奥运会源于体育运动并超越体育运动，超越国界与意识形态，具有竞技挑战与合作共享双重特性，是主办国特色文化与奥林匹克精神的深度接洽与融通表达，承担着国家形象塑造与国际交流促进的重要传播功能。

人人共连接、万物皆可媒的智能媒介社会中，奥运会日渐成为世界共享的媒介仪式与传播景观，其蕴含的丰富精神与多维价值日渐凸显于人类整体发展与个体日常生活之中。奥运传播既是体现体育事业发展、社会环境变迁、人类文明演进的历时性过程，也是融汇竞技展示、文化交流、情感共鸣、认同建构于一体的共时性过程。在竞技、人文与媒介的相互交织中，奥运传播成为国家形象展示的重要通路，对于凝聚集体情感、振奋民族精神、丰富国家叙事，提升国家的文化吸引力与话语影响力，进而塑造良好国家形象具有重大意义。

北京成为世界首座举办夏季奥运会与冬季奥运会的"双奥之城"，这对处于历史重要节点的中国来讲尤其意义深远。从仪式启动、竞技实践到赛事传播，从话题热议、情感凝聚到共识构筑，"希望""团结""和平"的价值观念、"简约、安全、精彩"的办赛要求与"可信、可爱、可敬"的中国形象塑造，三者深刻互融，共同赋能奥运集体记忆生产与共享价值建构。

二、仪式、人物、吉祥物——奥运可爱传播的丰富层次

"可爱"作为一种积极审美标准与温暖社会时尚，是超越物种、跨越国界的通用语言，与奥运精神共通连接，与中国气质高度吻合。奥运中的可爱传

播以多元符号与多维叙事展现出丰富层次，从整体来看可分为可爱仪式传播、可爱人物传播、可爱吉祥物传播。

（一）可爱仪式传播——冬奥会开幕式中的可爱符号与可爱叙事

所谓仪式，即通过特定时空的身体经历与精神聚集，将附着有丰富意义的符号体系进行展演传递，以实现体验共在、情感共鸣、文化凝结与认同构筑。以奥林匹克精神与民族文化气质为双重内核的北京冬奥会开幕式与闭幕式是备受关注的世界仪式与全球景观。在"中国式浪漫"与"双奥情怀"的艺术化阐释中，我们可以捕捉到冬奥会开幕式中多元"可爱符号"与多维"可爱叙事"。

孩童形象是对"可爱意涵"的生动诠释与深刻表达。在国旗传递环节，一名小男孩表情"庄重认真"，眼神"天真热切"，在旗杆下用小号演奏《我和我的祖国》；在奥运会会歌演唱环节，44名"来自大山里"的孩童以纯净空灵的"可爱"音色生动演绎《奥林匹克圣歌》；在《雪花》篇章中，数百名孩童手持和平鸽灯"自由起舞""欢乐嬉戏"；在短片《未来的冠军》中，"滑雪萌娃"贝贝和众多加入冰雪运动的孩童摔倒又爬起，画面生动。

从科技赋能、感官沉浸的媒介仪式中"可爱"情感的立体表达，到民族文化与国家性格中"可爱"气质的自然流露；从自然元素——雪花、动物形象——白鸽、中华传统文化元素——虎头帽到"萌化"人心的可爱孩童形象，从二十四节气倒计时、奥运主题阐释、国旗传递到运动员入场、圣火点燃，"可爱"精神内核、"可爱"符号元素与"可爱"细密叙事将开幕式仪式饱满填充，书写出多维立体的"可爱中国"形象。现场人员与云端观众共聚于奥运开幕式共通场域中，实现了个体情感能量的激发与"奥运共同体"的坚实构筑。

（二）可爱人物传播——奥运赛场中的"可爱奥运人"群像

可爱传播"以人为本"，讲求人文精神。"可爱奥运人"群像的立体塑造是奥运可爱传播的重要环节。"可爱奥运人"群像的立体塑造，关键是在人性的凸显、叙事的多元与传播的互动中,体现人物的"真实性"与"鲜活性":东京奥运会上年仅14岁的跳水冠军全红婵"天真稚气"却"实力惊人",拥有"想去抓娃娃、想吃辣条"的质朴愿望;"牢记祖父期望"的21岁中国姑娘李雯雯在赛场中夺金,摆出"爱心造型"并"执意与教练共享荣耀";"珍珠美甲""胡萝卜发饰""爱吃油焖大虾"成为摘得首金的00后女孩杨倩的专属"可爱"标签。

被誉为"穿着运动衣的外交官"的中国体育人无数次"戳中"世界观众的"萌点"、笑点与泪点,塑造了立体、饱满、多维的"可爱"形象。他们既专业过硬、性格坚韧,又"热爱生活、柔和细腻",充满人性与温情。在国外赛场,他们"谦和大方、彬彬有礼";在本国参赛时,他们"热情包容、友善亲和"。领奖台上的可爱"比心"手势、赛场中的"哪吒头"造型、与观众互动"俏皮扮鬼脸"、给失利竞争对手以深切拥抱……他们以人性化、清新、"接地气"的真实、自然表达实现了奥运精神、爱国精神、敬业精神的柔性输出,展现出人性的光辉、生命力量的蓬勃与人文精神的丰富层次。

(三)可爱吉祥物传播——奥运传播的顶级流量"冰墩墩"

吉祥物,即在特定文化语境中具有辟除灾厄、带来吉祥等象征意义的人、动物或事物。从艺术形式来看,奥运会吉祥物具有活泼、灵动、可爱等造型特点;从象征意义来看,奥运吉祥物蕴藏奥林匹克精神、民族文化魅力、时代审美情趣并充满现实生活气息。奥运吉祥物兼具"可爱形式"与"可爱内涵"。北京冬奥会吉祥物"冰墩墩"将吉祥物的"婴儿特征"与"可爱属性"发挥到极致,成为奥运传播中的"顶流",为中国可爱形象塑造树立了"可爱范本"。

"冰墩墩"形象设计体现出"可爱"的"创新表达"。中国国宝大熊猫幼崽形象、冰雪运动特征、现代科技元素的创意组合,呈现出自然与人文、传统与现代、世界文明与民族气质的交相辉映。"圆滚滚、毛茸茸、软乎乎"的"可爱"形态、极具想象空间的冰晶外壳、象征冰丝带的光环装饰、印在掌心里的"可爱"红心、走路时的"内八字"姿态、招手时微微前倾的身体……

从外在形态到"性格心灵",冰墩墩集"活泼、敦厚、友善"于一体,充满"天真、纯洁、鲜活"的生命力量,深刻呼应"更快、更高、更强——更团结"的奥运格言,表达出中国与世界人民"一起向未来"的美好期待。

"冰墩墩"的可爱形象引起中外共通的情感共鸣与传播互动,成为世界人民关注冬奥、感知中国、构筑共识的"可爱"纽带。英国路透社、美国有线电视新闻网等外国媒体纷纷出现关于"冰墩墩"的报道。国际奥委会主席巴赫、摩纳哥亲王阿尔贝二世、日本电视台记者辻冈义堂均成为冰墩墩的"忠实粉丝"。面对"一墩难求"的盛况,世界人民谈论"冰墩墩"时展现出"姨母笑"或"痴汉脸"。"冰墩墩"成为可爱中国的缩影,见证着中国人的纯真、浪漫、友善与乐观,为新冠疫情笼罩下的世界"增添光亮与暖意"。

三、可爱中国形象的立体化塑造与可持续传播

(一)可爱中国形象的立体化塑造

作为一种根植于社会实践的文化现象,"可爱"情绪的表达与释放反映了当今时代背景下物质条件的日益充裕与精神压力的加速增长之间的现实张力。尤其在疫情阴霾笼罩之下,人们更希望在"可爱"氛围中寻找温暖、净化与治愈心灵的力量。在可爱符号的互动传递中,个体情绪得以舒展,群体情感得以凝聚,集体身份认同得以建构。

奥运传播中可爱中国形象的立体塑造,体现了中国特色的可爱文化在横向维度上的共时性凝结与纵向深度上的历时性绵延。一方面,可爱中国形象是可爱的中国地域、可爱的中国物产、可爱的中华文明、可爱的中国人物组成的多维度共时统一体。在此多维场域中,世界人民得以感知自然与人文美妙融合、环境舒适、饮食可口、气氛融洽、万物可爱的现代中国。另一方面,中国自古具有"可爱"基因与传统。中国"可爱"文化跨越时代,丰富积累,体现出历史烙印与时代需求。从中华传统文化元素中重义守诺、坚韧乐观的"可爱"道德规范,到革命年代"可爱"的国家意识与情感自觉,再到如今"开放自信、谦逊谦和"的气质胸怀,中国"可爱"意涵在历时性绵延中,形

成独具特色的精神内核。

（二）可爱中国形象的可持续传播

报道显示，北京冬奥会在开赛的第4天便成为收视最高的一届冬奥会。奥运可爱传播获得海外受众的热切关注、广泛传播与情感共鸣，"可爱"中国形象的感知度与认可度得到空前提高。日本电视台记者辻冈义堂被网友称为"义墩墩"并在社交媒体迅速走红；美媒记者玛丽莲娜·巴卢里斯发文分享冬奥会的"激动人心"并用中文"你好"和网友互动交流；美国单板滑雪运动员特莎·莫德因中国志愿者的热情问候而数次感动落泪。

奥运可爱传播与可爱中国形象塑造是一个可持续过程，不能随奥运会闭幕"戛然而止"。首先，须以"可爱"价值观念为精神内核，以塑造可爱国家形象为目标，完成从可爱元素挖掘、可爱故事讲述、可爱精神传递到可爱价值认同的整体战略体系搭建。其次，须以"可爱"符号体系为沟通载体，树立全民思维与常态化思维，以多元传播主体与整合传播手段打造可爱传播立体矩阵，融合国际国内传播场域，实现从奥运仪式可爱传播到日常生活可爱传播，从个体可爱传播、城市可爱传播到可爱国家形象传播的递进升华。再次，须以可爱资源的持续积累、可爱议题的主动设置、可爱符号的日常提炼、可爱内容的创意生产、可爱故事的多元讲述、可爱情感的普遍激发来实现可爱文化的持续丰富，以深度的情感连接实现传播效果的持续绵延。

在未来，可爱传播须与时俱进，兼顾人文与技术，把握边界尺度，注重长远效果，从而在国际交流交往、社会共情凝聚、文化艺术创意、经济价值创造中发挥日益重要作用。

四、结语

在全球笼罩于新冠疫情阴霾之下、国际局势日益复杂、社会风险与不确定性因素显著增加的特殊境况中，2020年东京奥运会与2022年北京冬奥会的成功举办，使得世界人民克服空间阻隔实现云端共聚，彰显出奥林匹克运动精神的深刻意义，促进着奥运遗产与人类文明的丰富积累。

集仪式符号、人文故事、日常生活多维场域于一体的"可爱传播"成为奥运显著景观。可爱中国形象在奥运仪式的灵动性、简约性、人民性中，在中国奥运人的"真实鲜活、和平友善、顽强乐观"中，在奥运吉祥物的"憨态可掬、敦厚天真、温暖治愈"中得以生动诠释与立体塑造，使世界得以接近、认识、了解并喜爱信守承诺、勇于担当，自信融通、开放多元，创新包容、团结共生，和世界人民情同与共、"一起向未来"的现代中国。

"可爱"蕴含希冀希望与生命力量，能够激发人类普遍情感，拉近社会心理距离，对于减轻或消弭人类社会集体焦虑、回应人类社会普遍关切、构建人类命运共同体意义重大。在奥运"可爱"传播过程中，世界人民得以共享运动热情，释放压力，舒展心灵，破除偏见与拘囿，实现情感共鸣、心意相通与共识凝结。

改革开放以来中国对外传播历程探析*

改革开放 40 年来，中国对外传播工作取得显著成效。改革开放与对外传播有着非常密切的联系。改革开放促使对外传播工作再次启动，改革开放改变了中国，改变了中国形象。改革开放推动中国对外传播体制越来越完善，对外传播渠道越来越丰富，对外传播理念越来越科学。

一、改革开放与对外传播

中国共产党非常重视宣传和传播工作。1949 年新中国成立伊始，中央人民政府新闻总署就下设国际新闻局，统筹新中国的对外传播工作。外文版的《人民中国》《中国画报》《中国文学》《中国建设》《北京周报》等对外传播期刊纷纷创刊；新中国成立初期，以"北京广播电台"的称号通过多种外语开展对外广播，北京广播成为世界各国了解中国的重要渠道；新华社对外一直承担向海外媒体发布信息的重任，满足海外受众对中国的知情需求。但整体上来看，新中国成立初期中国对外传播工作较为薄弱，在"文革"期间又受到严重破坏。改革开放后，对外传播取得快速发展。对外传播与改革开放有密切的联系。

首先，改革开放促使对外传播工作"再出发"。改革开放初期，人们对"对外开放"这个新鲜事物了解不足，重视不够；海外社会对中国改革开放

---

* 文章原载于《公共外交季刊》2018 年第 2 期，收入本书时有改动。

也有种种猜忌和疑虑。在这种背景下,1980年3月,中央书记处专门讨论对外宣传工作,并决定成立中央对外宣传小组,次月,中央对外宣传小组正式成立。1982年6月,中央对外宣传小组召开了全国地方对外对台宣传工作会议,胡耀邦、邓颖超、廖承志等领导同志到会讲话,足见中央的重视。可以说,改革开放让原本停滞不前的对外传播工作再次找到动力与航向,重新扬帆起航。

其次,改革开放改变了中国,改变了中国形象。对外传播是一个信息传递过程,需要"有料下锅"。如果中国的实际情况很糟糕,那么无论怎么传播,都难以塑造良好的国家形象。改革开放让中国和中国形象发生了重大变化,改革开放本身就成为中国形象的重要组成部分。改革开放使中国这个大国融入世界中,给海外民众以了解中国的机会,增进了他们对中国的了解,在一定程度上改变了海外民众对中国一贯的看法,促进了中外交流与合作。

最后,改革开放推动中国对外传播体制越来越完善,对外传播渠道越来越丰富,对外传播理念越来越科学。改革开放改变了中国的物质世界,也改变了中国的精神世界。对外传播战线上的工作人员也更加解放思想、实事求是地开展对外传播,让中国的对外传播工作走进了新阶段。改革开放以来,中国对外传播体制几经变迁,整体上越来越完善;中国对外传播的媒体、渠道、手法越来越丰富,越来越立体;中国对外传播理念越来越务实,越来越科学。

二、对外传播领导体制不断完善

对外传播工作需要强有力的领导。改革开放以来,中国对外传播领导机构不断完善。现在,已经形成了中央、地方党委对外宣传领导机构体系,形成了与国际传播、人文交流、民间外交、公共外交紧密联系的对外传播体制。

对外传播是对外开放题中应有之义,是对外开放政策的组成部分。改革开放后的1980年4月,中央对外宣传小组成立,协助中央统一领导对外宣传工作,为建设中国特色社会主义争取良好的国际环境,中宣部、中联部、外交部、文化部、国务院侨办、港澳办以及人民日报社、新华社、广电部、外文局等有关部门和媒体为成员单位。1988年至1989年中央对外宣传小组曾一度撤销，对外宣传工作归并到中宣部。1990年，中央对外宣传小组得以恢复。1991年，出于工作需要，中央决定成立国务院新闻办公室。1992年，中央对外宣传小组更名为中央对外宣传办公室，与国务院办公室是一个机构两块牌子。国务院新闻办公室的职责包括推动中国媒体向世界说明中国、推动海外媒体客观准确地报道中国等。

中国外文局是对外传播的重要领导和实施机构。1979年3月，经中央和国务院批准，外文局恢复为国务院直属局，业务上由中宣部领导；1982年，国务院机构改革时外文局归并至文化部；1991年，外文局全建制从文化部划出，成为独立的事业单位，由中央对外宣传小组归口管理。1995年12月1日，中共中央办公厅下发了由中央机构编制委员会办公室审核，经党中央批准的《中国外文出版发行事业局机关机构编制方案》："中国外文出版发行事业局是中共中央所属事业单位，是承担党和国家书刊对外宣传任务的新闻出版机构，由中共中央对外宣传办公室代管。"

十八大以来，习近平总书记高度重视对外传播工作，作出了一系列重要工作部署和理论阐述，尤其重视对外传播话语体系的构建和国际传播能力的提升。与以往相比，总书记在对外传播、国际传播、人文交流、国家软实力等领域的讲话、指示、批示数量多、力度大，既有战略性，又有可执行性，显示了中央对对外传播的直接领导和指导的力度加大。中国国际电视台、中央广播电视总台的设立和组建，显示了中央整合优势力量提升对外传播效果的决心。中国积极通过APEC会议、上合组织峰会等多边外交宣示中国理念，提供中国方案，贡献中国智慧。中国提出的"一带一路"倡议和构建人类命运共同体理念已经成为中国对外传播的重要抓手。

三、对外传播渠道不断丰富

改革开放40年来，中国对外传播媒体逐步完善，从改革开放初期的书刊对外传播、广播对外传播，到 20 世纪 90 年代逐步开始的电视对外传播，再到新世纪的网络对外传播，对外传播的媒介和渠道越来越丰富。各领域、各层次的新闻发布制度和新闻发言人建设取得成效；国际公共关系、国际广告等对外传播手法得到灵活运用。

中国外文局是重要的书刊对外传播机构，其改革开放以来发行的杂志主要有《北京周报》（英文版）、《今日中国》（英、法、西、阿文版）、《人民画报》（英文版）、《人民中国》（日文版）和《中国报道》（世界语版）等；主要的对外书刊出版社有外文出版社、新世纪出版社、中国画报出版社、华语教学出版社和朝华出版社等。

中国国际广播电台是中国重要的对外传播媒体。1978 年启用"中国国际广播电台"的呼号，其定位是中国向全世界广播的国家广播电台，其宗旨是"向世界介绍中国，向中国介绍世界，向世界报道世界，增进中国人民与世界人民之间的了解和友谊"。中国国际广播电台持续以数十种外语开展对外传播，已成为在世界上有广泛影响的电台。党和国家领导人历来十分重视外宣工作，邓小平同志曾为中国国际广播电台题写台名。1996 年，在中国国际广播电台创办 55 周年之际，江泽民为国际广播电台题词："声音传五洲，朋友遍天下。"

新华社、《人民日报》、中央电视台等中央媒体在开展对内宣传的同时，也是对外传播的重要力量。新华社的对外部是中国对外传播机构的重要组成部分，《人民日报》海外版一直积极传播中华优秀文化、宣介中国发展取得的成就。1983 年，中央电视台成立对外部，专门制作、翻译和发行对外节目，这是中国电视对外传播的开端。2016 年 12 月 31 日，中央电视台设立中国国际电视台（CGTN），以英语、西班牙语、法语、阿拉伯语、俄语等外语开展对外传播。2018 年 3 月，中央电视台（中国国际电视台）、中央人民广播电台、中国国际广播电台合并组建中央广播电视总台，由中共中央宣传部领导，广播电视领域的对外传播力量得到整合。

互联网成为中国对外传播的重要渠道。1997 年 1 月 1 日，中国国际互联网新闻中心在国际互联网络上建立了中国对外信息网站，成为中国网络对外传播的开端。2006年元旦正式开通的中国政府网，为海外受众获取中国信息提供了便捷、权威的窗口，也体现了中国政府对网络传播的重视。各地各部门也均积极推出各级政府网，不少网站都推出外语版本。社交媒体成为中国开展对外传播的重要平台，中央电视台、《人民日报》、新华社开通了推特、脸书等。2015年，新华社首次在推特、脸书和优兔三大海外社交媒体平台直播习近平的演讲。不少中国驻外机构和对外宣传媒体也积极通过相关社交媒体平台发布信息。

此外，各地各部门新闻发言人制度逐步建立，体现了地方积极参与对外传播的姿态。全国各地方各行业对外传播的需求也大大增加，如《读者》、"凤凰卫视"等媒体也通过不同形式开展对外传播。面向国外、海外的电视专题片、电影、音像制品及光盘等电子出版物也得到较好传播。除传统的政府和媒体外，走出去的中国企业、NGO 和公民也成为对外传播的重要渠道。

四、对外传播理念更加科学

中国对外传播越来越重视海外受众的信息需求。首先，由于体制和媒体属性不同，中国在开展对外传播时曾遇到不小的阻力与困难。1997年，中央有关部门发出通知，将对外宣传中"宣传"一词的英文翻译由"propaganda"改为"publicity"。这一改变，体现了中国对外传播理念和指导思想的变化，中国对外传播在做到"以我为主"的同时，开始考虑受众的信息需求，努力做到"有的放矢"。

其次，中国对外传播越来越重视利用新技术手段。江泽民总书记在1999年2月召开的全国对外宣传工作会议上强调指出："信息传播业正面临着一场深刻革命，以数字压缩技术和卫星通信技术为主要标志的信息技术的发展，互联网的应用，使信息达到的范围、传播的速度与效果都有显著增大和提高。世界各国争相运用现代化信息技术加强和改进对外传播手段。我们必须适应这一趋势，加强信息传播手段的更新和改造，积极掌握和运用现代传播手段。"当前，中国对外传播在媒介融合、大数据等领域正在进行有益的尝试与探索。

再次，中国对外传播越来越尊重宣传规律。2003年12月，胡锦涛总书记在全国宣传思想工作会议上强调，要"全面客观地向世界介绍我国社会主义物质文明、政治文明和精神文明不断发展的情况，及时准确地宣传我国对国际事务的主张"。"全面客观"和"及时准确地"彰显了对传播规律的尊重。2007年2月，温家宝总理撰文指出："要加强和改进对外宣传工作。全面、准确、及时地向外界介绍中国改革开放和现代化建设取得的成就，也不回避中国存在的问题。善于运用灵活多样的对外宣传和交往方式，尽量使用国际社会听得懂、易理解的语言和喜闻乐见的方式进行交流，增强宣传的有效性，努力引导各方面客观理性地看待中国的发展和国际作用，营造友善的国际舆论环境。"这段文字在尊重宣传规律的基础上，提出了更具可操作性的方案。

最后，十八大以来，中国对外传播理念更为科学。中国特色社会主义进入了新时代，习近平总书记多次强调，要加强国际传播能力建设，精心构建对外话语体系，增强对外话语的创造力、感召力、公信力，讲好中国故事，传播好中国声音，阐释好中国特色。在2016年2月19日召开的党的新闻舆论工作座谈会上，习近平总书记强调要遵循新闻传播规律，创新方法手段，建立对外传播话语体系，增强国际话语权。当代中国形象的定位是"文明大国形象""东方大国形象""负责任大国形象"和"社会主义大国形象"。习近平总书记指出，讲好中国故事，就是要讲好中国特色社会主义的故事，讲好中国梦的故事，讲好中国人的故事，讲好中国优秀文化的故事，讲好中国和平发展的故事。讲故事就是讲事实、讲形象、讲情感、讲道理，讲事实才能说服人，讲形象才能打动人，讲情感才能感染人，讲道理才能影响人。

总之，改革开放40年，是中国经济社会持续发展的40年，是中国对外传播工作突飞猛进的40年，是中国国家形象不断改善的40年，是中国国际地位不断提升的40年。我们在总结40年对外传播成绩的同时，也应清晰地认识到对外传播工作存在的不足和肩负的艰巨使命。中国的国际传播能力与中国在国际上的政治经济地位还不相适应，应在总结历史经验的基础上锐意进取，讲好中国故事，传播好中国声音，阐释好中国特色。

二、品牌与国际传播研究

品牌外交论[*]

跨国企业和国际品牌对经贸合作和国际关系有深刻影响。品牌外交可以调动一个国家的经济因素和技术因素,实现企业和品牌目标的同时传播本国文化与价值观,从而提升本国国家形象。品牌的形成和发展,与企业和产品特性密切相关,也与所在国经济社会、民族宗教、价值观等有千丝万缕的联系。近年来,中国品牌迅速崛起,在国际舞台影响力不断增强,品牌外交大有可为。在国际合作中,要特别注重发挥品牌的作用;在国际竞争中,也要特别重视品牌战。

据新华社报道,2021年1月6日,国家主席习近平复信美国星巴克公司董事会名誉主席霍华德·舒尔茨,鼓励其与星巴克公司为推动中美经贸合作和两国关系发展继续发挥积极作用。跨国企业和国际品牌对经贸合作和国际关系有深刻影响。以往的学者对企业外交、公司外交有较为深入的研究,主要包括跨国投资与并购、公共外交、企业社会责任等方面的内容。梳理相关研究可以发现,国际品牌在外交与国际关系中的重要作用尚未得到应有重视,品牌外交的相关研究还很不足。

一、品牌何以能够参与外交?

本文所谓"品牌外交",是指企业品牌通过国际营销、交流与传播活动,

---

[*] 文章原载于《公共外交季刊》2021年第1期,收入本书时有改动。

从而影响本国国家形象和国际关系的外交活动。品牌是指消费者对产品的认知程度，是有经济价值的无形资产。除企业品牌外，还有国家品牌、城市品牌（区域品牌）、文化品牌等。本文主要围绕企业品牌来考察品牌外交。品牌何以能够参与外交？本文认为有如下几点原因。

首先，品牌是建立在经济、技术基础上的，品牌外交可以调动一国经济因素和技术因素参与外交活动。1978年10月，邓小平访日期间参观松下电器公司，年已八旬的松下幸之助作为公司最高顾问亲自迎接并陪同参观。邓小平提出希望松下利用先进的电子技术为中国发展作贡献，松下幸之助表示愿为中国的现代化建设提供帮助。之后，松下在中国开设中日合资企业，其在中国展开的事业与中国的改革开放和经济建设逐渐融为一体，为中国改革开放作出重要贡献。2018年，在庆祝改革开放40周年大会上，松下集团创始人松下幸之助获得中国改革友谊奖章，被誉为"国际知名企业参与中国改革开放的先行者"。

其次，品牌背后不只是企业和商品，更是文化和价值观的体现。在新中国成立前，可口可乐曾进入中国并在上海建厂。1949年，随着美国大使馆撤离大陆，可口可乐也撤出了中国大陆市场。可口可乐一度被视为资本主义腐朽堕落和国际霸权的文化象征。茅盾曾在《人民日报》撰文，把可口可乐视为美帝国主义"倾销"到全世界的"特产品"，"腐蚀被侵略民族的青年们的意志"。改革开放后，可口可乐将在北京设厂的事传开后，有人提出"可口可乐是卖国主义"，但可口可乐还是随着中国改革开放的深入而进入千家万户。1984年4月30日，美国《时代》周刊封面照片是一位身着绿色军大衣的中国年轻人手持可口可乐站在长城前，面带幸福的微笑。这张照片折射了中国人民对以可口可乐为代表的美国品牌的"欢迎"，也向美国读者表明：随着中国逐渐开放，中国民众开始了新的生活方式。

最后，企业品牌是国家形象的重要组成部分。外交活动尤其是公共外交活动，其主要职责是通过沟通与交流维护本国利益，提升本国国家形象。国家形象受政治、经济、社会、文化等许多因素影响，其中本国企业品牌是重要影响因素。日本前首相中曾根康弘曾讲过一句很有名的话："在国际交往中，索尼是我的左脸，丰田是我的右脸。"索尼、松下、丰田、本田等品牌一度成为日本国家形象的代表，是日本软实力的重要组成部分。日本战败后国际形象得到较快改善，也主要得益于日本企业品牌在全球取得的成功。

二、跨国的品牌：冲突与融合

品牌的形成和发展，与企业和产品特性密切相关，也与所在国经济社会、民族宗教、价值观等有千丝万缕的联系。品牌在参与国际交往时，往往会面临文化冲突与文化融合，甚至与政治和意识形态发生千丝万缕的联系。

首先，跨国品牌面临文化冲突。2007 年，央视某主持人在其博客中，抨击美国知名咖啡店星巴克在故宫开设的分店，是对中国传统文化的糟蹋，以个人名义抗议并要求其搬出故宫。之后各方媒体报道铺天盖地，网友反应也很强烈。迫于舆论的压力，半年后星巴克撤离了故宫。星巴克撤离后，故宫并没有走向封闭，其系列文化创意产品受到热捧。人们对这种文创活动大都持肯定态度，体现了更强的文化自信。在"故宫星巴克事件"发生的 5 年后，星巴克在杭州灵隐寺景区开店，该店地址设立在灵隐寺附近的商业区。消息一出，引发舆论的巨大争议，有声音批判星巴克破坏了中国传统文化，让寺庙充斥太多商业气息。随后星巴克发布声明，一改此前的"灵隐寺门店"说法，称其为"灵隐路门店"，并称该店位于灵隐景区，并非在灵隐寺内或附近。

其次，跨国品牌在对象国的文化融合。2017 年 6 月 30 日，星巴克在京都清水寺附近的二宁坂开设新店"星巴克咖啡京都二宁坂 yasaka 茶屋店"，吸引不少人的关注。受关注的原因主要有两个。第一，作为西方文化的代表，星巴克咖啡的这家新店与日本传统文化进行了"深度融合"：和式榻榻米建筑、入口挂有和式门帘，充分体现了日本传统文化；新店为京都老街上一座二层传统日式建筑，已有超过 100 年历史；穿过一楼走廊，深处即为店铺吧台；二楼设有三个榻榻米房间，各房间壁龛均充满咖啡元素。第二，这家店不是新建的"复古建筑"，而是真正的古建筑。该店位于京都著名景点清水寺附近的京都二宁坂，建筑共两层，是当地受到保护的历史文化遗产。它原本是京都常见的家屋，能够在店内一边用餐、一边观赏表演。在这里喝咖啡，充分体现了京都文化与星巴克咖啡文化的"东西融合"。

最后，跨国品牌往往受国际政治影响，有些品牌与政治和意识形态有千丝万缕联系。2017年，日本APA酒店遭到中国网民抵制，原因是赴日游客发现APA酒店客房中放置大量右翼书籍，否认南京大屠杀和韩国慰安妇的存在。中国民众强烈愤慨，中国国家旅游局要求所有出境旅游企业和旅游电商服务平台全面停止与其合作，呼吁中国游客自觉抵制APA酒店的错误做法。中国驻日本大使馆举行例行记者会，指出这是公然挑衅中国游客的行为。2019年香港骚乱发生时，宝矿力水特被曝因香港无线电视台（TVB）报道"挺警察"而撤销对其投放广告；随后，又有网友爆出在线旅游平台携程也疑似暂停在TVB投放广告，引发广泛讨论。品牌主通过掌握股权、投放广告等方式影响媒体运营已是公开的秘密，媒体正常的新闻报道有时会受到品牌主的影响与控制。同时，在媒体内部，广告部对新闻报道部门也有深刻影响，尤其是涉及品牌主相关负面报道时，这种影响更加明显。

三、品牌外交与中国品牌国际化

"俄罗斯世界杯，中国除了足球队没去，其他都去了。"2018年俄罗斯世界杯期间央视主持人白岩松的调侃一度引发关注。虽然中国足球队未能参赛，但中国品牌却表现抢眼。赛场周围的广告栏高频度、大范围出现的中国品牌广告，成为世界杯上最耀眼的中国元素，有人将其称为世界杯上的另一支"中国队"。近年来，中国品牌迅速崛起，在国际舞台影响力不断增强。2018年俄罗斯世界杯中国赞助企业达7家，分别来自房地产、电子消费品、食品等诸多行业。世界杯的观众除在俄罗斯比赛现场观看的球迷外，还有来自200多个国家、约35亿在家观看比赛的观众。世界杯的高关注度、高收视率，是品牌进行赞助营销的最好舞台，也从一个侧面展示了中国风采和中国形象。

中国品牌发展得益于党和国家的高度重视。新中国成立以来，国家领导人多次强调品牌的重要性。1956年11月,毛泽东在参观南京无线电厂时曾指出,"将来,我们也要有自己的名牌,要让全世界听到我们的声音"。1992年1月,邓小平在南方谈话中指出,"我们应该有自己的拳头产品,创出我们中国自己的品牌,否则就要受人欺负"。2014年5月,习近平主席在考察河南时提出,"推动中国制造向中国创造转变、中国速度向中国质量转变、中国产品向中国品牌转变",为中国品牌发展提供了根本遵循。2017年,中国国务院批准设立"中国品牌日",发布《关于发挥品牌引领作用推动供需结构升级的意见》,显示了国家对品牌的高度重视。

中国品牌在全球的传播,与中国经济发展密不可分。新中国成立初期,优质品牌少,国际化传播范围十分有限。当时,一些"老字号"品牌成为中国领导人会见外宾、互赠礼品的必然之选,如茅台酒、全聚德等。改革开放后,一批民营企业迅速崛起,诸多中国品牌开始萌芽发展。2001年中国加入世贸组织后,中国品牌和国际品牌的竞争进入更加快速发展的轨道。海尔、联想、华为等品牌在国家的支持下,实施"走出去"战略,跃入国际化大潮中。新时代以来,我国日益走近世界舞台中央。国际局势深刻变化,媒介环境剧烈变化,中国品牌对外传播进入转型突破新阶段,品牌发展更加入主流,品牌传播更加注重社交化,品牌实践更加注重发挥企业社会责任。同时,在贸易战背景下,中国品牌国际化发展遭遇巨大冲击,面临巨大挑战。中国品牌国际传播与国家形象传播密切关联,中国品牌国际传播与国家形象国际传播经历了一体化与多元化之间动态平衡的过程。新中国成立初期,中国形象、中国产品、中国品牌、中国企业四位一体宣传,中国品牌传播和国家形象传播难辨你我。对产品和品牌的宣传,经常植入对外新闻报道中,如红双喜、祁门红茶、飞鸽牌自行车等;而真正意义上的产品和品牌广告中,也经常植入国家形象宣传信息,介绍中国社会主义建设取得的成绩。改革开放后,随着一批成功的民营企业品牌崛起,中国品牌国际传播和国家形象传播在形式上实现多元化。近年来,中国品牌国际化发展遭遇巨大冲击。在中美贸易战期间,华为等中国品牌曾一度面临巨大压力。中国品牌遭遇的冲击与中国遇到的"卡脖子"问题是统一的。核心技术影响企业品牌,也影响国际关系,造成品牌与国家力量、国际政治合流，中国品牌国际化传播与国家形象传播在一定程度上呈现一体化的趋势。

中国品牌崛起之路还有巨大空间。中国比历史上任何一个时期都渴望优质国际化品牌。1996年，中国首次有两家企业入围《财富》世界500强；2020年，入围《财富》世界500强的中国企业已达133家（含港台企业），已超过美国。2004年，中国品牌首次入围世界品牌500强，虽然近几年中国品牌快速崛起，但2020年入围世界品牌500强的中国品牌仅有43家，位列第四。500强榜单中美国品牌多达204席，是中国的近4倍。中国品牌在世界上的地位与中国第二大经济体的地位还不相符，与中国企业在财富500强中的排名也不相符。随着中国的崛起，中国品牌将迎来快速崛起的历史阶段，有巨大的发展空间。

四、结语：国际合作与竞争中的品牌外交

中共十九届五中全会通过的《中共中央关于制定国民经济和社会发展第十四个五年规划和二〇三五年远景目标的建议》明确提出，"十四五"时期经济社会发展要"以推动高质量发展为主题"。"高质量发展就是体现新发展理念的发展，是经济发展从'有没有'转向'好不好'。"如果说"有没有"是产品层面的话，"好不好"则恰恰说的是品牌层面。"十四五"时期的高质量发展战略让中国品牌发展迎来光明前景，也给品牌外交带来巨大想象空间。

首先，品牌外交大有可为。品牌是质量、技术、信誉和文化的重要载体，也是国家竞争力的综合体现，是推动经济高质量发展、提升国际竞争力的核心要素之一，是国家软实力的世界表达。中国品牌故事是"讲好中国故事、传播好中国声音"的重要载体。中国品牌积极参与国际交流与合作，将成为中国公共外交的重要力量，是官方外交的重要补充。品牌外交必将为提升中国软实力和国际竞争力作出重要贡献。

其次，在国际合作中，要特别注重发挥品牌的作用。品牌是促进国际交流与合作的重要载体，品牌在潜移默化中促进不同国家、民族人们之间的相

互理解，形成特定的品牌认知共同体。中国高度重视通过进博会、广交会、服贸会等大型展会为自主品牌搭建国际传播平台；持续推动品牌走出国门，提升产品硬实力的同时打造品牌软实力，通过中国品牌传播中国文化、中国精神、中国价值，通过中国品牌展示中华民族凝聚力、向心力、生命力，通过中国品牌和中外品牌合作增进民心相通和相互理解。

最后，在国际竞争中，要特别重视"品牌战"。当前，国际局势波诡云谲，国际斗争无处不在。在中美贸易战中，中国果断开展了针对美国民众、中国民众和第三国民众的舆论宣传战，取得积极效果。在贸易战和舆论战中，品牌的重要作用值得进一步挖掘并高度重视。贸易战中相关中国品牌价值观和品牌故事中所蕴含的艰苦奋斗、自强不息、真诚友善等民族精神尚未得到充分传播；品牌背后的质量、技术、信誉、文化因素应在国际竞争中得到更广泛运用。

新中国本土品牌对外传播历程探析*

企业形象是国家形象的组成部分之一，企业对外传播是中国对外传播的重要组成部分。在中国对外传播的相关研究中，从企业角度的研究尚不多见。本文试图梳理新中国成立至今中国本土品牌对外传播和营销活动的历程与特征，以期对当前"一带一路"背景下中国企业"走出去"有所借鉴。本文把中国本土品牌的对外传播划分为六个阶段，每个阶段的对外传播和营销活动呈现不同的特征。

一、1949—1965年：中国本土品牌对外传播统一管理期

新中国成立以后，国家开始对包括广告行业在内的诸多行业进行了社会主义改造。在经贸方面，虽然对资本主义还有着一定的芥蒂，但是当时我国并没有完全中断与资本主义国家的贸易活动。毛泽东主席在七届二中全会上指出："也要同资本主义国家做生意。"[①] 于是在朝鲜战争后的国际形势缓和之际，我国发展与资本主义国家经济关系。此时中国品牌的对外传播有如下特征：

第一，对外贸易统一管理，传播形式单一。在新中国成立初期，我国品牌的对外传播形式和传播渠道十分有限。在计划经济的作用下，中国品牌对

---

* 文章原载于《对外传播》2018年第6期，与项星宇、官效喆合作，收入本书时有改动。
① 中共中央文献研究室.毛泽东选集：第四卷[M].北京：人民出版社，1991：1435.

外传播工作需要在国家相关部门的统一管理下执行。20 世纪 60 年代初，全国所有的进出口商品的广告业务统一由受到国家外贸部委托的上海广告公司独家代理。1956 年，时任华润集团董事长的张平在广州筹办了中国出口商品交易会（简称"广交会"），成为中国同资本主义国家进行贸易的一种重要形式。直到改革开放之前，"广交会"都一直是中国对外贸易的唯一窗口。

第二，优质品牌少，传播范围十分有限。新中国成立后很长一段时期，由于物质短缺和统销统购，在中国能称之为品牌的主要是一些"老字号"品牌。这些"老字号"成为中国领导人会见外宾、互赠礼品的必然之选。1954 年，周恩来总理代表新中国第一次到日内瓦参加国际会议，用茅台酒招待了各国代表，向世界展示了"茅台"这一中国品牌。此外，周总理生前曾 27 次到全聚德烤鸭店宴请外宾，借外交之际，将中国老字号品牌对外传播。值得注意的是，这里的传播对象仅限于开展外交的领导人员，无法与国外的消费者产生直接接触，因此，中国品牌在国际市场上的声音微乎其微。

二、1966—1978 年：中国本土品牌对外传播缓慢推进期

"文革"时期，中国广告业的发展基本上属于停滞甚至是消亡的状态。本土品牌的对外传播也因此受到了很大的影响。1967 年上海广告公司停止营业，全国所有的出口商品的广告业务基本中断。如果说"文革"期间出口商品广告还或多或少存在的话，那就是进出口公司的业务部门用"贸易合同项下的宣传费"，委托海外经销商在当地市场所做的广告。[1]

这一时期，中国品牌海外宣传主要是依靠展览会开展的。中国国际贸易促进委员会（贸促会）每年都会在一些国家举办规模不一的展览会，这些展览为中国的对外交往和对外经济贸易发挥了重要作用。[2] 由于出口贸易的对象和出口广告的对象主要是海外已经建立的进口商、代理商和经销商体系，因

---

[1] 姜弘.广告人生[M].北京：中信出版社，2012：32.
[2] 姜弘.广告人生[M].北京：中信出版社，2012：37.

此，买卖双方进行批量交易的基本宣传手段主要是"样本"。1974年，贸促会在日本大阪和东京两地举办了中华人民共和国展览会，现场销售的中国香烟、茅台酒受到了日本消费者的极大欢迎。日本各大报纸都刊登了中国展的文章和照片，电视台多次播出开幕盛况，可以说这是中国品牌在海外的一次颇为成功的宣传。

此外，商品电影宣传片作为对外传播工具反复使用。从1973年开始，北京、天津、上海等一些地方外贸公司，陆续拍起了出口商品的电影宣传片。如北京粮油公司拍摄了《北京烤鸭》，北京纺织品公司拍摄了《北京天坛牌衬衫》，等等。这些电影宣传片可以在"广交会"上播放，为中国出口商品和出口贸易做宣传。也可以送给我国驻外使领馆，在国庆、元旦、春节等节庆活动举办的招待会上播放，以宣传我国的对外贸易和出口商品。此外，这些影片还可以送给贸促会在出国展览会上播放，以配合展览会的对外宣传。① 这一时期，中国品牌的对外宣传方式虽有所增加，但受制于"文革"大环境的影响，广告业的发展速度慢、限制多。中国品牌的对外宣传工作难以施展拳脚顺利展开。

三、1979—1989年：中国本土品牌对外传播恢复期

改革开放后，我国的商品对外推广宣传工作逐渐恢复，以往的一些限制政策被取消，对外传播的形式也开始逐渐丰富。1986年，时任上海市市长的江泽民为上海广告公司题词"发展广告事业，促进对外贸易"，开启了领导人关注品牌传播发展的先河。此时良好的生长环境也让第一批中国企业破土而出，真正的中国品牌开始萌芽发展。

1984年，国家原对外贸易经济合作部批准设立中国国际广告公司，开展广告经营、国际展览、国际交流、进出口贸易、实业投资等业务。同年，北京广告公司的出口广告部与扬罗必凯广告公司合作，为北京天坛牌地毯在美

---

① 姜弘.广告人生[M].北京：中信出版社，2012：76.

国市场策划整体广告活动。此外，国外样本、宣传品观摩展览也调动品牌外宣的积极性。1983年，中国对外贸易广告协会在北京民族文化宫举办了全国出口商品广告摄影展览。各省市的外贸广告摄影人员积极参加此次展览，全国共选送了近千幅作品来推动对外广告宣传工作的健康发展。

体育营销兴起，成为中国品牌走向世界的一条捷径。对外宣传如果仅靠样本的形式，根本不能达到向消费者宣传的目的，需要做直接面向消费者的广告。但是当时国外的广告费用高昂，对于刚刚走出国门的品牌来说难以承担。因此在1981年，中国工艺品进出口公司选择与日本相扑协会合作，将相扑比赛命名为中日友好景泰蓝相扑大赛，并且通过向冠军颁发景泰蓝奖杯来向日本市场传达中国景泰蓝的价值。1984年，健力宝作为奥运会中国体育代表团首选饮料，在中国健儿取得良好成绩的同时，也获得了极大的关注。日本《东京新闻》刊登了中国运动员们在奥运会上依靠健力宝这种"中国魔水"加快出击、取得优异成绩的报道使得健力宝迅速成名。

改革开放后的10年间，我国出口商品广告出现了诸如：北京地毯、上海清凉油、北京桂花陈酒、天津玫瑰露酒、山东大花生、上海自行车、浙江丝绸等一批面向重点出口市场的思路对头、方法得当、效果明显的出口商品广告案例。[①] 虽然中国出口广告业务开始逐渐恢复，但是由于对目标市场和使用媒体缺乏深入的认识，在做一些市场调查和广告计划时依然要面对重重困难。中国品牌并没有放弃，而是一次次突破困境，为品牌的对外传播展开了不懈努力。

四、1990—2000年：中国本土品牌对外传播试水期

20世纪90年代，中国企业在经历了在华跨国公司的营销攻势的洗礼后，扩大了眼界。外资品牌带来的先进的营销观念、企业战略使中国企业开始有了更加强烈的竞争意识和品牌意识。1996年国务院发布《质量振兴纲要》，明

---

① 姜弘.广告人生［M］.北京：中信出版社，2012：214.

确要支持有条件的企业创立名牌产品。海尔、联想、华为等品牌意识到了品牌国际化战略对于自身的重要性和紧迫性，开始在国家的支持下，实施"走出去"战略，跃入国际化大潮中。

在这一时期，中国品牌为了增加在海外的曝光，做了很多的尝试。首先，广告牌是中国品牌在国外造势的良好工具。1995年5月1日，三九集团在美国时代广场的一块广告牌上，打出了"999药业"的广告。该品牌成为第一个在世界上广告密度最大、最有影响力的商业区做中文广告的品牌。此举吸引了多家西方媒体报道。其次，中国品牌也尝试举办海外新闻发布会，让世界目光聚焦品牌。1992年，双星成为第一个在美国纽约举办海外新闻发布会的品牌。在发布会上，双星总裁汪海脱鞋打广告挑战国际市场，吸引了大量的目光，进一步助力中国品牌走向世界。此外，行业会展也为企业"走出去"铺路。1996年华为成立了海外市场部，并且随后每年都参加全球各地举办的国际通信展，增加在行业中的曝光量。李宁公司参加在德国慕尼黑举办的世界体育用品博览会，以品牌准入的方式征战欧洲市场。

除了展开多样的品牌传播活动以外，还有一些品牌通过其他方式开展品牌的国际化战略。1999年，海尔在美国建厂，通过高质量和个性化设计逐渐打开市场，成为第一家"走出去"的中国品牌。1990年到2000年是中国品牌的学习成长期，很多今天的大品牌都是在这个时期崛起的。在国家政策的支持下，一大批中国品牌开始尝试通过各种营销方式在国际市场上发声，吸引世界的目光。

五、2001—2009年：中国本土品牌对外传播快速发展期

中国加入世贸组织后，国家提出企业"500强计划"，本土企业开始加快入世步伐，中国品牌和国际品牌的竞争正式拉开了序幕。"中国制造"集体走出国门，国务院发展研究中心的报告显示，中国最大的500家企业中，约有60%在2005年以前就已经有各种形式的海外经营活动。一些国际化程度较高的公司，如联想、华为等，公司的海外营业额已经超过国内。本土品牌对外

传播方式进一步丰富。

这一时期，中国凭借制造大量廉价的出口产品，成为世界瞩目的焦点，中国也被冠以"世界工厂"的称号。由于大部分中国企业都是代工企业，导致中国本土品牌的国际影响力低下，"中国制造"的低质廉价形象几乎成为中国品牌形象的代名词。中国政府和中国企业也意识到塑造国家形象和创建知名品牌的重要性，开始在世界舞台上进行对外传播。2009年，由商务部主导的以"中国制造"为主题的形象广告在美国有线电视新闻网（CNN）播出，旨在改变"中国制造"的形象。

此时，一些中国企业还通过在海外上市和国际化并购引发关注，助力品牌传播。从2000年起，我国把"走出去"战略提升到了国家战略高度。网易、新浪等一批互联网企业相继在海外上市，引发西方媒体关注。还有一些中国企业与外资企业并购重组，来扩大品牌在国际上的影响力。如联想收购IBM个人电脑业务，TCL收购汤姆逊，等等。中国本土企业对外投资和并购，在海内外引起了不小的轰动，是对品牌传播的一次助力，引发海外民众去了解中国本土品牌。

中国企业大举进入国际市场，参与国际竞争，品牌意识开始加强。在营销传播方面，一些中国企业还积极建立品牌海外官网，邀请本地的明星担当品牌代言人，联系当地的电视、报刊等媒体进行品牌报道，增加品牌在海外的曝光，扩大品牌知名度，努力与本地消费者相连接。

六、2010年至今：中国本土品牌对外传播品牌提升期

进入网络时代后，中国品牌的对外传播方式更是花样翻新，丰富多彩。很多品牌利用网络技术在海外市场策划精彩的品牌传播活动来吸引消费者的目光。与此同时，那些已经积累一定名气的中国品牌，开始着力升级品牌战略，努力打造高端的中国品牌形象。

互联网成为中国品牌国际化传播低成本、高效率的渠道。相比其他媒体，网络媒体更能打造人性化品牌，与消费者建立紧密的关系。小米进入印度市场

时开设了脸书账号，每天与消费者进行紧密沟通。在印度传统的排灯节期间，小米还在其脸书账号上开展营销活动，吸引了大量消费者参加，运用网络媒体成功与印度消费者拉近距离，传播品牌理念。

近些年，很多中国品牌花大手笔赞助体育赛事来营造高端形象。中国品牌在经历了长时间的海外发展后，不仅懂得注重贴近当地文化习俗，利用本土的事件和活动进行营销来减少当地消费者对于国外品牌的陌生和疏离感，还通过赞助知名高端的体育赛事来提升品牌的美誉度和信赖感。爱国者通过赞助F1顶级车队迈凯伦顺利进入欧洲市场，品牌知名度和美誉度都得到了极大的提升。2016年格力和361°成为里约奥运会官方供应商，让其品牌竞争力得到提升。

中国品牌的对外传播还着重展现企业社会责任形象。品牌的形象不仅是高端大气的，更应该是富有责任，深入人心的。海尔多年来坚持做公益活动：与澳大利亚西老虎队联合资助了悉尼乳腺癌基金会；为印度洋海啸灾民建立基金会，提供救灾物资。华为在乌干达、捷克、英国、柬埔寨等96个国家开展"未来种子计划"，资助当地的大学生前往中国华为总部学习世界先进的信息通信技术。在做公益的同时，中国品牌增添了企业品牌的社会责任感，为品牌塑造了良好的形象。

在"一带一路"背景下，我国本土品牌的对外传播事业正以前所未有的力度、深度、广度和速度推进，中国品牌在"走出去"方面已经卓有成效。一批批中国企业越发重视品牌的力量，加大对外传播的力度，构建自身品牌形象的同时，为我国的国家形象塑造贡献力量。

通过品牌国际传播讲好中国故事[*]

当前,国际局势和国际舆论环境风高浪急、波谲云诡。加强和改进国际传播工作的重要性和必要性、复杂性和严峻性世所罕见、史所罕见。党的二十大报告对加强国际传播能力建设作出重要战略部署,加强国际传播工作已经成为社会共识。国际传播的全局性、战略性特征,决定了我们要尤其重视其局部性、具体性。笔者建议从如下三个方面提升国际传播效能,讲好中国故事。

一是商业品牌的国际传播。历史上,景德镇的瓷器远销海外,书写了一部生动的中华文化、中国品牌、中国产品国际传播史。1954年,周恩来将茅台酒带到日内瓦国际会议;1961年第26届世界乒乓球锦标赛上,"红双喜"被国际乒联批准为国际比赛用球。当前,中国品牌出海不断加速。今年第一季度,中国汽车出口量超越日本,跃居全球第一。比亚迪、华为、小米等中国品牌在海外已经成为中国的名片。2023年,入选"世界财富500强"的中国企业有142家,而2023年入选"Brand Finance全球最具价值品牌500强排行榜"的中国品牌仅有79家,二者之间相差63家,这就是中国商业品牌国际传播的巨大空间所在。

二是区域品牌的国际传播。以往,国际传播工作更多依靠中央部委和中央媒体,地方参与较少。2021年5月31日,习近平总书记在主持第十九届中央政治局第三十次集体学习时发表重要讲话强调,"各级党委(党组)要把加

---

[*] 文章原载于《青年记者》2023年第16期,收入本书时有改动。

强国际传播能力建设纳入党委（党组）意识形态工作责任制，加强组织领导，加大财政投入，帮助推动实际工作、解决具体困难。各级领导干部要主动做国际传播工作，主要负责同志既要亲自抓，也要亲自做"。国际传播工作重心开始下移，成为各级党委（党组）的重要任务。当前，各地高度重视国际传播工作，不少地方纷纷设立国际传播中心，犹如雨后春笋。但同时也要注意防止地方国际传播中心空壳化、形式化、无序化等问题，应设立门槛，科学规划，有序推进。

三是国家品牌的国际传播。首先，在当前国际局势下，通过传统方式塑造国家形象受到极大制约，国家品牌的塑造与发展则更注重市场手段和价值引领，应成为国际传播的新动能。其次，品牌建构一向提倡长期主义，中国国家品牌的塑造，不是短期的而是长期的，至少要伴随我们实现第二个百年奋斗目标的全过程。最后，中国国家品牌的长期主义，不是以新中国成立为坐标，而是以整个中华文明为坐标，这符合党的二十大报告中对"增强中华文明传播力影响力"作出的重要部署，也印证了习近平总书记提出的"第二个结合"是又一次的思想解放。我们要在中华文明的坐标中推动国家品牌的国际传播。

作为国际传播媒介的品牌：日常生活的国际传播*

2021年5月31日，习近平总书记在主持中共中央政治局第三十次集体学习时强调，加强和改进国际传播工作，展示真实立体全面的中国。国际传播需要充分发动官方和民间、国企和民企等各方面的力量，从政治、经济、社会、文化等角度进行不断开拓。

当前，全球局势发生深刻变化，国际格局和全球治理体系加速演变。西方一些国家不遗余力地打压我国国际媒体机构，我国的国际传播面临着前所未有的压力和挑战。在这种形势下，国际传播的理论研究和实践工作都需要进行开拓创新。品牌作为重要但在国际传播领域尚未被深入研究的媒介，浮现于国际传播研究视野内。本文立足时代新情境，从"日常生活"理论出发，探讨品牌作为国际传播媒介的意义、价值及路径。

一、研究的新向度：品牌与国际传播的相遇

（一）品牌传播研究的开拓

自2014年习近平总书记提出"中国产品向中国品牌转变"等"三个转变"以来，品牌日益受到社会各界的高度关注，部分精于品牌研究的学者开始从品牌的角度研究品牌国际传播。一方面，品牌国际传播研究延续了日益

---

* 文章原载于《青年记者》2023年第5期，与官效喆合作，收入本书时有改动。

精细化、实证化、微观化的研究取向，出现了众多关注品牌国际传播策略等方面的研究，包含国际传播渠道、消费者行为、品牌社区、品牌价值等多个维度，如胥琳佳将社会心理学的经典理论TRA模型引入消费者市场的品牌国际传播中，验证了跨国品牌中消费者的态度和主观规范通过意图影响购买行为;①才源源研究了"一带一路"背景下本土品牌通过文化价值观获得国家资产背书的问题②；吴令则以华为企业为研究对象，以品牌和国际传播理论为支撑，考察了华为品牌国际传播的策略③。

另一方面，部分学者以史为鉴，将目光投向中国品牌国际传播史，由此出现了一批从宏观化视角来研究品牌国际传播的史论研究，如《新中国本土品牌对外传播历程探析》一文将中国本土品牌的对外传播划分为六个阶段，梳理了新中国成立至今中国本土品牌对外传播和营销活动的历程与特征④；还有学者以《人民画报》的报道和广告为中心，梳理了1949年至1965年间我国品牌对外传播活动，包括中国商品展览会、对外宣传报道中的品牌植入、中国品牌广告、图书和期刊广告等，并归纳了这一时期中国品牌对外传播的主要特征。⑤

（二）国际传播研究的开拓

国际传播是学界研究的重要热点领域，尤其是在信息国际化的时代，如何提升中国国际传播的水平是亟须回答的问题。随着国家层面对于品牌的日益重视以及中国企业全球化进程的进一步深化，关于国家品牌、中国品牌全球化等

---

① 胥琳佳.品牌国际传播中消费者的态度和行为研究：基于理性行为理论（TRA）模型的实证研究[J].现代传播（中国传媒大学学报），2015，37（2）：123-128.

② 才源源，周漫，何佳讯."一带一路"背景下中国品牌文化价值观运用分析[J].社会科学，2020（1）：38-49.

③ 吴令.华为企业品牌国际传播策略研究[D].重庆：四川外国语大学，2018.

④ 赵新利，项星宇，官效喆.新中国本土品牌对外传播历程探析[J].对外传播，2018（6）：56-58.

⑤ 赵新利.新中国成立初期中国品牌对外传播研究（1949—1965）：以《人民画报》的报道和广告为例[J].广告大观（理论版），2018（4）：44-56.

方面的研究也逐渐增多。从国内外的研究来看，有关大众传媒与国家形象、对外传播、国际传播的相关研究大多都集中在对主流媒体国际传播的研究，包括传播理念、传播渠道、传播内容、技术范式、发展展望等多个维度，关注品牌在国际传播领域中的作用与路径的研究还很少。少数传播学者从国际传播的角度研究了品牌国际传播。其中，何佳讯基于 Schwartz 和 Boehnke 的人类通用价值观框架，引入"品牌价值观"概念，证实了"中国"作为国家品牌与中国企业的品牌在价值观方面存在密切的联系；① 郭晓勇的研究肯定了在国际传播能力建设中品牌的作用，并分析了中国老字号品牌在全球化时代的价值和传承路径。② 学界对于中国品牌国际传播这一研究领域的关注尚不充分，而这一问题对于理解和推动中国品牌的未来发展又是十分关键的。

（三）品牌与国际传播的相遇

如上所述，从品牌角度出发的品牌国际传播研究与从国际传播角度出发的品牌国际研究都尚不充分。品牌传播研究与国际传播研究的结合，将产生新的研究领域：品牌国际传播研究。国际传播是近年来我国学界研究的重点和热点，将品牌引入国际传播领域并作为核心研究内容，将大大拓宽其研究视野，既能汇集中国品牌在国际传播中的巨大力量，也有助于我们深挖品牌文化价值观在国际传播中的重要作用。

开拓品牌国际传播领域有重大现实意义。一方面，企业品牌是认知国家形象最重要的维度③，品牌以自身的产品和服务参与国家形象的塑造和传播，成为国际社会认知社会的重要载体。随着中国越来越走近世界舞台的中央，中国品牌将迎来快速崛起的历史阶段，有巨大的发展空间。中国品牌国际化传播与国家形象传播在一定程度上呈现一体化的趋势。研究国家形象，离不

---

① 何佳讯，吴漪.品牌价值观：中国国家品牌与企业品牌的联系及战略含义［J］.华东师范大学学报（哲学社会科学版），2015，47（5）：150-166，223-224.
② 郭晓勇.品牌传播的国际视野与格局：浅谈国际传播能力建设中的品牌作用与中华老字号面临的机遇和挑战［J］.国际公关，2022（3）：189-192.
③ 范红，胡钰.如何认识国家形象［J］.全球传媒学刊，2015（4）：32-40.

开研究中国品牌传播。另一方面，要围绕中国精神、中国价值、中国力量，从政治、经济、文化、社会、生态文明等多个视角进行深入研究，为开展国际传播工作提供学理支撑。伴随着信息传播媒介的演进和社会历史条件的变迁，国际传播已经不是单一的以国家为主体的传播，而是应该建构多种行为体共同参与的国际传播体系，从一元结构向多元结构转变。

本文将品牌作为国际传播的一种媒介进行讨论。关于品牌本质的研究主要从符号论、资产论、媒介论等角度开展。韩光军认为，品牌是指能够体现产品个性，将不同产品区别开的特定名称、标志物、标志色、标志字以及标志性包装等的综合体……它是消费者记忆商品的工具，是有利于消费者回忆的媒介。① 余明阳将品牌定义为"在营销或传播过程中形成的，用以将产品与消费者等关系利益团体联系起来，并带来新价值的一种媒介"②。张锐认为，品牌作为社会经济中一种特殊的媒介形式，是功能、知觉、故事、传奇、叙事、神话和意义的共生体。③ 媒介是品牌本质特征的一个重要方面。在国际传播中，品牌承载了其国家的经济、政治、文化、记忆、内涵等多个维度的信息，可以被视为其所在国家的象征与符号。

二、日常生活的国际传播：品牌作为国际传播媒介的优势

（一）什么是"日常生活"

学界对日常生活的研究主要集中在现代社会历史哲学领域。列斐伏尔认为，日常生活是人们经常从事的琐屑的、平凡的具有个人性特质的活动，其具体的表现形式有劳动、消费方式、娱乐活动方式、婚姻、家庭、两性关系、人际交往等等。④ 日常生活是每个人最普遍的经历，是最"自然而然"的。

目前，有组织、有规划、非自发性的国际传播活动包括新闻报道、公共

---

① 韩光军. 品牌设计与发展手册［M］. 北京：经济管理出版社，2002：1-2.
② 余明阳. 品牌学［M］. 合肥：安徽人民出版社，2002：1.
③ 张锐，张燚. 扩展的品牌媒介理论研究［J］. 科技进步与对策，2008（3）：44-46.
④ 王晓东. 日常交往与非日常交往［M］. 北京：人民出版社，2005：39.

外交等，它们均发生在人们的非日常社会活动领域当中。然而，随着科学技术，尤其是现代信息通信技术和交通工具的快速发展，新技术已经彻底重塑了人们的日常生活，改变了人类社会的互动环境、互动方式甚至思维模式。日常生活与非日常生活的界限在新技术的作用下逐渐消弭。一方面，品牌存在于人们衣、食、住、行等日常生活中的典型场景，能够成为国际传播在日常生活中的拓展和延伸；另一方面，作为横跨大众传播与大众消费两大领域的品牌，相比传统的国际传播活动，可以通过新技术无孔不入地融入消费者的日常生活。

（二）品牌作为国际传播媒介的优势

微观上，品牌是国际传播触达个体最直接的方式。日常生活是各种社会活动和社会关系的发源地，人的思维观念是在日常生活中形成的，它与人的日常生活紧密相连，"不是意识决定生活，而是生活决定意识"[①]。如今，我们的生活已经离不开品牌，品牌已经在无形中潜入我们的日常生活领域，影响了我们阅读和消费实践的过程。品牌作为日常生活中的国际传播媒介，承载了民族文化与多元观念，可以融入日常消费、日常交往和日常观念，在潜移默化中传递国家形象。

1.品牌融入日常消费：人对物的符号消费

日常生活资料的获取和消费活动是日常生活世界中最为基本的层面，因为它直接满足人们的生存需要。人是在各种需要与欲望的驱使下进行生产与生活的动物，马斯洛将人的需求从低到高分为了五个层次：生理需要、安全需要、爱的需要、尊重的需要和自我实现的需要，而品牌建构的本质核心就是满足消费者的需要。在现代文明社会中，人们已经满足了较低层次的需要，开始转向较高层次的需求。日常消费包括物质消费与精神消费，在消费社会中，物质消费与精神消费的界限不再泾渭分明，人们从物的消费转向了

---

① 中共中央马克思恩格斯列宁斯大林著作编译局.马克思恩格斯选集：第一卷[M].北京：人民出版社，2012：152.

符号消费。与其说在消费商品，不如说首先是在消费商品的形象价值或象征价值。①

一个品牌其实就是一个符号，同时也是文化的载体。在20世纪90年代的中国，麦当劳、肯德基以高效的服务管理、新鲜的食物、友好的服务、一尘不染的就餐环境吸引着中国消费者，它们象征着美国文化和现代化，代表着一种新的价值观念、行为方式和生活关系模式。对当时的消费者来说，虽然并没有接受美国的快餐文化，但当他们每周去两三次肯德基或麦当劳餐厅，并在其中逗留聊天、享受音乐或庆祝生日的时候，消费的其实是另一种与中国饮食文化不同的"文化符号"。

2. 品牌融入日常交往：人与人的情感表达

日常交往是人的基本需要和生存方式之一，是人与人之间进行物质、能量、信息交流的一种行为。②从本质上来说，日常消费代表着主体与客体之间的关系，日常交往则代表着主体与主体之间的关系。在日常生活中，人们常常通过多种复杂的方式来表达和交流情感，用以维系和增进感情，如语言交流、行为动作、礼尚往来和游戏互动。品牌往往能够通过传播活动、空间生产、关系维护等方式融入人们的日常交往中，被用于维持面子、关系与地位。

人们可以通过品牌来表达感情。譬如，出于友情、爱情和亲情的情感交流的需要，人们之间需要互赠礼品。但在交往中互赠的物并不是单纯的物，而是被品牌赋予了情感意义与价值色彩。例如，最初两个人在缔结婚约的时候并没有购买钻戒的风俗，戴比尔斯（De Beers）公司给钻石赋予了一种情感叙事："爱情恒久远，一颗永流传"，将钻石的意义指向了"永恒的爱情"。20世纪60年代，80%的美国人订婚开始选择钻戒作为信物，如今，大部分中国人在结婚时也选择购买钻戒作为信物。中国某钻戒品牌的理念是：男士一生仅能定制一枚该品牌的钻戒，在"永恒"之外又赋予了钻戒"唯一"的意义。

---

① 周宪."后革命时代"的日常生活审美化[J].北京大学学报（哲学社会科学版），2007（4）：64-68.

② 杨威.中国传统日常生活世界的文化透视[M].北京：人民出版社，2005：90.

3. 品牌融入日常观念：日常思维图式的转变

日常观念活动贯穿于日常消费、日常交往以及其他一切日常活动之中，具有重复性、自在性和无意识性，并不具有创造性。有学者认为，官方媒体所组织的国际传播偏向于宣传，意识形态色彩强烈，容易引起西方受众的反感。而品牌通过广告、公关等营销手段将许多非日常的观念、认知、文化与科学知识引入日常生活，改变消费者日常思维图式，这就决定了品牌作为国际传播媒介的意识形态色彩较为淡化。

中国改革开放之后，松下电器以"实现家庭电器化，提高文化生活"为主题的橱窗广告出现在北京王府井百货大楼的醒目位置，[①]橱窗中展示了日本现代化家庭生活的场景：端着咖啡的主妇，身后的各式家电，悠闲的家庭时光。这则橱窗广告首次出现的时候，引起了很多的反感，并引发了对"资本主义生活"的讨论，然而，这种对于家居生活的现代化想象最终还是通过广告融入人们的日常思维图式中，成为中国人的日常经验思维，从而改变了他们的生活方式与日常习惯。这个过程是人们的思维从有意识到无意识，从自觉到自在的过程。可见，品牌着重于"生活化"与"情境化"的"软传播"比政治色彩较浓的"硬传播"更容易获得受众的认同，从而实现文化涵化的目的。

综上，与政治传播相比，品牌国际传播更易于避开受众对于异质文化的"敏感性"与"排异性"，打破囿于精英文化与政治经济信息的做法，从而融入消费者的日常消费、日常交往和日常观念中，实现向日常生活领域的拓展与延伸。但值得注意的是，品牌对于日常生活各个层次的影响并非泾渭分明，而是彼此交融。

三、日常生活视域下品牌国际传播的路径

品牌国际传播可以助力传播中国文化，助力提升国家形象，讲好中国故

---

① 姜弘. 广告人生 [M]. 北京：中信出版社，2012：181.

事。应将品牌国际传播纳入我国国际传播体系中，调动各方面积极性，使各个主体的力量整合，多头并进，形成合力。

（一）产品创新：融入日常生活的介质

品牌应通过提供东道国消费者需要的产品，进入消费者的日常消费。产品是品牌的根基，也是品牌进入消费者日常生活的介质。2008 年，经济衰退使得人们在化妆品消费中更加谨慎，更偏向于选择质优价廉的天然产品，此时，佰草集以"中草药"汉方天然化妆品的品牌定位进入了法国市场，上市销售一年后，每月的销售额就已经突破了 100 万元人民币。佰草集不仅将中国文化的"形"应用于产品表征，也精准地满足了法国消费者对天然护肤品的需求。因此，在实施国际品牌定位战略的过程中，品牌不能局限于单纯地渲染中国传统文化元素，而是应该考虑当地消费者的文化背景与消费需求。在产品满足当地消费者需求的基础上，再对营销沟通做出适应性调整，才能使产品与品牌渐渐融入日常消费。

（二）文化策略创新：融入日常生活的符号

品牌在传播过程中应挖掘中国的悠久历史与传统文化，如中国的节庆文化、服饰文化、工艺美术、传统哲学底蕴等，并将其融入品牌国际传播之中。品牌本身就具有一个国家和民族文化的象征意义，可以被视为一种重要的文化产品。① 文化图式（Cultural Schemas）是指关于某个特定文化的风俗、习惯和传统并储存于人脑的知识结构，不同的民族拥有不同的文化图式，不同的文化也会接纳和吸收不同的文化内涵来扩充自己。② 与文化相关或具有典型特征的知名产品和品牌也可以成为文化图式的一部分。譬如可口可乐所代表的"活力、激情、创造、享受"，如今已经成为美国的品牌精神与文化象征。在

---

① 才源源，周漫，何佳讯."一带一路"背景下中国品牌文化价值观运用分析［J］.社会科学，2020（1）：38-49.
② 陈喜贝，刘明东.文化图式理论研究综述［J］.湖南第一师范学院学报，2011，11（6）：125-130.

国际传播中,品牌可以作为中国的象征符号,激起消费者对中国的文化联想,扩充中华民族的文化图式。

一方面,中国品牌可以选择差异化的文化表现策略,将品牌来源国与东道国的文化元素结合起来,便于消费者理解中国文化。如上海家化的佰草集以东方元素与传统哲学为底蕴,在国际传播中融合了荷花、太极等中国特色元素,主打"中国造"的汉方,这种差异化策略让佰草集在法国扎下了根(图1)。同时,佰草集也在法国推广太极的"平衡"理念,让法国市场理解并接纳悠久的中国文化。

图1 佰草集广告宣传图

另一方面,中国品牌也可以选择具有全球共识性的文化表现策略,在品牌与东道国的交流过程中,寻找双方文化中的普遍性共识,从而形成异质文化之间共有的、基本的文化概念和认知图式。如绿色、环保、健康、平等都是各个国家所尊崇的共同理念,基于共有的理念进行品牌传播,是实现异质文化之间有效沟通与互动的主要路径。

（三）叙事创新：融入日常生活的桥梁

品牌应创新话语体系和叙事方式，将中国文化与中国故事融入品牌传播话语体系之中，用亲切平实的语言将文化融入消费者的日常生活。习近平总书记强调，讲好中国故事，传播好中国声音，展示真实、立体、全面的中国。讲好中国故事也不只是外宣机构的使命，其讲述者是多层次的，呈现方法也是多元的。品牌故事的讲述是中国故事的另一个面向，与政治传播相比，品牌故事更有利于深入受众的日常消费、日常交往和日常观念中。巧克力品牌德芙将其英文名称"DOVE"解读为"Do You Love Me"，这一解读不仅可以使中国消费者认识德芙品牌，还可以让消费者感动，拉近与中国消费者的关系。

品牌国际传播应注重不同国家和民族的日常文化差异。以中国与美国的社会文化对比为例，中国是人情社会，美国则是法理社会；中国是高语境文化国家，美国是低语境文化国家；中国的日常交往活动处在血缘宗法等级制度的规约下，美国的日常交往则处于以核心家庭为中心的蜂巢式社会中；中国人的日常思维活动以儒家伦理规范为中心，奉行集体主义，美国大众的日常观念则更为多元化，大多奉行个人主义。因此，品牌传播话语体系应充分把握不同文化背景、宗教信仰、生活习惯乃至阅读方式等的多样性，并在进行本土化的同时保持本身的文化特色，拉近与海外受众的距离，实现情感共鸣。

四、结语

综上所述，品牌可以作为国际传播媒介，深入外国受众的日常消费、日常交往和日常观念中，实现"日常生活的国际传播"。在日常生活视域下，中国品牌应通过产品创新、文化策略创新和叙事创新，拓展国际传播边界，助力中国国际传播，完善中国国家形象。诺曼·道格拉斯曾说："通过广告，能够看到一个国家的理想。"如今，我们也可以说，通过品牌，能够看到一个国家的理想。

新中国成立初期中国品牌对外传播研究（1949—1965）[*]

——以《人民画报》的报道和广告为例

新中国成立初期，面对西方国家的封锁，中国积极开展中国产品和品牌的对外传播。对外宣传期刊成为品牌对外传播的重要渠道。本文以《人民画报》的报道和广告为中心，梳理了1949年至1965年间我国品牌对外传播活动，包括中国商品展览会、对外宣传报道中的品牌植入、中国品牌广告、图书和期刊广告等，并归纳了这一时期中国品牌对外传播的主要特征。对中国对外传播研究和外贸广告研究来说，本文的分析都是有益的补充。

一、研究背景

（一）历史背景

1949年10月1日，新中国宣告成立。2019年，我们将迎来新中国成立70周年纪念。2017年12月25日，习近平率新一届中央政治局常委与中外记者见面时，将2019年视为"重要的时间节点，是我们工作的坐标"。在这样的关键历史节点，开展新中国成立初期中国品牌对外传播研究，具有十分重要的意义。

新中国成立以后，国家开始对包括广告行业在内的诸多行业进行了社会

---

[*] 文章原载于《广告大观（理论版）》2018年第4期，收入本书时有改动。

主义改造。在经贸方面,虽然对资本主义还有着一定的芥蒂,但是当时我国并没有完全中断与资本主义国家的贸易活动。1949年3月,毛泽东同志在七届二中全会上指出,"我们既要同社会主义国家做生意,也要同资本主义国家做生意"。在朝鲜战争后的国际形势缓和之际,新中国积极发展与资本主义国家经济关系。

党和政府领导人很早就关注到品牌的重要性。毛泽东在1956年11月参观南京无线电厂时曾指出,"将来,我们也要有自己的名牌,要让全世界听到我们的声音"。新中国成立之后,美国等西方国家对新中国实行输出管制和禁运。为了打破封锁、发展对外贸易、换取国家建设急需的外汇,中国积极推动中国产品的出口,中国品牌对外传播得到相当程度的重视。

本文所说的"新中国成立初期"是指新中国成立到"文革"之前的这段时间,也就是1949年至1965年。本文将以《人民画报》的相关报道和广告为例,分析和梳理新中国成立初期中国品牌的对外传播活动。

(二)研究现状与创新之处

第一,关于对外传播的相关研究。在多年关注中国对外传播的过程中,笔者发现人们习惯于关注国家主体的对外传播活动与国家形象,且现状研究、对策研究居多,很少有从中国品牌对外传播角度进行的研究。如《1949—1966年中国对外宣传史研究》[1]梳理了1949—1966年中国对外宣传领域的发展历程,从事业、管理、业务、理念和效果五个方面进行了分析,内容和业务方面的资料主要依靠新闻报道,并没有关注外贸广告和品牌对外传播。《新中国对外宣传史:建构现代中国的国际话语权》[2]一书则相对加强了国际政治视角下的探析,同样没有涉及外贸广告和品牌对外传播。

第二,外贸广告的相关研究。丁允朋在1982年发表"外贸广告浅谈"一文,文章分"广告在外贸中的特殊地位与作用""资本主义世界的外贸广告现

---

[1] 习少颖. 1949—1966年中国对外宣传史研究[M]. 武汉:华中科技大学出版社,2010.
[2] 姚遥. 新中国对外宣传史:建构现代中国的国际话语权[M]. 北京:清华大学出版社,2014.

状""对加强我国外贸广告工作的几点想法"三个部分进行论述,强调了加强和改进我国外贸广告工作的重要性。①《未曾空白的历史——〈中国对外贸易〉杂志广告研究(1956—1964)》是为数不多的外贸广告史研究成果,较为系统地统计并分析了1956—1964年《中国对外贸易》的外贸广告,具有很强的史学价值。②该文梳理的《中国对外贸易》是专业外贸期刊,一直在向海外介绍中国品牌和中国产品,其刊登的广告业大都为外贸广告。此外,"外贸英文广告中英语修辞的应用技巧及修辞手法""如何书写外贸英语广告"等文章关注的均是外贸广告中的外语技巧问题,均未涉及对外传播的相关话题。

第三,本文的创新之处。从上文对研究现状的简要梳理可以发现,一直以来,学界对于我国对外传播的研究中,忽略了中国产品和品牌的对外传播这一重要领域和视角,学者们注重对外报道的分析和研究,忽略了外宣媒体中的广告的梳理与研究。而广告史的研究很少有涉及外贸广告的,为数不多外贸广告的相关研究,没有使用对外传播的研究视角,没有关注《中国画报》《人民中国》《北京周报》等对外传播期刊中的外贸广告。对新中国成立初期中国品牌对外传播的研究,将为对外传播研究、广告史研究提供新的视角和成果。此外,近年来国家对品牌建设和对外传播高度重视,通过设立"中国品牌日"等一系列措施推动品牌建设,中国高铁等已经成为中国品牌和中国名片,成为讲好中国故事的重要载体。在新中国成立70周年之际,梳理新中国成立初期中国品牌对外传播,有利于我们在品牌对外传播工作中找准历史坐标,从历史中汲取养分。

(三)研究方法与研究对象

中国一向注重对外传播,新中国成立伊始的1949年10月,就成立中央人民政府新闻总署国际新闻局,先后创刊《人民画报》《人民中国》《中国建设》等外宣期刊,是对外传播研究的重要研究对象。对于这些杂志中刊登的

---

① 丁允朋. 外贸广告浅谈 [J]. 外贸教学与研究(上海对外贸易学院学报), 1982 (2): 17-21.
② 卿婧. 未曾空白的历史:《中国对外贸易》杂志广告研究(1956-1964)[J]. 广告大观(理论版), 2008 (4): 52-66.

广告,尚未有相关研究。本文选取其中较有代表性和影响力的《人民画报》为研究对象。《人民画报》创刊于1950年7月,持续不断地通过图片和文字向全世界展现中国的发展和变化,中文以及其他多种外文出版,发行范围包括国内各省、自治区、直辖市、香港和澳门特别行政区及世界一百多个国家和地区,包括中、英、日、俄、法、德、意、西班牙、阿拉伯等多个语种。在新中国成立初期,外文版的《人民画报》均有中文版翻译而来,除外文版本的杂志会相对滞后外,包括广告在内的内容完全相同。所以本文选择中文版《人民画报》为主要研究对象,在个别广告作品的分析中,会对中文版与外文版进行对比分析。

二、展览会与品牌对外传播

在《人民画报》的版面上,多次出现对于中国商品展览会、出口产品展览会、经济贸易展览会等的相关报道。通过这些报道可以发现,在中国举办的出口产品展览会和在海外举办的中国产品展览会,都是中国品牌对外传播的重要窗口。

(一)海外展览会

展览会是宣传中国经济发展成就和传播中国品牌的重要渠道。其中,在海外举办的中国商品展览会把中国产品和中国品牌直接搬到对方国家,其效果最为直接和有效。

1955年10月和12月,中国商品展览会在日本东京、大阪的展出,共历时32天,吸引了189万多观众。《人民画报》对此次中国商品展览会给予了详细报道。中国商品展览会是中国国际贸易促进委员会根据1955年第三次中日贸易协定中的规定举办的。展览会虽然设在东京和大阪,但参观的人却不限于这两个城市的居民,有的还从北海道和长崎坐火车赶到东京,有的还从九州岛乘飞机赶到大阪。在东京,展览会设在离繁华地区银座不远的晴海码头,于是日本人民中就流传着"从银座只要十分钟就到新中国"这句话。

展出期间，日本有 1200 家以上的贸易公司和制造公司从各地派遣了代表来和中国商品展览团会谈。日本舆论和工商业家及其他个人人士对展出的各种重工业产品、矿石、铁砂、煤、盐以及农产品普遍感到浓厚的兴趣。据 1956 年的《人民画报》记载，在展览会期间，有几十家日本粮商和制造商要买中国的大豆。东京曲林公司的代表说，由于"禁运"政策，他们不能买中国的大豆，而不得不从美国运进，但"日本离美国很远，因此运费很高，并且大豆在船舱里经常发热腐烂"。中国商品展览会在东京、大阪的展出工作得到日本国籍贸易促进协会、日本国会议员促进日中贸易联盟以及日本许多人民团体和各界人士的热情帮助。

通过 1956 年《人民画报》的图片报道，能发现对于这次展览会的宣传手段之丰富。当时，东京上空飘浮着多个庆祝中国商品展览会开幕的气球，气球下面悬挂巨大的条幅，上面写着"祝中国见本市中日贸易会（祝贺中国商品展览会中日贸易会）"。在开幕式现场，背景墙上悬挂中日两国巨幅国旗，展览团团长曹中枢正在发表讲话。日本通商产业大臣石桥湛山也来到展览会进行参观。①

1958 年 9 月，中国应邀参加瑞士联邦的洛桑博览会，展出了 3000 种展品，其中的车床、仪表等是当时中国成功试制的新产品。此外还展出了丝绸、手工艺品、罐头食品、茶业、美术品等。第一个五年计划期间，我国对外贸易超过了原定计划的 7.4%。中国和瑞士的贸易，1953 年比解放前增长了十倍，比 1950 年增长四倍以上，1957 年比上一年增长 10.5%。中国从印度进口了机器、仪表、中标、化学产品、医疗器材等；中国向瑞士出口了花生仁、茶业、丝绸、肠衣、桐油、食品杂品等物资。②

据 1964 年第八期《人民画报》记载，1964 年 4 月 10 日，中国经济贸易展览会在东京开幕，东京都知事东龙太郎在三千多来宾的热烈掌声中为展览会开幕剪彩。在展览会筹备期间，就得到日本各界的支持和协助，日本组成

---

① 刘庆瑞. 中国商品展览会在日本［J］. 人民画报，1956（1）：34-35.
② 冀朝鼎. 到瑞士作客［J］. 人民画报，1958（8）：24-25.

了以前首相石桥湛山为首的欢迎委员会，欢迎由中国国际贸易促进委员会主席南汉宸率领的中国经济友好访日代表团，欢迎中国经济贸易展览会。日本共产党中央委员会主席野坂参三关怀展览会工作，并亲自到中国展览会会场会见中国展览团团长张化东，参观了筹备中的展览会。可见，这个时期的展览会不仅仅是产品的展览，更是疏通中日两国政治经济关系的重要管道和润滑剂。展览会会场面积一万平方米，展出了农业、重工业、轻工业、纺织工业的各种产品及手工艺品万余种，并有各种模型、图片等。展览会在东京展出二十一天，接待了日本观众81万余人。①

（二）出口产品展览会

中国在"走出去"举办展览会的同时，也积极在中国本土举办进出口商品交易会，吸引大量外商前来参加，促进了中国商品的对外贸易，成为中国品牌对外传播的重要平台。

据《人民画报》记载，自1957年以来，每年春、秋两季在广州举办的中国进出口商品交易会的盛况一次比一次热烈。参加1962年秋季交易会的有来自五大洲数十个国家和地区的贸易界人士2600多人，成交额约达人民币3.5亿元，比最近几年均有增加。②

据1957年第2期《人民画报》记载，中国国际贸易促进委员会在广州举办了一次出口商品展览会，展出商品4.9万余件，除我国传统出口商品——土特产、食品、纺织、工艺品以外，还有不少进口的机器和精密仪器等工业品。该文介绍，驰名世界的我国传统出口商品包括丝绸、地毯、水果、瓷器，这些商品产量虽然逐年增长，还不能满足国外市场的需求。在这次出口商品展览会上，来自印度、印度尼西亚、缅甸、埃及、锡兰、日本、瑞士、瑞典、荷兰、丹麦、比利时、德意志联邦共和国、英国、法国等国的商人以及侨商和港澳工商界人士进行着繁忙的交易。在一个月内仅土特产品就成交了400

---

① 楚英.中日人民友谊的桥梁［J］.人民画报，1964（8）：36-37.
② 俞安木.贸易盛会［J］.人民画报，1963（3）：28-31.

多万英镑,工业品中仅收音机就成交了1000多台。文章配图中也有品牌露出,包括"东方红收音机"等(图1)。[①]

图1 在"广交会"上展出的"东方红牌"收音机

(三)海外媒体广告

新中国成立初期,海外主流媒体很少出现中国广告,人们对中国缺乏了解,对中国商品和中国品牌的了解更是十分有限。上述各种在海外举办的展览会,其影响面也局限在实际参观者,通过当地大众媒体的传播就显得十分必要。1955年10月,在日本举行中国商品展览会前夕,展览会广告登上了日本主流媒体《读卖新闻》。本文在1955年10月11日的《读卖新闻》朝刊第6版发现这则展览会广告。这是新中国成立后日本主流媒体出现的首条中国广告,约占1/4版面,十分吸引眼球(图2)。

广告上大字标注"東京中国見本市(东京中国商品展览会)",标题上方的文字强调"初次向日本民众展示,新中国产业文化展"。主办单位是中国国际贸易促进委员会,日方负责方为日本国际贸易促进协会、日中贸易促进议

---

① 彭华士. 出口商品展览 [J]. 人民画报,1957(2):7-9.

员联盟。展览日期是 1955 年 10 月 18 日至 31 日，会场位于东京中央区月岛晴海码头。这条广告还注明，"免费入场，欢迎参观，免费放映新到中国电影"，以吸引更多人前来参观。广告还列举了 15 家参加展览会的中国公司，分别为中国进出口公司、中国粮谷油脂进出口公司、中国矿产公司、中国土产出口公司、中国畜产公司、中国杂品出口公司、中国丝绸公司、中国茶业公司、中国运输机械进口公司、中国仪器进口公司、中国机械进口公司、中国五金进口公司、中国技术进口公司、中国集邮公司。

图 2　日本媒体刊登的中国商品展览会广告（《读卖新闻》1955 年 10 月 11 日）

广告还介绍了展览的主要产品品类。第一类是日本工业原料所需的中国矿产品，包括煤炭、铁矿石、盐等；第二类是与日本家庭密切相关的中国农产品，包括大米、大豆、植物油以及相关农产品加工品；第三类是正在发展中的中国重工业品，包括机械、金属、冶金产品、化工产品；第四类是中国各种轻工业品，包括针织品、文具、日用百货、酒、烟、皮革、毛皮；第五类是世界知名的中国手工艺品，包括地毯、刺绣品、玉器、象牙制品、雕刻品、陶器瓷器、服饰品、漆器、各地工艺品，还有一些是当场销售的物品。①

---

① 读卖新闻[N], 1955-10-11（6）.

三、对外报道中的品牌植入

无论是在对外传播领域还是在对内传播领域，《人民画报》一度都曾是十分重要的媒体。1963 年第 11 期《人民画报》刊登的期刊征订广告对其杂志自身有如下介绍："《人民画报》是综合性的大型画报，每月出版一次，以形象优美的照片和生动有趣的文字，报道中国社会主义建设的成就和中国各族人民的幸福生活。用中、英、法、西、德、日等十七种文字出版。"① 在介绍"中国社会主义建设的成就"时，自然会涉及工业、农业、手工业等领域的产品。此时，中国品牌就巧妙地融入对外报道中，成为中国对外传播的有机组成部分。

（一）介绍特定产品和品牌的专栏

多语种发行的《人民画报》设有特定的专栏，约请政府相关部门负责人撰文介绍相关产业的产品和品牌。如 1956 年 2 月号《人民画报》刊登了轻工业部糖酒管理局代局长曹鲁的文章，该文介绍了砂糖产业和品牌。该文指出，最近，在北京、包头、长春、广州、桂林、重庆等许多地方的市面上，出现了"草原牌""友谊牌"等新牌砂糖，质量很好；在 1955 年第四季度，中国又有 9 个新建的糖厂加入了制糖工业的行列，每年可为国家增产砂糖 15 万吨以上。该文配有内蒙古包头糖厂的车间黑白照片，还配有一张很精美的彩色图片，图中年轻女性售货员正在称量白砂糖，身着蒙古族传统服装的顾客正在购买白砂糖。售货员背后彩色背景板上醒目地写着"国营包头糖厂草原牌白砂糖"的字样，"草原牌"的品牌标识得到很好的展现。②

《人民画报》1958 年第 1 期专文介绍了中国的火柴品牌，共计 15 种，分别为：广西壮族自治区玉林火柴厂生产的"星航牌"火柴、地方国营青岛火柴

---

① 广告页营销传播论坛 Marketing and Communication Forum [J]. 人民画报，1963（11）.
② 曹鲁，宋学广，李兰英，等. 生产更多的砂糖 [J]. 人民画报，1956（2）：17–19.

厂生产的拖拉机安全火柴、天津市中华火柴厂生产的水利安全火柴、天津市中华火柴厂生产的新港安全火柴、地方国营北京市火柴厂生产的北海安全火柴、江苏南通通燧火柴厂生产的古钱牌火柴、地方国营北京市火柴厂生产的友谊牌火柴、公私合营上海荧昌生产的幸福火柴、地方国营成都火柴厂生产的和平牌火柴、西安市公私合营中南火柴厂生产的昭陵骏马火柴、地方国营北京市火柴厂生产的金鱼火柴、公私合营黎明火柴厂出品的熊猫火柴、公私合营苏州鸿生火柴厂出品的蝶丹火柴、地方国营济南火柴厂制造的天鹅火柴、地方国营济南火柴厂制造的松鹤火柴。这些品牌都是各地较为知名的火柴品牌，该文截取了火柴包装盒上的品牌标识，均为彩色印刷，设计精美。①（如图3）

《人民画报》会在目录页介绍中国特定领域的风情。如1962年第4期刊登了题为"火柴盒贴画"的专题，以黑白图片的形式介绍了几种火柴盒贴画，从这些火柴盒贴画中，人们可以感受当时的火柴品牌。涉及的主要品牌包括：吉林火柴、生产牌火柴（上海华光火柴厂）、樱桃牌安全火柴（地方国营北京市火柴厂）、松花江火柴（地方国营呼兰县火柴厂）、上海牌火柴（上海华光火柴厂）、北京火柴、合肥火柴等（图3）。

图3　1958年第1期《人民画报》展示的部分火柴品牌

---

① 王芳洲.火柴盒上的图画［J］.人民画报，1958（1）.

这类专栏文章介绍了相关产业产品和品牌,《人民画报》通过十多种语言在全球多个国家和地区进行发行,无疑是新中国成立初期中国品牌对外传播的重要渠道。

(二)报道中的品牌植入

《人民画报》中的彩页会专门介绍某个行业的厂商和产品。如1956年6月号的《人民画报》彩页介绍了中国的玩具。该文指出,我国儿童玩具的品种、生产量和销售量正在不断增加。以上海大华玩具厂来说,出产的玩具已达3000多种;以上海康元制罐厂玩具部来说,1952年每月生产8000多件,现状每月生产6.6万件;以中国百货公司北京市公司的玩具销售金额来说,1954年第一季度是15.7万元,今年第一季度已经增加到28万多元。该文所配彩图包括积木、动物玩偶、人偶、玩具汽车、玩具飞机、玩具火车等十余种玩具。

《人民画报》的一些文章在介绍新中国经济建设取得的成就的同时,往往会通过品牌植入的方式介绍相关代表性品牌。在介绍中国文化时植入相关产品和品牌,是较为常见的做法。中国对外传播一向注重传播中国文化,其中茶文化是中国文化的重要组成部分。1957年第1期《人民画报》介绍了中国"饮茶"文化,包括中国茶的种类、人们饮茶的习惯、饮茶的器皿等,文章配有茶具和人们喝茶的场景照片,同时很巧妙地"植入"了"祁门红茶(中国茶业公司)"等几种茶类产品。在报道中,红色方盒包装上"祁门红茶"的字样清晰可辨,带有品牌植入的性质。[①]

其后,此类中国品牌的植入广告在《人民画报》的报道中经常出现。1958年第2期《人民画报》专文介绍了吉林肥料厂,介绍化肥厂的先进工艺流程时,其中有一幅图植入了"联塔牌硝酸铵"化肥品牌。[②]1958年第3期《人民画报》专文介绍了广西等地生产八角的情况,并植入了瓶装的八角茴

[①] 黄苗子,郑光华.饮茶[J].人民画报,1957(1):17.
[②] 1,000,000吨粮食[J].人民画报,1958(2):14-15.

油——中国粮谷油脂出口公司广州分公司的"中国八角茴油",在包装的最下方还标注了电报挂号,实际上起到广告的作用(图4)。①

图4　中国八角茴油的品牌植入(《人民画报》1958年第3期)

1961年第4期《人民画报》以"天津轻工业新姿态"为题,专题介绍了天津生产的化妆品、男袜、丝绸头巾、搪瓷等产品和品牌。该文指出:"天津市在短短三年中,轻工业部门的职工为满足广大人民日益增长的需要,增添了五千余种新产品和新花样。职工们开展学名牌、赶名牌、超名牌的群众运动,显著提高了产品的质量,有130余种日用工业品已达到全国先进水平。天津自行车厂出品的飞鸽牌自行车早已誉满全国。不久前,这个厂又增加了十余种新品种。"这条报道还附上了"飞鸽牌"自行车的彩色图片。在化妆品的图片中,也可清晰分辨"万紫千红""幸福"等化妆品品牌。该文还介绍了"51牌"缝纫机、"东方红"牌胶卷等品牌和产品。这类报道,在介绍新中国发展成就的同时,较好地传播了品牌和产品。②

1961年第5期的《人民画报》专文介绍了乒乓球用品品牌"红双喜"

---

① 黄鸿辉.绿荫深处八角香[J].人民画报,1958(3).
② 郭绍骏,宋学广,李兰英.天津轻工业的新姿[J].人民画报,1961(4):18-20.

（图5）。该文指出，1960年4月，在国际乒乓球联合会咨询委员会上，"红双喜"牌乒乓球被批准为国际乒乓球比赛用球。上海工人制成了16种"红双喜"牌乒乓球运动器材，供第26届世界乒乓球锦标赛使用。该报道的彩色配图包括制造球拍的场景、检测乒乓球的场景，以及乒乓球桌、球拍的包装盒乒乓球的包装，清晰辨认出"红双喜"的商标和标识。①

图5　红双喜的品牌植入（《人民画报》1961年第5期）

四、真正意义上的广告的出现

（一）首条药品广告的出现

1958年第6期中文版的《人民画报》首次出现真正意义上的广告（图6）。这是一则药品广告，彩色广告占据整版，上方为一张老虎照片，下方使用了虎骨酒、再造丸、银翘解毒片、安宫牛黄丸等药物的实物照片。广告写道："本公司专门经营京、津各大药房精制的丸、散、膏、丹、参、茸、药酒。北京同仁堂和天津乐仁堂有近三百年的历史，所制各种成药，疗效极高，已久为国内外人士所赞誉。"广告最下方注明了出口者为"中国土产品出口公司天津药材公司"，并注明了地址和电报挂号，以及天津代理处的地址和电报挂号。同一条广告的日文版首次出现，

图6　中国药品广告（《人民画报》1958年第6期）

---

① 吴寅伯，吴新陆. 红双喜［J］. 人民画报，1961（5）：12–13.

是在 1958 年第 8 期的日文版《中国画报》上，广告中的文字均为日文，版面编排完全相同。

1958 年第 7 期《人民画报》出现整版的食品广告——梅林罐头广告，广告占据整个版面。广告中，一个女孩正在用勺子品尝罐头，下方则并排摆列七种"MaLing"罐头，并标注了中国食品出口公司的地址、电报挂号和香港代理处的地址和电报挂号。为了对比中文版和外文版所刊广告的区别，本文在 1958 年 9 月号日文版《中国画报》中找到该广告。中文版广告词为"中国罐头有肉类、鱼类、水果类等数百种，品质优良，味道鲜美"，为黑色宋体小字印刷。而日文版的广告词则有更强的创意，较大字体的手写体"新鮮な味覚をほこる……（以新鲜的味觉为傲）"很是吸引眼球，下方则用印刷体注明"肉類、魚類、クダモノ類、各種カンヅメ（肉类、鱼类、水果类等各类罐头）"。整体来看，中文和外文版的广告在版面编排、广告词等方面均完全相同，除语言文字不同外，外文版的广告在字体等细节上更具设计感。

1958 年第 8 期《人民画报》刊登了中国运输机械进口公司（兼营进出口）刊登的整版出口广告，黑白照片中的年轻女性正在收获棉花。右上角的广告词是："本公司供应棉纺织厂的全套设备，包括清花、纺纱、整理、织布等车间所用的各种机械三十余种。"广告中还出现了织布机、细纱机以及一些纺织用具的实物照片。广告下方标注了出口公司的名称、电报挂号和香港代理处华润公司的地址、电报挂号。

同一期中，还出现了友好牌染料的广告（图 7），这条广告为彩色整版，上方为七彩背景的花瓶的书籍，下方为各种染料产品的实物照片，右下方用红色字表明了"友好牌染料"的字样，以及黑色字表明的十余种染料类别。总经销为中国进出口公司天津分公司，香港代理为南星工业原料有限公司。

图 7 友好牌染料广告（《人民画报》1958 年第 8 期）

（二）首条汽车广告的出现

1958年第9期的《人民画报》出现了首条汽车广告（图8），整版彩色广告的标题为"我国制造的轿车"，广告语为："中国制造的公共汽车、卡车与轿车，安全，坚固，舒适。"广告的左上角为和平牌五座轿车的彩色照片，广告中间位置是东风牌六座红色轿车的大幅照片，广告的最下方是松花江牌公共汽车和和平牌四吨卡车的照片。广告中有如下文字记录："今年5月12日，'东风'牌轿车在长春第一汽车制造厂诞生了。接着，重庆制造出'先进'牌轿车，北京制造出'井冈山'牌轿车，天津

图8 中国汽车广告（《人民画报》1958年第9期）

也制造出'和平'牌轿车。到目前为止，我国制造的卡车、变形汽车和轿车已有五十多种。"这段话看上去是在介绍我国汽车产业取得的成就，而非中国品牌或产品，这与《人民画报》整体的定位与使命相吻合。图片的相关说明则更多是在介绍产品和品牌，如对和平牌五座轿车的介绍指出："车内装有各种现代化设备，最高时速是110公里，每百公里耗油7—8公升。"对东风牌六座轿车的介绍指出："车内装有各种最新式设备，最高时速是128公里，每百公里只耗油9—10公升。"对松花江牌公共汽车的介绍是："全部机件均经防锈处理；皮制弹簧软席座位26席，另外可站立54人；价格低廉。"对和平牌四吨卡车的介绍是："全金属的驾驶室，座位宽敞；95匹马力的汽油发动机，效率甚高；空气制动机，十分安全；木质车身，轻巧耐用，容量特大。"而对各型小轿车的介绍则是"自1959年起大量供应"，带有预售广告的色彩。在广告的最下方，标注了广告主：中国运输机械进出口公司（兼营进出口），并注明了地址和电报挂号。

(三) 其他类别的广告及特征

1958年，《中国画报》出现真正意义上的广告后，广告数量有增多的趋势，每期刊登的广告越来越多。这一时期，中国品牌、中国产品与中国企业的广告，同时也是中国对外宣传的重要环节，在宣传品牌和产品的同时，也在宣传新中国发展成就。很多没有品牌的产品，直接冠以"中国"字样。如1958年第9期的《人民画报》刊登的纸张和铁制品广告，没有注明明确的品牌和制造商，而是直接冠以"中国纸张""中国铁丝""中国铁钉"的字样。而上述汽车广告，也是在穿插介绍中国汽车产业发展成就的同时，宣传汽车产品。而广告词是"中国制造的公共汽车、卡车与轿车，安全，坚固，舒适"，是对"中国汽车"的整体进行的概括性宣传。

1958年第9期的《人民画报》刊登了"松树牌人参精"的整版彩色广告，在高大的松树实景照下方，是人参精的包装盒和包装瓶的照片，下方为广告词："人参精为滋补强壮剂，对风湿、糖尿、疲劳过度、神经衰弱、病后体弱等具有很大疗效，并能促进血液循环和新陈代谢。"经销者为中国土产出口公司天津药材公司。

机械类产品是这个时期外贸广告经常出现的宣传对象。1958年第10期《人民画报》刊登了针织类机械设备广告，包括棉毛机、汗绒布两用织机、自动织袜机，广告主为中国运输机械进出口公司（兼营进出口）。

化工产品也出现在外贸广告中。1958年第10期《人民画报》刊登了题为"中国化工产品"的广告，彩色大幅照片为浓烟滚滚的化工厂，广告列举了酸类、塑料类、煤焦副产品、普通化工类等化工产品类别，广告主为中国进出口公司天津分公司。

1958年第11期的《人民画报》出现了酒类广告，广告介绍了中国北京栅栏上义酿酒厂出品的"五大名补酒"，分别为罗木补酒、核桃补酒、维尔补酒、健胃补酒、强身补酒，五种酒的包装瓶照片清晰可辨。广告指出："用纯葡萄酒或青核桃和各种名贵滋补药材制成，不但清香可口，可作为一般饮料，而且能够补血健身。经常服用，裨益良多。"出口者为中国土产出口公司天津药材公司。

五、图书杂志广告的繁盛

1958年,《人民画报》出现图书和杂志广告。进入1959年后,中国产品和品牌广告消失,取而代之的是大量的图书和杂志广告,直到1964年中国产品和品牌广告才再次回归。

(一)图书广告和杂志广告的出现

《人民画报》中的首条图书广告出现在1958年第10期,这条半版黑白广告宣传的是《中国一瞥》摄影画册,该画册收录了306幅黑白和彩色照片,反映了中国的丰富物产和秀丽河山、中国四千年来的重要历史文物和古迹、中国各族人民丰富多彩的文化生活以及他们在彻底改变国家面貌过程中所做的巨大努力。画册还收录了两幅彩色地图,并用英、俄、阿拉伯、法、印地、德、西班牙、越南、印尼、日、缅甸等多个语种发行。由外文出版社(北京)出版,国际书店总经销。

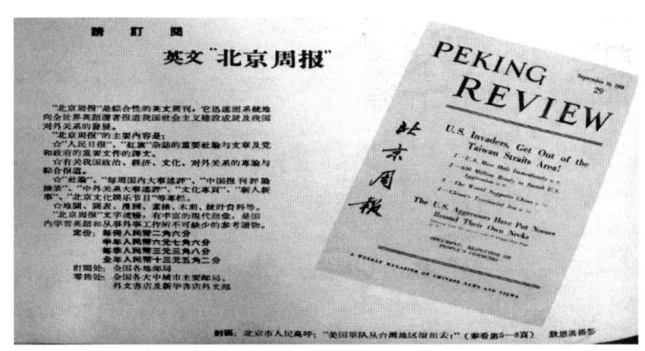

图9 对外宣传期刊广告

《人民画报》的首条杂志广告也刊登在1958年第10期(图9)。这条杂志广告占据了半页篇幅,宣传的是英文《北京周报》。据这条广告介绍,《北京周报》是综合性的英文周刊,它迅速而系统地向全世界英语读者报道我国社会主义建设成就及我国对外关系的发展。《北京周报》的主要内容是:

（1）《人民日报》《红旗》杂志的重要社论与文章及政府的重要文件的译文。（2）有关我国政治、经济、文化、对外关系的专论与综合报道。（3）"社论""每周国内大事述评""中国报刊评论摘""中外关系大事述评""文化专页""新人新事""北京文化娱乐节目"等专栏。（4）地图、图表、漫画、素描、木刻、统计资料等。值得特别注意的是，这条广告指出："《北京周报》文字流畅，有丰富的现代语汇，是国内学习英语和从事外事工作所不可缺少的参考读物。"从这句话我们可以看出，这条广告跳出了《人民画报》外贸广告的框架，是一条针对国内英语学习者和外事工作者的广告，并注明了定价、订阅处和零售处。这是《人民画报》中首次出现的对内广告。

（二）杂志征订广告及其特色

商品广告的消失和图书杂志广告的兴盛。1959年至1963年间，《人民画报》的版面上，商品广告消失，取而代之是书籍和杂志广告。这一时期，《人民画报》真正意义的广告非常少，只有一些外宣期刊的广告。1961年第10期《人民画报》刊登了4条杂志征订广告。《北京周报》的征订广告指出，"报道中国现状和反映中国观点的英语周刊，直接由北京航空寄递世界各地订户，现已开始征求1962年外国订户。国外读者订阅或者续订者赠送最近出版新书《不怕鬼的故事》（英文版）。"同时还刊登了日语、法语、印尼语版《人民中国》，英文及西班牙文月刊《中国建设》和世界语外宣杂志的广告。

杂志征订广告的宣传对象大都是中国外宣期刊。上述4条广告介绍的，均是中国的外宣杂志。1963年第4期封底刊登了中国外宣期刊《北京周报》和《中国建设》的征订广告。广告指出，《北京周报》除英文版之外，在1963年3月还创刊了法文版和西班牙文版，而《中国建设》则有英文、法文和西班牙文版本。这一时期的广告风格均十分简单，几乎是纯文字的广告，没有任何设计感。

杂志征订广告善用赠品广告手法。1963年第9期《人民画报》的封底刊发了《人民画报》《北京周报》（日文版）《中国摄影》（双月刊）的征订广告。在《人民画报》的征订广告中，推出了"对1964年国外订户的优待办法",凡订阅1964年度《人民画报》的订户免费赠送精美台历一份、画册一册;凡一次为本刊介绍1—2个新订户者,奉赠彩色精印的中国画轴;凡一次介绍3个以上新订户者除画轴外另赠送精美记事本一册。《北京周报》的广告主要是为了宣传1963年8月1日新出版的日文版《北京周报》,介绍了杂志的主要内容和订阅方法。《中国摄影》是中文杂志,但这条广告的目的是"征求外国新订户",并推出了与上述《人民画报》征订广告相似的奖励措施。1963年第9期《人民画报》封底除了刊发《人民画报》的征订广告外,还刊发了《中国文学》(英文双月刊)的征订广告,同时发布了相似的奖励措施。

对外宣传期刊联合广告常见,可窥探当时对外传播期刊布局。1963年第11期《人民画报》还在封底以"请订阅中国出版的期刊"为题,刊登了一则联合广告。包含的期刊包括《人民画报》(十七种语言)、《北京周报》(英、日、法、西)、《人民中国》(日、印尼)、《中国文学》(英)、《万年青》(英)、《中国妇女》(英)、《人民中国导报》(世界语)、《中国体育》(英)、《中华人民共和国对外贸易》(中、英、法)、《中华医学杂志》(英)、《中国科学》(英),并介绍了"对1964年国外订户的优待办法"。上述11种期刊分别通过不同的外语出版发行,都在一定程度上承担中国对外传播的职能。从这条广告可以窥探当时中国对外传播期刊的概况。

图10 《毛泽东军事文选(英文版)》广告(《人民画报》1963年第6期)

（三）政治图书广告及其特色

1963年起，毛泽东著作和反映党和政府立场观点的图书广告大量出现，这些图书政治色彩较强。如1963年第3期《人民画报》封底刊登的图书广告设计极为简单，红五星和黑框内，只有文字：《全世界无产者联合起来反对我们的共同敌人》《陶里亚蒂同志同我们的分歧》《列宁主义和现代修正主义》，用英、俄、法、德、西、日、越、世界语、阿拉伯文出版，最后标注了出版社和发行方的地址。1963年第6期《人民画报》在封底刊登了《毛泽东军事文选（英文版）》的广告（图10）。广告最上方是侧面的毛主席像章，书名"毛泽东军事文选"用红字印刷。广告指出，本书包括作者从1928年10月到1949年4月的重要军事论著29篇。该广告还强调："法文及西班牙文版不久即可供应"，有预售广告的色彩。

预售广告在这个时期颇为常见。继英文版之后，1964年第6期封底刊登了《毛泽东军事文选》法文版的预售广告。这条广告指出："《毛泽东军事文选（法文版）》即将出版"，在介绍了该书内容和装订情况后，标注了"另有英文版现可供应"。在这条广告的旁边，是另一条书籍预售广告。这条题为《毛泽东诗词（英文版）》即将出版"的预售广告指出，"《毛泽东诗词》三十七首英文版将由北京外文出版社出版"。该广告介绍了书籍的主要内容，并告知了订购途径和方法。

此后一段时间内，《人民画报》封底经常性地出现此类书籍广告。如1963年第8期《人民画报》封底刊发了《关于国际共产主义运动总路线的建议》一书的广告，该书以英文、俄文、法文、德文、西班牙文、越南文、朝鲜文、日文、印地文、印度尼西亚文、缅甸文、泰文、阿拉伯文、世界语等十四种文字出版。1963年第10期《人民画报》封底刊发了《苏共领导同我们分歧的由来和发展》，这是一本向世界阐明中国立场和观点的小册子，翻译成英、法、德、俄等十几种语言出版。该广告介绍了小册子的主要内容，并告知了订阅方法。1963年第11期《人民画报》封底一共刊登了3则广告，均为书籍和期刊广告。页面上方题为"中国出版的新书"介绍的是《苏共领导同我们分歧的由来和发展——评苏共中央的公开信》《关于斯大林问题》《南斯拉夫是社会主义国家吗？》《新殖民主义的辩护士》四本小册子，这些小册子被翻译成英、法、西、俄等十几种语言出版，有32开本及袖珍本两种。广告介绍了订购方法。这个版面的另一条广告是"中央人民广播电台对华侨广播节目时间波段表"，介绍了北京话、广州话、厦门话、客家话、潮州话广播的时间和波段。

六、品牌广告的短暂回归

（一）1964年品牌广告回归

品牌广告与书籍广告并重。1959年至1963年间，《人民画报》没有出现中国产品和中国品牌的广告。1964年起，中国产品和品牌广告再次回归，精美的外贸广告重新回到《人民画报》的版面上。与此同时，1958年开始大量出现的政治宣传类书籍广告依然很多，得到了延续。1964年间，政治宣传广告与中国产品与品牌广告并重。

图11　春风毛毯和天鹅牌毛毯广告（《人民画报》1964年第1期）

品牌广告设计越发精美。1964年第1期《人民画报》出现了中国毛毯的整版广告，广告设计颇为精美（图11）。广告语为"中国毛毯，颜色鲜艳，花式新颖，柔软温暖，织造紧密"，广告主为中国纺织品进出口公司天津分公司。值得一提的是，该广告在毛毯照片之上，突出展示了"天鹅牌（Swan）"和"春风毛毯"两个品牌。

图12 "鹦鹉牌"服装广告(《人民画报》1964年第7期)

品牌广告更加突出品牌标识。1964年第7期《人民画报》封底刊登了"鹦鹉牌呢服装"的整版广告(图12)。该广告的特色之一,就是比之前的广告更加突出了品牌标识,在广告左上角以较大图案展示了"鹦鹉牌"的品牌标识。广告的照片看上去是一家四口,穿着十分得体大方。广告语为:"鹦鹉牌呢服装,款式新颖,美观大方,选料上乘,缝工精细,规格齐全,尺码标准。"广告主为上海市纺织品进出口公司。

(二)政治图书广告的延续

1965年,《人民画报》的版面上,又找不到产品和品牌广告,只剩下图书和杂志广告。如1965年第1期的《人民画报》封底刊登的是大型风光摄影画册《江山如此多娇》的广告,有中、英、法、西班牙文四种版本。1965年第3期《人民画报》封底刊登的是《毛泽东选集(第四卷)》的整版广告,该书有英、法、西班牙、俄文版。1965年第1期《人民画报》刊登的是《毛泽东著作选读》的整版广告。1965年第5期《人民画报》刊登的是《评莫斯科三月会议》的广告,该书有英、法、西班牙、德、俄、日、越南、印尼、缅、阿拉伯、世界语等版本,还刊登了《关于国际共产主义运动总路线的论战》的广告,是一则预售广告,写有"即将出版"的字样。

毛泽东著作广告得到加强。1964年至1965年的《人民画报》加强了各个语种毛泽东著作相关广告的推广，1965年第7期《人民画报》封底刊登《毛泽东选集》1—4卷合订本（中文版）的整版广告，1965年第8期《人民画报》封底刊登《毛泽东选集》第一卷（英文版）的整版广告，1965年第7期《人民画报》封底刊登《毛泽东选集》第三卷（英文版）的整版广告。

赠品广告和预售广告等形式得到灵活运用。1965年第11期《人民画报》封底刊登"马克思、恩格斯、列宁、斯大林著作"的整版广告，介绍了十余本著作。1965年第12期《人民画报》封底刊登音乐舞蹈史诗。《东方红》唱片的整版广告，这是《人民画报》中首次出现唱片广告。该条广告指出："凡在1966年2月28日以前，购买全套三张者，每套附赠彩色精印《东方红》舞台剧照的1966年月历一份。"带有赠品广告的色彩。1965年第10期《人民画报》封底刊登《人民画报》《中国对外贸易》《中国银幕》《中国摄影》四家杂志的联合广告。

总体上看，1965年的《人民画报》版面上，真正意义的商品广告完全消失，取而代之的是政治色彩极浓的出版物广告。1966年"文化大革命"全面爆发后，这种形势一直持续，直至改革开放。

七、结语

本文考察了1949年新中国成立至"文化大革命"爆发前的1965年间《人民画报》的品牌对外传播情况。从上述分析可以综合这一时期中国品牌对外传播的主要特征。

第一，中国品牌对外传播广告从无到有。我们从上文分析可以发现中国品牌对外传播广告从无到有的过程。第一阶段，是通过展览会传播中国品牌。最早的品牌对外传播，是通过展览会等人际传播方式开展的。第二阶段，出现了中国品牌的植入式传播，在介绍中国社会主义建设成就的文章中，出现个别中国产品和中国品牌。第三阶段，真正意义上的外贸广告的出现，1958年第6期中文版的《人民画报》首次刊登中国土产品出口公司天津药材公司的整版彩色广告。

第二，品牌主和广告主的错位。由于当时中国经济体制原因，产品生产方和品牌主并没有外贸销售权，这一时期中国品牌对外传播广告的广告主均为相关的进出口公司，而非品牌主。如1958年出现的第一条汽车广告的品牌包括松花江牌、井冈山牌、东风牌、和平牌、先进牌等，而其广告主实际是中国运输机械进出口公司。

第三，品牌对外传播广告处于萌芽期和试水期。新中国成立初期的外贸广告中出现了不少中国产品和品牌广告，但还处于萌芽期。产品和品牌广告十分脆弱，集中出现在1958年和1964年两年，其余时间处于中断状态。更多的是外宣杂志广告和政治图书广告，一直持续，几乎没有中断。

第四，产品和品牌广告较为精美，图书和杂志广告较为朴素。产品和品牌对外传播的广告大都为彩色整版广告，设计也较为精美。如1958年出现的友好牌染料广告，颜色艳丽、印刷精美，所要表达的信息也十分清晰。整体上看，对于同一条广告，外文广告的设计质量略高于中文广告的设计质量。而图书和杂志广告较为朴素，大都只有文字介绍，缺乏色彩和图片的点缀。

第五，中国形象、中国产品、中国品牌、中国企业四位一体宣传，品牌宣传和国家宣传难辨你我。对产品和品牌的宣传，有时会植入正常的新闻报道中，如各类火柴品牌、红双喜、祁门红茶、飞鸽牌自行车都是在新闻报道中得到了呈现；而真正意义上的产品和品牌广告中，也会出现对中国社会主义建设成绩的介绍，如1958年第9期的《人民画报》出现的首条汽车广告，在介绍几款代表性汽车的同时，很大篇幅在介绍中国汽车制造取得的成绩。

参考文献

［1］习少颖.1949—1966年中国对外宣传史研究［M］.武汉：华中科技大学出版社，2010.

［2］姚遥.新中国对外宣传史：建构现代中国的国际话语权［M］.北京：清华大学出版社，2014.

［3］丁允朋.外贸广告浅谈［J］.外贸教学与研究（上海对外贸易学院学报），1982（2）：17-21.

［4］卿婧.未曾空白的历史:《中国对外贸易》杂志广告研究（1956—1964）［J］.广告大观（理论版），2008（4）：52-66.

广告的黎明：改革开放以来《人民中国》广告研究（1978—1992）*

一、引言

（一）研究背景

2018年是中国改革开放40周年。改革开放为中国广告行业带来蓬勃生机，给中国经济社会发展带来巨大活力，中国的各个领域都在梳理40年的经验并进行纪念。

改革开放以来，中国经济开始全面复苏。中国经济活动日趋活跃，企业发展迅速，物质短缺局面得到缓解。中国经济调控模式，经历了从计划经济到"以计划为主，市场调节为辅"，再到"有计划的商品经济"的转变，逐步形成计划经济与市场调节有机结合的调控模式。中国外贸企业也打破了高度集中、国家统制的局面，克服了过去外贸进出口独家经营、集中管理方面的体制障碍，调动了全国各个地方、部门、外贸企业和出口生产企业的积极性，培养了新的外贸经营主体，增强了外贸企业在国际市场的开拓和竞争能力。[①]

改革开放以来，中国广告行业开始全面复苏。1979年被视为中国现代广告事业的"元年"。1979年1月4日的《天津日报》率先刊登了"蓝天牙膏"的产品介绍。

---

* 文章原载于《广告大观（理论版）》2018年第5期，收入本书时有改动。
① 傅自应.中国对外贸易三十年［M］.北京：中国财政经济出版社，2008：86.

广告的黎明：改革开放以来《人民中国》广告研究（1978—1992）

1979年1月14日的《文汇报》刊登丁允朋的《为广告正名》，指出"有必要把广告当作促进内、外贸易，改善经营管理的一门学问对待"[①]。1979年11月，中共中央宣传部发布《关于报刊、广播、电视台刊登和播放外国商品广告的通知》，要求各地要调动各方面的积极因素开展广告业务，有力地推动了广告行业的迅速恢复发展。[②] 此后，各类广告公司、广告协会纷纷成立，广告教育和广告研究得以蓬勃开展。

（二）研究现状

首先，"对外广告"历史的相关研究很少。改革开放后，中国广告得以恢复发展，关于1979年以来中国广告史的研究成果很多，一类是综合类的广告史研究成果，《中国广告猛进史（1979—2003）》较为全景地展现了改革开放开始至2003年间中国广告快速发展史[③]；《当代中国广告史（1979—1991）》则通过广告作品和广告人的口述再现了这段时期的广告史[④]。对外广告的相关研究则更侧重话语策略、翻译策略和投放策略等，如贾文波的《谈对外广告翻译的情感传递》[⑤]、魏景春等的《对外宣传广告语篇的文体特征分析》[⑥]等。在各广告门类中，对外广告是重要的组成部分。对外广告是中国对外开放的镜像，可以折射中国出口贸易的历史变迁。但当关于"对外广告"的历史研究还很不充分，只有少数论文，如卿婧的《未曾空白的历史——〈中国对外贸易〉杂志广告研究（1956—1964）》[⑦]、赵新利的《新中国成立初期中国品牌对

---

① 陈刚.当代中国广告史（1979—1991）[M].北京：北京大学出版社，2010：14.
② 国际广告杂志社，北京广播学院广告学院，IAI国际广告研究所.中国广告猛进史（1979—2003）[M].北京：华夏出版社.2004：4.
③ 国际广告杂志社，北京广播学院广告学院，IAI国际广告研究所.中国广告猛进史（1979—2003）[M].北京：华夏出版社.2004.
④ 陈刚.当代中国广告史（1979—1991）[M].北京：北京大学出版社，2010.
⑤ 贾文波.谈对外广告翻译的情感传递[J].外国语（上海外国语大学学报），1996（2）：57-60.
⑥ 魏景春，王烨，陈云.对外宣传广告语篇的文体特征分析[J].科教导刊：上旬刊，2017（31）：151-153.
⑦ 卿婧.未曾空白的历史:《中国对外贸易》杂志广告研究（1956—1964）[J].广告大观（理论版），2008（4）：52-66.

外传播研究（1949—1965）——以〈人民画报〉的报道和广告为例》等①。

其次，如上所述，"对外广告"的相关研究成果很少。关于针对单个特定国家的"对外广告"的研究就更少了。在对外传播和国家形象研究领域，有不少专门针对特定国家的相关研究。在中日传播领域，有不少学者关注日本媒体呈现的中国形象、中国对日宣传、中日公共外交等议题，如赵新利的《中日传播与公共外交》②、吴光辉的《日本的中国形象》③、张玉的《日本报纸中的中国形象》④等。但在对外广告领域，则还没有出现针对特定国家的对外广告研究。本文聚焦中国对日宣传期刊《人民中国》，选取的都是针对日本读者的日文广告，除一部分日本企业和品牌广告外，主要梳理的就是我国的对日广告，希望成为中国品牌对日传播的相关研究的有益补充。

（三）研究对象

《人民中国》是一本日文月刊，从创刊至今一直是中国对日宣传最重要的平台。《人民中国》于1953年创刊，在新中国成立初期由中央人民政府新闻总署国际新闻局主办，现在是中国外文局下属的外宣期刊。《人民中国》是我国历史最悠久的日文外宣期刊，多年来刊发了大量广告。透过改革开放以来《人民中国》刊登的日文广告，我们可以管窥中国改革开放的进程和中国品牌对外传播的变迁。

1976年，"文化大革命"结束，中国结束了十年浩劫。1976年10月"文革"结束到1978年11月开始实施改革开放政策，1977年和1978年实质上是由"文革"向改革开放过渡的两年。这两年，人们经历了思想解放、大讨论、拨乱反正，最终走向改革开放。这种历史过渡和历史转折的色彩，在这个时期《人民中国》的广告中也得到了一定程度的反映。本文选取时间阶段

---

① 赵新利.新中国成立初期中国品牌对外传播研究（1949-1965）：以《人民画报》的报道和广告为例［J］.广告大观（理论版），2018（4）：44-56.
② 赵新利.中日传播与公共外交［M］.北京：社会科学文献出版社，2012.
③ 吴光辉.日本的中国形象［M］.北京：人民出版社，2010.
④ 张玉.日本报纸中的中国形象：以《朝日新闻》和《读卖新闻》为例［M］.北京：中国传媒大学出版社，2012.

的起始年份，是 1978 年，这一年是中国改革开放开始的年份；结束年份是 1992 年，这一年邓小平发表南方谈话，党的十四大召开。本文选取 1978—1992 年《人民中国》刊登的各类广告为研究对象，收集到各类广告超过 1000 条，去掉重复的广告进行了统计和分析，并选取代表性广告进行了深入探析。

关于时间阶段划分，在这里需要进行说明。一般认为，改革开放是 1978 年开始的，但十一届三中全会的召开是 1978 年末，"改革开放"政策在 1978 年《人民中国》广告中并没有得到反映。本文将 1977 年和 1978 年划分为由"文革"向改革开放的过渡时期，在本文中也进行了探讨。所以说，虽然本文主要着墨的是 1978—1992 年这个时间段，但也兼顾了 1977—1978 年这个过渡阶段。

（四）创新之处

本文的创新之处主要体现在如下几个方面。首先，在学术研究层面，关注了学界还没有充分研究的"对外广告"，更进一步聚焦在了"对日广告"上，有望对这个领域的研究进行有益的补充。其次，本文结合中国改革开放的历程，具有较强的现实意义。1978—1992 年《人民中国》所刊登的广告，既保持了传统，也出现了崭新局面：既有改革开放以前非常普遍的领袖著作广告和各类进出口公司投放的外贸广告，也出现了维力等中国新兴出口品牌的广告和日本企业品牌的广告，实现了巨大的转折，折射了改革开放给中国和中外关系带来的巨大变化。再次，本文聚焦对日广告，梳理了中国品牌对日传播的一段历程，具有现实意义。当前，中国正在努力深化改革开放，随着"一带一路"建设的推进和"走出去"战略的深入实施，越来越多的中国企业和中国品牌走出去，成为中国名片。这些走出去的中国企业和中国品牌，在海外进行品牌传播时，既有成功的经验，也有失败的教训。在改革开放 40 周年之际，通过对外广告梳理中国品牌对外传播的历程，具有很强的现实意义，这也是本文的创新点之一。

二、过渡时期的广告（1977—1978）

在1977年至1978年的过渡时期，《人民中国》中虽然没有了集中折射"文革"特色的"样板戏"广告，但还是延续了"文革"时期广告的一些特征，如毛泽东著作广告依然经常出现，《在延安文艺座谈会上的讲话》等著作的广告在"文革"结束后的几年间依然常见。由于商品广告没有完全恢复，"文革"宣传广告大幅减少，1977年广告量大幅下降，全年12期杂志，只出现28条广告，去掉重复的广告，只剩下如下16条广告（见表1），从数量上来看的确是一个低谷。

统计的16条广告中，绝大多数为图书广告，达11条之多，其中毛泽东著作广告达6条，其余图书广告还包括鲁迅相关画集广告、日文版《中国经济概况》广告、《中国之旅》图集广告等；外宣媒体广告继续保持较好的稳定性，出现了日文外宣期刊（《人民中国》《北京周报》《中国画报》）广告和"北京放送"（北京广播电台）广告。难能可贵的是，商品广告并未中断，1977年的《人民中国》出现了中国轻工业品进出口公司北京工艺品分公司的工艺品广告2条，分别推介的是北京玉器和北京象牙雕刻品，虽然广告数量不多，所推介的产品并非大众消费品，而是工艺品，但这两条广告是商品广告的延续，具有象征性意义。

表1　1977年《人民中国》出现的广告（按出现的先后顺序编号）

序号	对广告的描述	所在期数
1	日文外宣期刊（《人民中国》《北京周报》《中国画报》）广告	1977.1
2	毛泽东著作《在延安文艺座谈会上的讲话》广告	1977.2–3
3	日语版《农业学大寨》图集广告	1977.2–3
4	日文版《鲁迅》画集广告	1977.2–3
5	《毛泽东诗词》广告	1977.4
6	日文版《中国经济概况》广告	1977.4

续表

序号	对广告的描述	所在期数
7	北京象牙雕刻品广告（中国轻工业品进出口公司北京工艺品分公司）	1977.4
8	毛泽东著作《必须注意经济工作》（日文版）广告	1977.5
9	日文版图片集《再次成功登顶世界最高峰珠穆朗玛峰》广告	1977.6
10	《中国之旅》图集广告	1977.6
11	明信片《西湖》广告（中文、英文、法文版）	1977.6
12	毛泽东著作《中国革命与中国共产党》广告	1977.7
13	《马克思恩格斯选集》广告	1977.8
14	北京玉器广告（中国轻工业品进出口公司北京工艺品分公司）	1977.8
15	日文版《毛泽东选集》广告	1977.10
16	"北京放送"（北京广播电台）广告	1977.12

结合过去历年《人民中国》所刊登的广告来看，上述16条广告中毛泽东著作《必须注意经济工作》（图1）广告是首次出现，其余15条广告，在以前的《人民中国》中均以不同形式出现过。这个时期，"文革"刚刚结束，中国正在轰轰烈烈地进行拨乱反正，努力消除"文革"的恶劣影响。在这个历史关头。这条毛泽东关于经济工作的著作的广告，出现在《人民中国》的版面上，十分值得注意。这篇著作是毛泽东于1933年8月在江西南部17县经济建设工作会议上所作的演说，阐明了革命根据地经济建设的方针、政策和工作方法。这条广告的出现，似乎暗含着人们对发展经济的某种期盼。

1978年《人民中国》所刊登广告数量比1977年略有上升，为51条，去掉本年度重复出现的广告，共计20条（见表2）。其中，绝大多数依然是图书广告，达13条。毛泽东著作广告无论是数量还是比重都有所下降，仅为5条，分别为《在延安文艺座谈会上的讲话》（图2）、《中国革命与中国共产党》、《毛泽东诗词》、《毛泽东选集》、《关于文学艺术的五个文献》，"文革"色彩已经大为淡化。

图1　1977年第5期《人民中国》刊登的毛泽东著作《必须注意经济工作》广告

图2　1978年第1期《人民中国》刊登的毛泽东著作《在延安文艺座谈会上的讲话》广告

表2　1978年《人民中国》出现的广告（按出现的先后顺序编号）

序号	对广告的描述	所在期数
1	毛泽东著作《在延安文艺座谈会上的讲话》广告	1978.1
2	毛泽东著作《中国革命与中国共产党》广告	1978.1
3	日文外宣期刊（《人民中国》《北京周报》《中国画报》）	1978.1
4	明信片《中国画》广告（英文版）	1978.1
5	英文版《毛泽东诗词》广告	1978.2
6	日文版《鲁迅》画集广告	1978.2
7	日语版《农业学大寨》图集广告	1978.2
8	《中国针灸学概要》广告	1978.2
9	日文版《毛泽东选集》广告	1978.3
10	日文版《中国经济概况》广告	1978.4

续表

序号	对广告的描述	所在期数
11	日文版《七里营人民公社》广告	1978.5
12	毛泽东著作《关于文学艺术的五个文献》	1978.5
13	"北京放送"（北京广播电台）广告	1978.7
14	《中国古典小说评论》广告	1978.5
15	日文版图片集《再次成功登顶世界最高峰珠穆朗玛峰》广告	1978.9
16	明信片《新安江水电站》（英文版）广告	1978.10
17	《说文解字》广告	1978.10
18	明信片《大同古代建筑》（中文、英文、法文版）广告	1978.10
19	明信片《惠山泥人》（英文版）广告	1978.11
20	北京玉器广告（中国轻工业品进出口公司北京工艺品分公司）	1978.11

1978年《人民中国》刊登的明信片广告达4条。明信片广告发端于"文革"后期，当时常见的是"样板戏"的明信片广告和少量区域传播明信片广告。"文革"之后，"样板戏"明信片广告消失，取而代之的是更为丰富的明信片广告，包括风景类明信片广告，甚至厂房明信片广告。1978年的《人民中国》刊登的明信片广告涉及江苏省无锡市的惠山泥人、浙江省新安江水力发电站、山西省大同古建筑、国画等（图3、图4）。

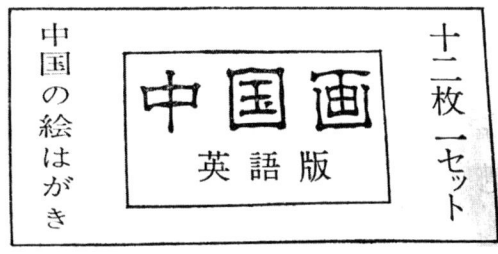

图3　1978年第1期《人民中国》刊登的明信片《中国画》（英文版）广告

图 4　1978 年第 10 期《人民中国》刊登的明信片《新安江水电站》（英文版）广告

值得一提的是，出口商品广告在 1978 年依然没有中断，1978 年第 11 期《人民中国》继续刊登了中国轻工业品进出口公司北京工艺品分公司的北京玉器广告。

三、1979 年：广告的复苏与外商广告的出现

在中国广告史的相关研究中，人们习惯于把 1979 年看作中国恢复广告的年份。而通过梳理《人民画报》《人民中国》等杂志所刊登的广告我们可以发现，图书广告和外宣媒体广告从未中断过，即便是在"文革"期间也得到了持续刊登。而实际上，人们更倾向于通过商品广告考察广告史的变迁。在"文革"期间的 1966 年、1974 年和 1975 年，《人民中国》上刊登了家具、乐器、服装、食品等出口商品广告。商品广告在"文革"期间并未完全中断，但受到了严重冲击，以至于"文革"后的 1977 年和 1978 年，《人民中国》刊登的商品广告只有玉器、象牙雕刻等工艺品广告。

1979 年的《人民中国》所刊登广告发生极大变化。首先，广告数量迅速增加，一年所刊登广告条数达 76 条；其次，出口商品广告得到迅速恢复，这一年的《人民中国》刊登了大量出口商品的广告；再次，外商广告登上历史舞台，这一年的《人民中国》首次刊登了日本广告主的广告，在之后的年份并迅速增多；最后，"文革"期间常见的领袖著作广告依然得到延续，与外商

广告形成鲜明对比。

（一）图书广告和外宣媒体广告的延续

1979年上半年第1期至第6期的《人民中国》所刊登的广告，与1977年和1978年没有明显区别，绝大多数广告都是在1977年和1978年刊登过的。图书广告包括：《说文解字》广告、毛泽东著作《关于文学艺术的五个文献》广告（图6）、《中国针灸学概要》广告、毛泽东著作《在延安文艺座谈会上的讲话》广告、《毛泽东选集》广告、毛泽东著作《中国革命与中国共产党》广告、日文版《鲁迅》画集广告等；所刊登的外宣媒体广告包括：各语种《中国对外贸易》广告、英文版《中华医学杂志》广告、各语种《北京周报》广告（图5）、北京广播电台广告等；所刊登的明信片广告包括《新安江水力发电站》(英文版）广告、《西湖》(中文版、法文版）广告、《惠山泥人》(英文版）广告、《国画》(英文版）广告、《大同古代建筑》(中文、英文、法文）广告等。

整体来看，毛泽东著作等图书广告得到延续；《北京周报》等外宣媒体的广告同样保持稳定；明信片广告也传承了此前的做法。

图5　1979年第3期《人民中国》刊登的《北京周报》广告

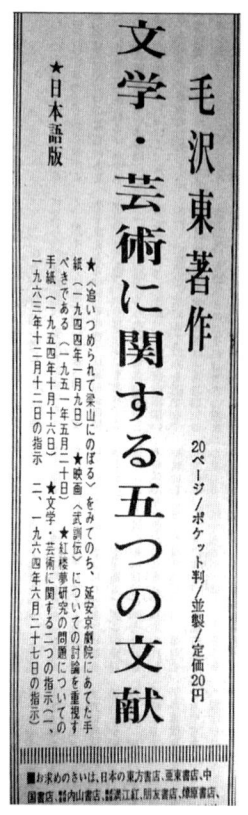

图6　1979年第6期《人民中国》刊登的毛泽东著作《关于文学艺术的五个文献》广告

（二）出口商品广告迅速恢复

1979年上半年《人民中国》刊登的主要是图书广告、外宣期刊广告和明信片广告，与之前的1977年和1978年保持一致。商品广告也与前两年没有太大区别，工艺品广告与前两年完全一致，如1979年第3期《人民中国》刊登了北京象牙雕刻品广告（中国轻工业品进出口公司北京工艺品分公司），1979年第4期《人民中国》刊登了北京玉器广告（中国轻工业品进出口公司北京工艺品公司）。

与1977年和1978年不同的是，1979年第2期《人民中国》刊登了北京蜂王精广告（图7），这是一条日用消费品广告，广告主为中国土产畜产进出口公司北京市分公司。这条广告在设计上的一大特色，就是把"北京蜂王精"

几个毛笔字作为背景,这是以前的《人民中国》刊登的广告所没有的。广告右侧突出了品牌的标识。①

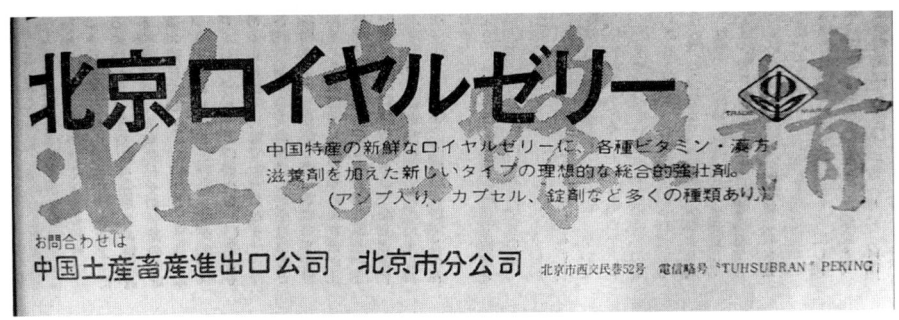

图 7　1979 年第 2 期《人民中国》刊登的北京蜂王精广告

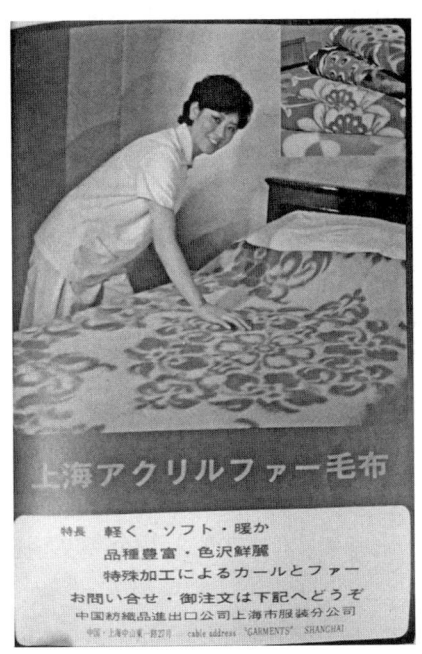

图 8　1979 年第 10 期《人民中国》刊登的毛毯广告

随着改革开放的推进,在 1979 年下半年,《人民中国》所刊登的出口商品广告终于发生了变化,呈现了新的气象。1979 年第 10 期《人民中国》刊

---

① 北京蜂王精广告[J].人民中国,1979(2).

登了中国纺织品进出口公司上海市服装分公司的毛毯广告（图8），这是一条彩色广告，占据整版的篇幅。右上角彩色图片展现了毛毯的不同颜色和图案，中间大幅图片中年轻女子面对镜头，俯身轻抚铺在床上的毛毯，广告中的文字注明了"上海腈纶毛毯"的字样，并说明了产品特征："轻便、柔软、暖和，品种丰富，色泽艳丽，特殊加工形成的卷毛。"最后是广告主中国纺织品进出口公司上海市服装分公司的地址、联系方式等信息。这条广告整体上色彩鲜艳，设计简洁，信息丰富，是"文革"后《人民中国》中出口商品得到恢复的标志性广告。①

1979年的《人民中国》还出现了出口类生产资料广告，广告的设计和创意也有了一定的突破。如1979年第7期《人民中国》刊登的中国化工进出口公司上海市分公司的生产资料广告。这条广告宣传了三个品牌的10款产品，三个品牌分别为光明牌（KWANG MING）、飞虎牌（WINGED TIGER）、眼睛牌（EYES），每个品牌都有品牌标识，品牌名称还标注了英文。船舶涂料等十款产品都用英文和日文两种文字标出，最下方为中国化工进出口公司上海市分公司的相关信息。②在这个时期，人们的品牌意识不强，广告中标注品牌标识的做法并不普遍。生产资料往往不直接面对普通消费者，其品牌宣传更是不受重视。在这种背景下，这条广告能够十分清晰地标注三个品牌的品牌标识和中英文品牌名称，实属不易。此外，1979年第11期《人民中国》刊登了中国化工进出口天津分公司的生产资料广告，介绍了润滑油等6款产品。这条广告很罕见地将中国化工进出口总公司的企业标识进行了展示，化学圆底烧瓶形状的设计中，镶嵌了"CNCIEC"几个英文字母，下方则用汉字标注了"中国化工进出口总公司"。③

（三）外商广告的出现

1979年下半年，《人民中国》的广告出现了新气象，除了上述出口商品

---

① 中国纺织品进出口公司上海市服装分公司毛毯广告［J］.人民中国，1979（10）．
② 中国化工进出口公司上海市分公司的生产资料［J］.人民中国，1979（7）．
③ 中国化工进出口公司天津分公司的生产资料［J］.人民中国，1979（11）．

广告之外，更重要的是外商广告的出现。1979年11月，中共中央宣传部发出《关于报刊、广播、电视台刊播外国商品广告的通知》，标志着中国媒体对外国商品广告解禁。而《人民中国》首次出现外商广告是1979年7月，早于这个时间点。在国内广告领域，上海电视台于1979年3月15日播出了第一条外商广告——瑞士雷达表广告。而《人民中国》首次出现外商广告，则晚于这个时间点。

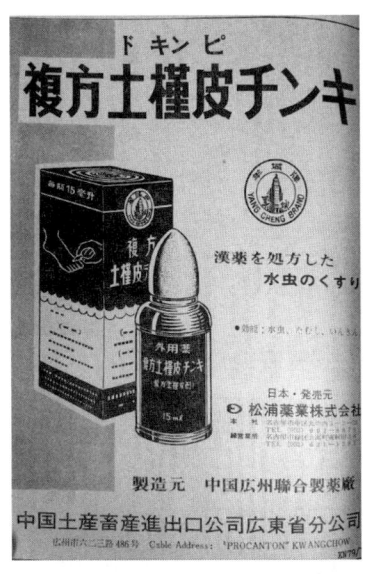

图9　1979年第7期《人民中国》刊登的松浦药业株式会社广告

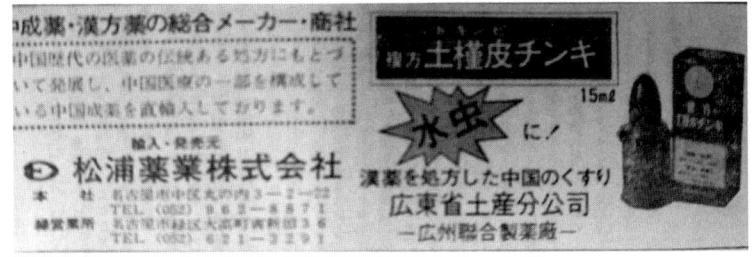

图10　（右）1979年第10期的《人民中国》刊登的复方土槿皮酊广告

1979年7月，《人民中国》刊登了松浦药业株式会社的广告（图9）。这条广告是外商广告，同时也是中日联合广告。

之所以说这是一条外商广告，是因为在这条广告中外商是主角，中国出口企业是配角。在以往的图书广告和期刊广告中，往往也会标注销售这些图书和期刊的日本书店。如《中国画报》《北京周报》的部分广告注明了在日销售这些杂志的内山书店、极东书店等书店地址，似乎也可以看作中日联合广告。但当时的广告还是站在中国外宣期刊的立场，为方便读者购买而标注了日本书店名称和地址。而这条广告不同于图书广告和期刊广告。是从日本企业角度开展的。广告最上部写着"中成药，汉方药综合生产商和商社"，"基于中国历代医药传统处方发展起来，直接进口中国医疗系统的中国成药"广告左下方用大号字体标注了企业名"松浦药业株式会社"，并注明了总公司和营业所的地址和电话。广告右侧是代表性药品"复方土槿皮酊"，并配有15ml装的药物图片，文字说明内容为："复方土槿皮酊，对脚气有效，是中药处方的中国药物。"广告的最右下侧标注了中国出口商和生产厂家：广东省土产分公司，广州联合制药厂。①

当然，这同时是一条中日联合广告，明确标注了中方制造厂商名称和出口企业名称。可以看作一条"犹抱琵琶半遮面"的外商广告。《人民中国》是日文期刊，目标受众是日本民众，自然也是许多外国商品广告的目标受众。更何况在早期，中日两国厂商进行了各种各样的合作。许多出口到日本的中国商品，也经由日本厂商进行销售。也促使中日联合广告的诞生。

首条外商广告的诞生，具有划时代的意义。自此之后。外商广告一发不可收，数量不断增多，版面不断扩大。广告质量不断提升。

1979年第10期的《人民中国》刊登了复方土槿皮酊广告（图10），这是一条整版广告，设计更为精美。"中日联合广告"的色彩也更为浓厚，是1979年第7期《人民中国》刊登的松浦药业株式会社广告的改善和升级版本。这条广告的主角是产品，"复方土槿皮酊"的大字在广告最上方，广告主体位置是药品包装盒和药瓶的图片，图片旁边是描述性文字："中药处方的脚气药，治疗脚气、金钱癣、腹股沟癣。"值得一提的是，广告还在显著位置标注了药

---

① 松浦药业株式会社广告［J］.人民中国，1979（7）.

品的品牌标识"羊城牌",品牌标识上方为印刷体"羊城牌",中间图片为手绘高楼和手写"羊城"二字,下方为英文"YANG CHENG BRAND"。广告下方分别标注了日本销售商、中国制造商和中国出口商:松浦药业株式会社,中国广州联合制药厂、中国土产畜产进出口公司广东省分公司。①

纯粹的外商广告的出现,1979年第7期《人民中国》刊登的松浦药业株式会社广告标注了中国生产厂家和出口商信息,是外商广告,同时也是中日联合广告。而到了1979年9月,第9期《人民中国》刊登的旅游手册《中国》广告(图11),则是更纯粹外商广告。这是一条图书广告,推介的是日本交通公社出版事业局出版的导游手册《中国》。广告中部是龙门石窟的照片,下方文字指出:"能够访问的中国城市不断增加,旅游变得更加方便。旧版很受欢迎,新版又增加了一些城市。内容也更加充实了。去中国旅游,有这一本,就可以放心了。"下方是日本交通公社的标识和地址。②

图11 1979年第9期《人民中国》刊登的旅游手册《中国》广告　　图12 1979年第10期刊登的东方书店广告

---

① 复方土槿皮酊广告[J].人民中国,1979(10).
②《中国》导游手册广告[J].人民中国,1979(9).

自此之后，纯粹的外商广告就频频出现在《人民中国》的版面上。在早期，尤其是日本各出版社出版的涉华图书广告居多。这些图书的目标受众，与《人民中国》的读者有很大重叠，大家都是对中国感兴趣的日本读者。如1979年第10期《人民中国》刊登了东方书店的图书广告（图12），同样是日本本土广告主刊登的广告。广告最上方是"东方选书"的口号：再考历史，展望未来。这条广告共介绍了4本书，分别是内山完造著《中国人的生活风景》、冈崎嘉平太著《我的记录》、尾池和夫著《中国与地震》、松井博光著《薄明的文学》。广告的最下方是东方书店在东京、大阪和京都的地址、电话等信息。①

日本主要出版社的图书广告纷纷登上《人民中国》的版面。如1979年第11期《人民中国》刊登了东方书店刊发的《薄明的文学》图书广告；1979年第11期《人民中国》刊登了讲谈社出版的《中国之旅》（全5卷）图书广告；1979年第12期《人民中国》刊登了潮出版社的《领导力的秘密：周恩来的实践》（新井宝雄著）图书广告。

外商广告公司广告的出现。1979年，中国商业广告开始复苏，中日之间的广告交流也开始解冻。著名旅日华侨担任董事长的株式会社向阳社在中日广告交流中发挥了重要作用。

1979年第11期《人民中国》刊登了向阳社广告（图13）。广告最上方的文字为："日中友好、语言的桥梁"，最下方是"株式会社向阳社"的标识和文字，并标注了"代表取缔役韩庆愈"。广告介绍了向阳社的三项主要业务：在北京开展的中文翻译业务，中

图13　1979年第11期《人民中国》刊登的向阳社广告

---

① 东方书店广告[J].人民中国，1979（10）.

国报纸、广播和户外广告业务，面向中国的中文杂志《日本工业技术》。关于中国报纸、广播和户外广告业务的文字说明如下：承接面向中国的宣传和广告业务，在中国报纸、专业杂志、广播电视发布广告，以及北京、南京、上海、天津等的街道广告、霓虹灯广告、橱窗广告、车内广告、DM等。①

四、外商广告：从图书广告到日本商品广告

1979年的《人民中国》首次出现外商广告，之后日本本土企业的广告频频出现在《人民中国》的版面上。从最初的药品广告、图书广告，发展到后来的电器广告、化妆品广告、证券广告、航空公司广告等。

（一）日本图书广告的兴盛

改革开放初期，《人民中国》刊登的日商广告中，图书广告占很大比重，日本主要出版社大都通过广告在《人民中国》亮相。本文统计了1978—1992年15年间《人民中国》刊登的日本图书和商品广告，由于广告数量巨大，本文只统计初次出现的广告，重复出现的则不计入在内，共统计了79条日本出版社图书广告（见表3）。

改革开放初期，《人民中国》中的日商广告主要为图书广告，广告的数量、种类很多。综合来看，1978—1992年的79条日本出版社图书广告，呈现如下特征。

首先，所宣传的图书与中国的相关性强。绝大多数图书都是与中国相关的，如涉及中文、中国旅游、京剧、中日关系、中国地图等的图书。第一，部分图书关注中国传统文化，如1980年第8期《人民中国》刊登了平凡社《京剧百花》等戏剧类图书广告（图15）；1981年第11期《人民中国》刊登了《论语》的广告。第二，一些图书关注了当时中国的最新情况，如1980年第3期《人民中国》刊登了朝日 SONORAMA 出版的《强大的邻居·中国》

---

① 向阳社广告 [J]. 人民中国，1979（11）.

广告（图14），这本书的作者田所竹彦曾任《朝日新闻》北京支局局长。第三，汉语学习的教材和工具书的广告也很多，如1980年第3期《人民中国》刊登的东方书店的《基础中国语》教材广告、1983年第4期《人民中国》刊登的岩波书店的《岩波日中词典》广告等。第四，中国名胜古迹的相关书籍广告频频出现，如1986年第7期《人民中国》刊登的恒文社《黄河万里行》广告、1985年第10期刊登的《库木吐喇石窟》等图书广告、1990年第9期刊登的东方书店的《行走丝绸之路》广告等。第五，中日名人相关图书广告很多，如1982年第9期《人民中国》刊登的《郭沫若诗集》广告、1983年第5期刊登的《巴金随想录》广告等。

其次，从投放广告的日本出版社情况来看，涉及的出版社很多，但各个出版社投放广告丰富程度相差悬殊。79条图书广告涉及的出版社包括岩波书店、东方书店、主妇之友社、小学馆、三省堂、平凡社、集英社、讲谈社等日本著名出版社。但不同出版社投放广告的数量和广告丰富程度不同，在统计

图14　1980年第3期《人民中国》刊登了朝日SONORAMA出版的《强大的邻居·中国》广告

出的79条广告中，岩波书店有一条，小学馆为7条，而最多的则是东方书店，达到39条，占到整个日本图书广告数量的接近半壁江山。这主要是由于东方书店特别热衷于出版涉华图书，所以东方书店是最经常出现的图书广告主。所出现的38条广告中，几乎囊括了上述与中国相关图书的所有类别，有中文教材和词典、郁达夫等中日名流相关著作、中国历史相关著作等。

广告的黎明：改革开放以来《人民中国》广告研究（1978—1992）

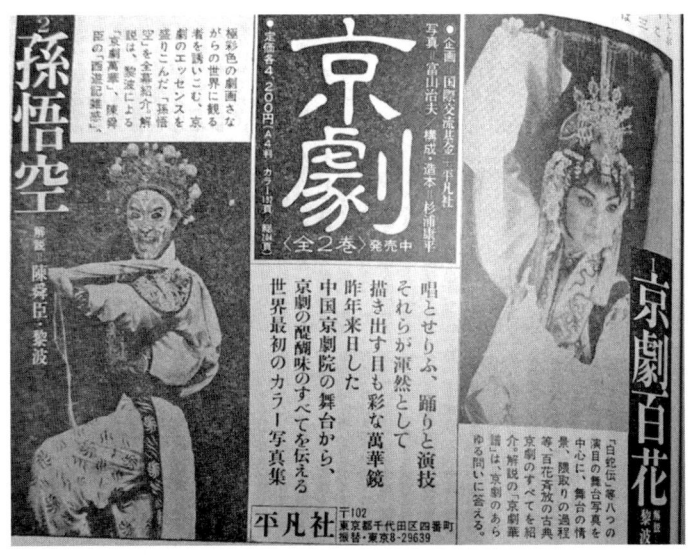

图15　1980年第8期《人民中国》刊登平凡社《京剧百花》等戏剧类图书广告

再次，从广告的丰富程度看，80年代初期日本出版社的图书广告十分丰富，中后期丰富程度有所下降。本文统计时只计算不重复的广告，以考察日本出版社图书广告的丰富程度。1979年9月，《人民中国》首次刊登日本出版社图书广告以来，1980—1982年，《人民中国》刊登了大量日本出版社图书广告中。1980年的日本出版社的图书广告为13条，1981年为10条，1982年为14条，一直处于高位。1983—1986年，日本出版社的图书广告有所下降，保持在2—7条的水平，1987—1989年，则完全没有新出现的日本出版社图书广告。相应地，三洋、Victor、富士胶卷、札幌啤酒等日本品牌的广告纷纷出现在《人民中国》的版面上。

表3　《人民中国》刊登的日本出版社图书广告（只计算初次出现的广告，1978—1992）

序号	广告内容	出版社	期数
1	旅游手册《中国》广告	日本交通公社出版事业局	1979.9
2	《中国人的生活风景》等图书广告	东方书店	1979.10
3	《薄明的文学》广告	东方书店	1979.11
4	《中国之旅》（全5卷）广告	讲谈社	1979.11

续表

序号	广告内容	出版社	期数
5	《领导力的秘密：周恩来的实践》广告	潮出版社	1979.12
6	《定本日本料理（全4卷）》广告	主妇之友社	1980.1
7	《基辛格密录（全5卷）》广告	小学馆	1980.1
8	《国际经济》杂志临时增刊"中国特集"广告	《国际经济》杂志社	1980.2
9	《强大的邻居·中国》广告	SONORAMA出版	1980.3
10	《基础中国语》教材广告	东方书店	1980.3
11	《黄河之谱》等图书广告	三省堂	1980.4
12	《中国矿产工业企业总览》广告	富士Journal社	1980.5
13	《中华人民共和国地图》（日文版）广告	亚东书店	1980.7
14	《京剧百花》等戏剧类图书广告	平凡社	1980.8
15	《中国旅行会话》广告	东方书店	1980.9
16	《中国商品事典》广告	东方书店	1980.11
17	《中国旅行全书》广告	刊刊堂出版社	198011
18	《中国佛教思想论集》广告	东方书店	1980.11
19	《中国历史之旅》广告	东方书店	1981.2
20	《汉字的变迁》	东方书店	1981.2
21	《广播中文讲座》《电视中文讲座》广告	日本放送出版协会	1981.5
22	《新北京岁时记》广告	东方书店	1981.6
23	《篆刻学》广告	东方书店	1981.9
24	《周恩来选集》广告	东方书店	1981.10
25	《丝绸之路古与今》等图书广告	小学馆	1981.10
26	《中文的语感》等图书广告	东方书店	1981.10

续表

序号	广告内容	出版社	期数
27	《北京追想》《中国历史之旅》等图书广告	东方书店	1981.10
28	《论语》等广告	学习研究社	1981.11
29	《敦煌莫高窟》(全5卷)广告	平凡社	1982.1
30	《中国革命与日中关系》等图书广告	东方书店	1982.1
31	《基础中国语》等广告	东方书店	1982.2
32	《郁达夫:青春与诗》等广告	东方书店	1982.4
33	《中国美术》(全6卷)广告	淡交社	1982.6
34	《中国历史文化地理图册》广告	原书房	1982.7
35	《中国体育与健康》(全14卷)等图书广告	Baseball Magazine 社	1982.7
36	《探索日本十五年》等图书广告	SIMUL 出版会	1982.8
37	《中国人的生活风景》等图书广告	东方书店	1982.8
38	《汉语书信写法词典》广告	东方书店	1982.9
39	《郭沫若诗集》广告	花曜社	1982.9
40	《中国的寺—日本的寺》广告	东方书店	1982.9
41	《我们青春的日本》广告	东方书店	1982.9
42	《我们青春的日本》等图书广告	东方书店	1982.10
43	《新日汉词典》等图书广告	东方书店	1983.2
44	《历代中国货币》等图书广告	富士 Journal 社	1983.2
45	《岩波日中辞典》广告	岩波书店	1983.4
46	《巴金随想录》广告	筑摩书店	1983.5
47	《燕京风俗》广告	东方书店	1983.8
48	《邓小平著作选》广告	东方书店	1983.11

续表

序号	广告内容	出版社	期数
49	《中国建筑名胜介绍》等图书广告	彰国社	1984.2
50	《中国大陆》（全2卷）广告	小学馆	1984.8
51	《日中贸易手册》广告	东方书店	1984.8
52	《中文翻译手册》广告	东方书店	1984.10
53	《库木吐喇石窟》等图书广告	平凡社	1985.10
54	《篆刻字典》筹资广告	东方书店	1985.12
55	《最新中国信息辞典》等图书广告	小学馆	1986.2
56	《中国古典诗词聚花》广告	小学馆	1986.6
57	《清国人日本留学日记》等图书广告	东方书店	1986.6
58	《黄河万里行》等图书广告	恒文社	1986.7
59	《昭和文学全集》广告	小学馆	1986.10
60	《中国女性》《长江幻想行》广告	风草馆	1986.10
61	《国语大辞典言泉》广告	小学馆	1986.12
62	《我的记录》《温病学》等图书广告	东方书店	1990.1
63	《香港广东话会话》等图书广告	东方书店	1990.2
64	《黄文弼著作集》等图书广告	恒文社	1990.2
65	《篆刻字典》等图书广告	东方书店	1990.4
66	《行走丝绸之路》等图书广告	东方书店	1990.9
67	《中英日自然科学用语词典》广告	东方书店	1990.11
68	《简易气功》等图书广告	东方书店	1991.1
69	《日本：第三次开国》等图书广告	东方书店	1991.4
70	《关于日本人言语习惯的研究》等图书广告	和泉书院	1991.5
71	《孔子画传》广告	集英社	1991.5

续表

序号	广告内容	出版社	期数
72	《诸葛孔明》广告	德间书店	1992.1
73	《从鸦片战争到辛亥革命》等图书广告	东方书庄	1992.1
74	《石刻的世界》等图书广告	东方书店	1992.4
75	《探访中国民俗》广告	东方书店	1992.4
76	《中国算命术》等图书广告	东方书店	1992.8
77	《硬气功入门》等图书广告	Baseball Magazine 社	1992.8
78	《丰增秀俊选集》广告	RIBERU 出版	1992.10
79	《实践中国健康法》广告	东方书店	1992.12

最后，日本出版社的图书广告在一定程度上起到了中国对外宣传的作用。日本各出版社在《人民中国》投放的图书广告，自然是为了宣传和推介所出版的图书，并没有宣传或推介中国的义务。而《人民中国》是中国官方的对日宣传期刊，其使命是向日本公众介绍中国，改善日本民众的对华态度。《人民中国》所刊登的这些日本图书广告，虽然主观上没有推介中国的意图，但结果上发挥了宣传中国的作用，起到了对外宣传的效果。如1980年第11期《人民中国》刊登了东方书店《中国商品事典》广告，该书是由日本国际贸易促进协会编写的，广告介绍了该书的主要内容，还通过插图介绍了中国的绵羊、香烟、罐头等产品，客观上起到为中国宣传的作用。①1981年第10期《人民中国》刊登的东方书店《中国历史之旅》图书广告是一条整版广告（图16），介绍了东方书店出版的近10本图书，都与中国有密切联系，广告中间大幅插图是桂林山水，展现了中国美丽的自然风景。②1984年第8期《人民中国》刊登了《中国大陆》摄影集广告（图17），是摄影家白川义员的作品

---

① 《中国商品事典》图书广告 [J]. 人民中国，1980（11）.
② 《中国历史之旅》图书广告 [J]. 人民中国，1981（10）.

集，整版广告的上半部分是壮丽中国河山的图片。①

图 16　1981 年第 10 期《人民中国》刊登的东方书店《中国历史之旅》图书广告

图 17　1984 年第 8 期《人民中国》刊登的《中国大陆》摄影集广告

（二）日本企业与品牌广告的兴盛

随着中国改革开放政策的推进，越来越多的日本企业与品牌广告出现在《人民中国》版面上。本文统计了 1978—1992 年《人民中国》刊登的日本企业与品牌广告，只统计企业或品牌广告的首次，重复出现的不再计入（见表 4）。综合来看，这些广告可以分如下几类。

第一，食品、饮料、酒类广告。本文统计的 41 条日本企业与品牌广告中，有 13 条是食品、饮料和酒类企业的广告，包括桃屋、味之素的调料广告，SANYO 食品、日清的方便面广告，麒麟啤酒、朝日啤酒、札幌啤酒等酒类广告，伊藤园乌龙茶、朝日乌龙茶等饮料广告，UCC 和 AGF 的咖啡广告等。

桃屋是日本著名的调味料企业，创立于 1920 年，一直非常重视广告传播，推出过不少经典的广告作品。中华料理一直深受日本民众喜爱，作为调味料企业，桃屋自然也有不少与中国相关的产品，如麻婆豆腐素、榨菜、辣油等。

---

① 《中国大陆》摄影集广告 [J]. 人民中国，1984（8）.

1980年第3期《人民中国》刊登的麻婆豆腐素广告，宣传的就是中餐常见的麻婆豆腐的调料，广告左侧是瓶装的麻婆豆腐素调料，右侧文字说明指出，麻婆豆腐素里面加入了肉、青菜和板栗粉，"与豆腐搅拌一下，就做好了"。①

1986年，《人民中国》刊登的日本出版社的图书广告进入低谷，相应地，日本一些著名企业和著名品牌的广告开始出现在《人民中国》上（图18、图19）。较早在《人民中国》刊登广告的著名企业是日本的SANYO食品株式会社（サンヨー食品株式会社），这家企业成立于1953年，主打的品牌是"札幌一番"（サッポロ一番）方便面，是日本著名的方便面品牌。1986年第2期《人民中国》刊登了SANYO食品的"札幌一番"广告，这是一条整版广告，广告最上方一行日文，意思是"好吃尽在札幌一番"，右上方是"札幌一番"的品牌标识，最下方是企业名称"SANYO食品株式会社"。广告通过图片介绍了6款方便面产品，整体上比较简洁、美观。②自此之后，SANYO食品的"札幌一番"成为《人民中国》的"常客"。

图18　1986年第2期《人民中国》刊登了SANYO食品的"札幌一番"方便面广告

图19　1992年第7期《人民中国》刊登的日清方便面广告

---

① 麻婆豆腐素广告[J].人民中国，1980（3）.
② SANYO食品："札幌一番"广告[J].人民中国，1986（2）.

其中，有一些饮料广告还与中国保持着合作。如1988年第5期《人民中国》刊登了三得利乌龙茶，在显著位置标注了"福建省茶叶分公司推荐"的字样[①]；1989年第5期《人民中国》刊登的伊藤园乌龙茶整版彩色广告，也标注了"中国福建省茶叶进出口公司推荐品"的字样[②]。

第二，电器类企业和产品广告。在20世纪八九十年代，日本电器企业发展迅速，这个时期《人民中国》刊登了不少知名的日本电器企业和品牌的广告。本文统计的41条日本企业与品牌广告中，有11家电器类企业和产品的广告，包括日本著名的三洋电机、美能达、JVC、NEC、小西六、富士胶片、牧田、索尼、松下、日立、佳能。

1986年第5期《人民中国》刊登的美能达（MINOLTA）广告（图20），这是一条整版彩色广告，照片上的广告词是："对16年前，照射在月球上光线的思念。"广告最上方是阿波罗11号登月时人类在月球表面的脚印照片，当时搭载的就是美能达的光学技术。广告用较长的文字介绍了随阿波罗登月的品牌故事和最新技术，广告左下角是相机和复印机的照片。[③] 紧接着1986年第6期《人民中国》刊登了三洋电机（三洋电机株式会社）的整版广告。这是一条黑白广告，约占三分之二版面的大幅照片中，一个摩登女郎手持一张光盘，下方是80年代非常流行的双卡录音机图片。广告词是"三洋，带给您最先端的技术"[④]。1986年第8期《人民中国》刊登了JVC公司的Victor录像机广告（图21），这也是一条整版黑白广告，图片中是几款可遥控的录像机，上方和下方配有文字说明。[⑤] 1986年第10期《人民中国》刊登了大冢制药的整版彩色广告。广告的照片是中国大冢制药有限公司的厂房，广告的文字指出："中国大冢制药有限公司是日本企业与中国中央政府开展的首个合资

---

① 三得利乌龙茶广告[J].人民中国，1988（5）.
② 伊藤园乌龙茶广告[J].人民中国，1989（5）.
③ 美能达（MINOLDA）广告[J].人民中国，1986（5）.
④ 三洋电机株式会社广告[J].人民中国，1986（6）.
⑤ JVC：Victor录像机广告[J].人民中国，1986（8）.

事业。"①1986年第12期《人民中国》刊登了林内（Rinnai）整版彩色广告，广告词为"演出舒适生活，林内先进技术"。广告介绍了两款燃气器具。②

图20　1986年第5期《人民中国》刊登的美能达（MINOLTA）广告

图21　1986年第8期《人民中国》刊登的JVC公司的Victor录像机广告

第三，其他类型广告。除上述两大类广告外，化妆品广告、证券公司广告、通信公司广告和航空公司广告也很常见。首先，化妆品方面，有狮王、嘉娜宝、资生堂等，都是整版彩色广告（图22）。这些广告大都设计精美，表现力强，有很高的品质。证券公司广告最早出现在1987年9月，野村证券刊登的整版黑白广告，其后，大和证券、山一证券。日兴证券等证券公司的广告频频出现（图23）。这与日本泡沫经济的背景恰好吻合。

---

① 大冢制药广告[J].人民中国，1986（10）.
② 林内（Rinnai）广告[J].人民中国，1986（12）.

图 22　1988 年第 1 期《人民中国》刊登的资生堂整版彩色广告

图 23　1988 年第 2 期《人民中国》刊登的大和证券的整版彩色广告

当时中日两国经济社会快速发展，中日之间人员交往越来越频繁，航空公司和通信公司也是很重要的广告主。在《人民中国》投放广告的日本通信公司包括 KDD（国际电信电话株式会社）和 ITJ（日本国际通信株式会社），航空公司包括日本航空和全日空。1986 年第 11 期《人民中国》刊登了 KDD（国际电信电话株式会社）的整版彩色广告，广告主体部分是一群欧美面孔的儿童，广告词是"48 亿人的交流：很多国家的很多人居住在地球上。KDD 肩负着跨越海洋的国际通信沟通"[1]。1987 年第 2 期《人民中国》刊登了全日空的整版彩色广告，广告上方是全日空的飞机飞向蓝天白云的彩色图片，广告词为"向世界拓展的信赖之翼"[2]。

五、出口商品广告

在计划经济时代，各类进出口公司的出口商品广告是《人民中国》等外宣期刊广告的主体，除此之外，就是图书广告和外宣媒体广告。但随着

---

[1] 日本通信公司、航空公司广告［J］.人民中国，1986（11）.
[2] 全日空广告［J］.人民中国，1987（2）.

改革开放的推进，越来越多的外商广告登上外宣期刊的版面，如上文所述《人民中国》刊登了大量日本企业和品牌广告。改革开放政策实施以后，传统的进出口公司投放的出口商品广告数量开始下降，设计和制作的水准提升有限，与外商广告形成了鲜明对比。但中国的出口商品本身也在发生变化，除传统商品外，还出现了一些新兴出口商品，如在国内也风靡一时的维力饮料等。

（一）传统的出口商品广告

新中国成立后，积极冲破西方国家的封锁，发展对外贸易事业。外宣期刊成为向海外民众宣传中国产品促进出口的重要渠道。《人民中国》自创刊以来，刊登了不少出口商品广告，即便是在"文革"期间，也刊登了一些出口商品广告。改革开放政策实施以后，《人民中国》在刊登出口商品广告方面基本传承了以前的做法，并没有发生根本变化。

第一，有一些出口商品广告完全沿用了改革开放前的做法。如1980年第7期《人民中国》刊登的"男宝"药物广告（图24），这条广告的广告主是中国化工进出口公司天津分公司，这家公司在历史上经常投放出口商品广告。这条广告指出，"男宝"是基于民间秘方的高贵药物，可以促进肾功能，强身、健脑、强精。① 完全沿用之前做法的广告，还包括生产资料广告，如1980年第7期《人民中国》刊登了中国化工进出口公司天津分公司的生产资料广告，介绍了合成脂肪酸、润滑油等六种产品。② 这类广告数量已经变得很少，广告也缺乏创意，在外商广告纷纷登场的大背景下，刊登在文章角落中的这些小篇幅广告，显得有些孤寂落寞（图25）。

---

① 中国化工进出口公司天津分公司. 生产资料广告[J]. 人民中国，1980（7）.
② "男宝"药物[J]. 人民中国，1980（7）.

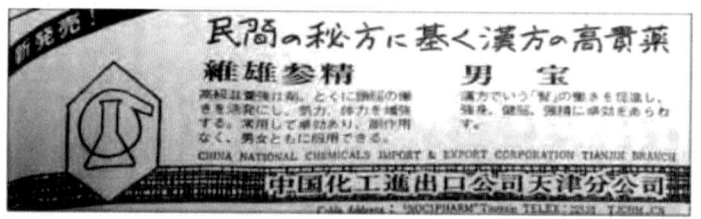

图24　1980年第7期《人民中国》刊登的"男宝"药物广告

图25　1981年第6期《人民中国》刊登的天津感冒药广告

第二，大量的出口商品广告更加重视日方进口商或销售商的信息展示。这个时期出口商品广告最大的变化就是，与日本进口商和经销商的合作更为紧密，绝大多数广告都展示了日本进口商或销售商的相关信息，带有"中日联合广告"的性质。如1981年第11期《人民中国》刊登了盐焗核桃的整版彩色广告，广告指出，"核桃是约2000年前从西域经过丝绸之路传到中国的。现在我们精心加工后提供给日本的你们"。与改革开放前的出口商品广告不同，这条广告标出中方出口厂家（中国土产畜产进出口公司天津土产分公司）

的同时，还标注了两家日本进口代理商的名称、地址、电话。①

松浦药业株式会社的广告自 1979 年出现后，就频繁地出现在《人民中国》的版面上，主要包括中药银翘解毒片广告、耳鸣丸广告等。这些药的广告频繁出现，持续十几年，直至这个阶段的 1992 年。其中，银翘解毒片并未注明生产厂商和出口商，而耳鸣丸则明确注明"民康制药厂出品，湖北省土产分公司经营"。

表 4 《人民中国》刊登的日本企业广告一览表
（只统计首次出现的企业或品牌，1980—1992）

序号	广告内容	规格	期数
1	桃屋麻婆豆腐素广告	四分之一版	1980.3
2	狮王（LION）牙膏广告	半版、黑白	1985.3
3	SANYO 食品的"札幌一番"广告	整版、黑白	1986.2
4	美能达（MINOLTA）广告	整版、彩色	1986.5
5	三洋电机广告	整版、黑白	1986.6
6	JVC 公司的 Victor 录像机广告	整版、黑白	1986.8
7	小西六公司广告	整版、彩色	1986.8
8	大冢制药广告	整版、彩色	1986.10
9	UCC 上岛咖啡本社广告	整版、彩色	1986.9
11	KDD（国际电信电话株式会社）广告	整版、彩色	1986.11
12	林内（Rinnai）广告	整版、彩色	1986.12
13	日本航空广告	整版、彩色	1986.6
14	全日空广告	整版、彩色	1987.2
15	富士胶片广告	整版、黑白	1987.4
16	索尼收音机广告	四分之一版	1987.5
17	野村证券广告	整版、黑白	1987.9

---

① 盐焗核桃广告[J].人民中国，1981（11）.

续表

序号	广告内容	规格	期数
18	牧田（makita）电机制作所广告	整版、彩色	1987.12
19	资生堂广告	整版、彩色	1988.1
20	大和证券	整版、彩色	1988.2
21	札幌啤酒广告	整版、黑白	1988.3
22	山一证券广告	整版、黑白	1988.4
23	三得利乌龙茶广告	整版、彩色	1988.5
24	麒麟啤酒广告	整版、黑白	1988.7
25	AGF咖啡广告	整版、彩色	1988.10
26	朝日红乌龙茶广告	整版、黑白	1988.12
27	日清方便面广告	整版、彩色	1989.3
28	伊藤园乌龙茶广告	整版、彩色	1989.5
29	日兴证券广告	整版、彩色	1989.5
30	浅田饴广告	整版、彩色	1989.6
31	朝日啤酒广告	整版、黑白	1989.12
32	嘉娜宝（Kanebo）广告	整版、彩色	1990.2
33	松下电器广告	整版、彩色	1990.5

　　这个时期这种模式非常普遍。东西物产株式会社很积极地在《人民中国》推出广告，1985年第1期《人民中国》刊登了这个公司的"快瘦茶"广告，占据整整两个版面。广告指出，快瘦茶是云南省西双版纳的特产，由中国云南省茶叶分公司出品。广告刊登了树龄1700年的茶树王照片，并通过图片展示了茶叶的生产流程。此后，"快瘦茶"广告多年持续地在《人民中国》刊登。[①]1985年第7期《人民中国》刊登了"皮肤针"广告，由中国化工进出口公司上海市分公司出口，位于东京都北区的东亚贸易负责经营。广告指出，

---

① 快瘦茶广告[J].人民中国，1985（1）.

皮肤针在中国有 3000 年的历史,不需刺入,只需轻轻刺激患部,谁都可以轻松使用,有助于健康和长寿。广告在显著位置标出"日中友好进行合作",强调了这款产品在日本销售,是两国友好合作的结果,突出了"中日联合广告"的定位。①

第三,部分出口商品广告设计和表现有较大进步。天津感冒片的广告则属于制作比较精美的,显示了中国出口广告在设计和制作方面的提升。每次出现,几乎都是整版广告,有时是彩色,有时是黑白。广告使用可爱的熊猫的形象,熊猫手中的牌子上写着:"喉咙疼痛的感冒,就用天津感冒片",广告的文字介绍支持,这是切实有效的感冒药、快速见效的感冒药、放心使用的感冒药。广告商标注了制造者为天津中药制药厂,出口者为中国土产畜产进出口公司天津分公司。②

(二)新兴出商品广告:维力饮料广告

除了传统的各类进出口公司投放的出口商品广告外,80 年代中后期也出现了一些新兴出口商品的广告让人耳目一新。1986 年第 8 期《人民中国》刊登了维力饮料的广告(图 26)。广告上方文字是:"咕咚,力量的易拉罐,中国天然植物饮料'维力'。"广告中部是手绘的维力易拉罐,易拉罐上写着"维力"两大字,并有"中国天然植物饮料"的字样,能辨认出"中国河北省运动保健"的字样,并标注了"新、发、卖"几个字。下方文字指出:"这是洛杉矶奥运会中国代表团专用饮料。能够维持力量所以叫维力。天然植物不可思议的力量,可以解除运动疲劳。"每罐 250 克,零售价为 100 日元。③

---

① 中日联合广告广告[J].人民中国,1985(7).
② 天津感冒药广告[J].人民中国,1981(6).
③ 维力饮料广告[J].人民中国,1986(8).

图 26　1986 年第 8 期《人民中国》刊登的维力饮料的广告　　图 27　1987 年第 7 期《人民中国》刊登的维力饮料的黑白整版广告

这是维力广告在《人民中国》首次出现。维力饮料是石家庄市汽水厂生产的,在 20 世纪 80 年代曾风靡一时,不少中国的"70 后"和"80 后"对这个品牌都有印象。据 2016 年 8 月 17 日《燕赵晚报》,许多石家庄人在 20 世纪 80 年代喝到的第一瓶可乐,肯定不是大名鼎鼎的可口可乐或百事可乐,而是维力饮料。80 年代中华维力曾与健力宝齐名,号称"北有维力,南有健力宝"。维力曾成为 1984 年洛杉矶奥运会中国运动员专用饮料,维力在洛杉矶奥运会上受到世界关注,被外媒惊呼为"东方魔水",声称中国加快出击的背后有一种"魔水"起了作用。①1981 年至 1986 年,中国女排在世界大赛中赢得"五连冠",当时专用饮料也是维力。1985 年 9 月,维力饮料原浆首次出口日本,分装后价格超过可口可乐,被称为日本饮料中的四大天王。当年,《中国体育报》刊登的维力广告指出:"当今维力饮料称雄日本,风靡东南亚,被誉为'中华魔水'饮料'王中王',人们称它是中国在奥运会上夺得的又一块

---

① 翟开矿."东方魔水"维力将重出江湖 小伙伴你们期待吗?[EB/OL].(2016-06-17)[2024-05-16].https://hebei.hebnews.cn/2016/06/17/content_5579762.htm.

金牌，维力饮料已成为饮料市场上声威显赫的一颗明星。"①

据 1985 年的《国际贸易》杂志记载，1984 年洛杉矶奥运会，我国是唯一自带饮料的代表团。"维力"便是其中一种。我国体育健儿一举夺得 15 块金牌，人们惊异之余，把我们的饮料称作"秘密武器"，日本《东京新闻》还称之为"魔水"。奥运会后，世界各国纷纷来人来电来函洽谈维力饮料的出口事宜。最早成交的是日本三大饮料公司之一的波卡公司。该公司进口原浆分装，售价高于可口可乐许多。②

这些叙述与健力宝的品牌故事有许多雷同之处，笔者在另一篇文章曾经对日本媒体报道的"魔水"进行过考证，澄清了健力宝品牌故事中的许多不实之处。同样上述《燕赵晚报》的报道内容，有许多需要考证的地方。但从《人民中国》的广告可以看出，维力的确与日本著名的波卡公司进行合作，并将维力饮料打入日本市场是中国品牌对外传播的很好的案例。《国际贸易》记载所说的日本波卡公司的合作，也可以从这条广告中得到印证。上述广告最左下方有"来自波卡"的字样，右下角也有"POKKA"的品牌标识。

由于维力是中国品牌，所以维力饮料的一些广告带有明显的中国特色。1987 年第 7 期《人民中国》刊登了维力饮料的黑白整版广告（图 27）。这条广告左侧用中文简体写着"热烈的爱饮"，右侧为日文汉字"健康运动饮料"，并用较长的文字介绍了维力的主要成分和功效。在最右上角和右下角，标注了波卡的相关信息。1989 年第 6 期《人民中国》刊登了维力宝和维力源两款维力饮料的广告。在这条广告也有比较强的中国特色，无论是产品的包装，还是广告的设计，都流露出浓浓的"中国味"。广告使用了瓶装维力宝和维力源的照片，并在照片下方分别用文字介绍了两种饮品的各自特色，广告在右上角和右下角有波卡的标识。③

维力与日本本土著名波卡公司进行合作，借助波卡公司对日本市场的清

---

① 孙科.新中国体育广告研究：基于《中国体育报》广告的分析［D］.北京：北京体育大学，2013：49-50.
② 本刊资料室.维力系列饮料［N］.国际贸易，1985-11（9）.
③ 维力宝、维力源广告［J］.人民中国，1989（6）.

晰掌握，投放了一些十分本土化的广告（图28、图29）。1988年第7期《人民中国》刊登的维力饮料广告，则减少了中国的色彩，显得更加本土化与两年前的广告相比，风格迥异。广告使用了日本明星今井美树，她身着足球服，手持维力饮料。广告词是："流了很多汗的今井美树，选择喝维力。"广告左上角和右下角比较显著地标注了波卡的标识。① 今井美树是日本著名歌手，生于1963年，于1984年出道，1988年时可谓日本当红明星。这是当时中国品牌对外传播中为数不多的名人广告，也是《人民中国》刊登的中国品牌对外传播广告中首次出现的名人广告，具有重要意义。

图28　1988年第7期《人民中国》刊登的维力饮料广告

图29　1989年第6期《人民中国》刊登的维力宝和维力源广告

① 维力饮料广告[J].人民中国，1988（7）.

六、其他类型广告

除上述各类广告之外，改革开放初期的《人民中国》还刊登了大量旅游广告。这恰好契合了日本泡沫经济时期大量民众奔赴海外旅游的历史事实。除旅游广告外，《北京周报》《中国画报》和北京广播电台等外宣媒体的广告一直没有中断，这类广告自《人民中国》创刊就开始刊登，在"文革"期间也未中断，改革开放后继续得到延续，可谓持续性和稳定性最强的广告类型。

（一）旅游广告的兴盛

中国改革开放后的一段时期，恰逢日本泡沫经济的顶峰，日本游客有很强的消费能力，中国则逐步打开大门欢迎外国游客，自然就吸引了大批日本游客来华旅游。这个时期的《人民中国》刊登了大量旅游广告。这些广告，既有日本旅游公司投放的，也有中国旅游公司或地方旅游管理部门投放的。

在日本旅游公司中，东急观光是投放广告最为积极的，其投放的广告制作也十分精美。1985年第1期《人民中国》刊登了东急观光广告（图30），广告并没有选取名胜古迹进行介绍，大幅照片是中国街头市民骑自行车的情形，是比较真实的中国街头景象。广告介绍了三条旅游路线，如苏州、上海四日游的报价为20.4万日元，苏州、杭州、上海六日游的报价为23万日元。[①]

1982年第6期《人民中国》刊登了题为"中国当地疗养"的广告，占据两个整版的篇幅。这是一条带有医疗观光性质的广告。广告指出，在世界屈指可数的美景胜地无锡，用中国传统医学和西医进行治疗和疗养。广告中，日本中国温灸疗法普及会会长坂本敬四郎通过大篇幅的文字介绍了疗养的特色，并配有太湖一带无锡的风景。[②] 这条广告在接下来的十年间，反复在《人民中国》刊登。除这种大幅广告外，还有一些小幅的医疗观光广告，1982年

---

① 东急观光广告［J］.人民中国，1985（1）.
② 中国当地疗养广告［J］.人民中国，1982（6）.

第 12 期《人民中国》刊登的"中国针灸温泉之旅"广告，香港、广州、从化温泉 6 日游，报价为 24.5 万日元。①1984 年第 12 期《人民中国》刊登了游轮航空服务株式会社的旅游广告，介绍了中国短期和长期留学、中国个人自由旅游的相关服务。②

有一些旅游广告与中日友好、中日合作进行了关联，以中日友好的名义推动传播。1985 年第 7 期《人民中国》刊登了日中友好协会和日中国际旅行社的整版彩色广告。广告以 1984 年在北京举行的中日友好活动图片为背景，文字介绍指出："纪念日中协会创立 35 周年，面向 21 世纪的友好之翼"，分无锡和杭州两个旅行团，都经过北京和上海，分别招募 200 人。③1986 年第 1 期《人民中国》刊登的日中交流服务株式会社广告与此相似，广告最上方是日本和中国的国旗，并标注了"日中交流"大字，宣传的项目包括中国留学、交流等。④

还有一些旅游广告是地方旅游管理部门或旅行社投放的，带有区域传播的色彩。如 1986 年第 10 期《人民中国》刊登的"姑苏建成二千五百年祭"整版彩色广告，介绍了 1986 年 11 月 16—23 日"苏州建城 2500 年观光周"活动，活动的主办是苏州市旅游公司和中国国际旅行社苏州分社，支持单位是中国国际旅行社总社和江苏省旅游局等。⑤1989 年第 5 期《人民中国》刊登了北京市旅游事业管理局投放的"1988 北京国际旅游年"整版黑白广告。（图 31）⑥

---

① 中国针灸温泉之旅广告［J］.人民中国，1982（12）.
② 游轮航空服务株式会社广告［J］.人民中国，1984（12）.
③ 日中友好协会、日中国际旅行社广告［J］.人民中国，1985（7）.
④ 日中交流服务株式会社广告［J］.人民中国，1986（1）.
⑤ "姑苏建成二千五百年祭"广告［J］.人民中国，1986（10）.
⑥ 1988 北京国际旅游年广告［J］.人民中国，1989（5）.

图 30　1985 年第 1 期《人民中国》刊登的东急观光广告

图 31　1989 年第 5 期《人民中国》刊登了"1988 北京国际旅游年"广告

中国旅行社和宾馆酒店也积极承接日本旅行团，刊发了不少广告。如 1985 年第 3 期《人民中国》刊登了中国北京五洲国际旅行社的广告，配有长城的图片，文字介绍了业务范围和服务项目。1988 年第 8 期《人民中国》刊登了上海日航酒店和北京京伦饭店的整版彩色广告。1988 年第 11 期《人民中国》刊登了上海国际机场宾馆的整版彩色广告。

（二）外宣媒体广告的持续稳定

《人民中国》是中国对日宣传期刊，与《人民中国》呈现相似职称的对日宣传媒体还有日文版《北京周报》、日文版《中国画报》、北京广播电台的日文广播等。这些媒体一直保持着相互刊播广告的传统，《人民中国》自创刊以来就一直刊登另外几家对日宣传媒体的广告。改革开放后，这些广告基本保持了稳定。

《人民中国》《北京周报》《中国画报》三家日文期刊的联合广告，得到延续。自 20 世纪 50 年代，中国外宣期刊纷纷创刊后，这三家日文期刊的联合广告就开始刊登，从未中断过，形成了传统。如1980年第2期、1984年第2期《人民中国》刊登了这三家日文期刊的联合广告。改革开放后，随着中日交流的深入推进，这三家日文期刊的联合广告也呈现一些新的特征，如1986年第1期《人民中国》刊登了"1986年'三杂志'普及月活动"的整版黑白广告（图32），不仅介绍了三本杂志的情况，还推出了"邀请6名读者访问中国10天之旅"的活动，以此促进杂志的订阅。①

图32　1986年第1期《人民中国》刊登的三家日文期刊的联合广告

当然，新创刊的国际传播报刊，也选择在《人民中国》刊登广告。如1981年第12期《人民中国》刊登了英文版《中国日报》广告，日文介绍指出这是"在北京出版的英文日报"，广告的正文用大篇幅的英文介绍了报纸的主要内容和特色，并配有报纸的图片。

---

① 日文期刊联合广告［J］.人民中国，1986（1）.

北京广播电台日语广播的广告得到延续,保持了持续性。改革开放后,北京广播电台日语广播的广告既保持了一定稳定性,也呈现出一些新的特征。如每年年初,北京广播电台日语广播的广告都会以"恭贺新年"为主题,如1982年第1期《人民中国》刊登的北京电台日语广播广告就用手写体注明了"祝贺新年"的字样。在一些广告中,还强调"可以收听当日的中国新闻",强调了广播区别于报纸和杂志的优势。[①] 在不同的年份,还会使用不同的动物形象,如1986年是虎年,其广告中就使用了手绘的老虎图案;1987年则使用了正在话筒前播音的手绘兔子图案(图33);1988年则使用了手绘龙的图案,十分可爱。

图33　1987年第1期《人民中国》刊登的北京广播电台日语广播广告

七、结语

综合来看,改革开放以来《人民中国》刊登的对日广告与改革开放之前相比发生了巨大变化,如领袖图书广告的减少和中国新兴出口品牌广告的出现,也包括日本企业和品牌广告的大量出现。这些变化,折射了改革开放给中国带来的巨大变化,也折射了中国出口商品的巨大转折,同时折射了那个时期的中日交流历程。

第一,折射了中国出口商品的巨大转折,形成了几个方面的明显变化。首先,在改革开放以前,中国出口商品广告的广告主基本都是各类型的进出

---

① 北京电台日语广播广告[J].人民中国,1982(1).

口公司，出口产品的品类主要包括农牧产品、食品、酒类、药品等，还包括较少的生产资料。改革开放后，上述传统的出口商品广告明显减少，并且加强了与日本进口商和经销商的合作，注明了日本经销商的相关信息，有助于出口商品在日本的销售。其次，出口商品从传统的进出口公司，走向新兴产品品牌。传统的进出口公司产品品类有限，广告设计制作较为单调，而改革开放以后天津感冒片的广告让人耳目一新。河北省的维力饮料与日本波卡合作，积极开拓日本市场，在《人民中国》刊发的系列广告在设计、制作、印刷等方面都体现了较高的水准，是中国品牌对外传播的重要案例。最后，改革开放前，大量图书广告和外宣期刊广告，显示出中国急于让外界了解、认可自己的积极姿态，甚至在"文革"期间出现了许多输出思想和价值观的图书广告；改革开放后，这类图书广告明显减少，取而代之的是旅游、交流、留学医疗等人员往来的相关广告。

第二，折射了改革开放带来的巨大变化，日本代表性的企业和品牌广告频繁出现。改革开放以前，在《人民中国》投放广告的广告主，均为中国的各类主体，既包括各地各类进出口公司，也包括各出版社，更包括与《人民中国》定位相似的外宣媒体。在当时中国体制下，这些主体与《人民中国》都是"自己人"，广告刊登的过程也远远没有达到现代广告制度下的运作模式。改革开放后，新型广告代理制度逐渐引入，加上中国改革开放的推进，不少日本企业和商品开始在《人民中国》投放广告，其中不少都是日本著名的大企业、大品牌。本文统计了1980—1992年《人民中国》刊登的41个日本企业和品牌广告，其中不乏资生堂、狮王、三洋电机、松下日立、索尼、日清食品、野村证券等著名企业。这些企业和品牌在改革开放初期，就积极踊跃地在《人民中国》投放广告，广告的创意和设计都十分先进，与中国一些进出口公司的广告形成鲜明对比，同时也对中国企业和品牌进行了很好的广告意识普及。大量日本企业和品牌广告的出现，折射了改革开放给中国带来的巨大变化。

第三，折射了中日交流的历程。首先，"中日联合广告"反映中日友好交流。《人民中国》是一本对日宣传期刊，承担着促进中日友好交流的重任，其刊登的不少广告，有的传递着推动中日友好交流的理念，有的则从侧面折射中日合作和交流的进程。改革开放后，不少中国商品的出口广告，都逐渐演变成"中日联合广告"，广告既介绍中国生产商或出口商，也介绍日本进口商和经销商，有的则直接强调两个的友好合作，如1985年第7期《人民中国》刊登的"皮肤针"广告在显著位置标出"日中友好进行合作"，强调了这款产品在日本销售，是两国友好合作的结果。其次，一些广告折射了中日合作的新模式。维力饮料广告则折射了新的合作模式，中国的维力和日本的波卡同时出现在广告中，甚至日文汉字和中文简体汉字也会同时出现在同一条广告中。最后，旅游广告在更深层次折射了中日交流走向深入。20世纪80年代，恰逢中国改革开放和日本泡沫经济，加之中日交流得到两国政府和人民的重视，两国关系进入"蜜月期"，人员往来十分频繁。有一些旅游广告与中日友好、中日合作建立联系，以中日友好的名义推动传播，折射了当时各界对中日友好的重视与呵护。

参考文献

[1] 傅自应.中国对外贸易三十年[M].北京：中国财政经济出版社，2008.

[2] 陈刚.当代中国广告史（1979—1991）[M].北京：北京大学出版社，2010.

[3] 国际广告杂志社，北京广播学院广告学院，IAI国际广告研究所.中国广告猛进史（1979—2003）[M].北京：华夏出版社，2004.

[4] 贾文波.谈对外广告翻译的情感传递[J].外国语（上海外国语大学学报），1996（2）：57-60.

[5] 魏景春，王烨，陈云.对外宣传广告语篇的文体特征分析[J].科教导刊：上旬刊，2017（31）：151-153.

[6] 卿婧.未曾空白的历史:《中国对外贸易》杂志广告研究（1956—1964）[J].广告大观（理论版），2008（4）：52-66.

[7] 赵新利.新中国成立初期中国品牌对外传播研究（1949—1965）：以《人民画报》的报道和广告为例[J].广告大观（理论版），2018（4）：44-56.

[8] 孙科.新中国体育广告研究：基于《中国体育报》广告的分析[D].北京：北京体育大学，2013.

[9] 本刊资料室.维力系列饮料[N].国际贸易，1985-11.

伟大的历程：中国品牌 70 年*

2019 年是新中国成立 70 周年。70 年来，中国品牌经历了从小到大、由弱渐强、从国内到国际的发展之路。中国品牌的发展与经济发展、制度变化、产业变迁、消费变动等因素密切相关。通过品牌，可以管窥中国经济社会发展取得的巨大成就。70 年来，中国品牌日益走近世界品牌舞台的中央，与世界一流品牌同台竞技，已经成为一股不能忽视的力量。本文通过如下六个时期梳理中国品牌 70 年的演进。

一、中国品牌的传承与发展（1949—1952）

1949—1952 年国民经济恢复时期，也是新中国成立后中国品牌成长的基础。从生产方面来看，1949—1952 年的工业总产值从 140 亿元增加到了 343 亿元，比 1936 年增长了 22.5%，水平依然较低；从消费方面看，1952 年的居民消费为 453 亿元，高于当时的企业生产水平；从竞争环境看，由于国企还未占据统治地位，计划经济体制尚未完全在经济管理中实施，实际上存在着一定程度的自由竞争；从企业构成看，国有企业和民族资本主义企业并存，1952 年民族资本主义工业企业的产值占比达 30.6%。当时中国的品牌生存的环境是一个存在一定竞争的买方市场，虽然这种竞争的范围不大，层次也不高，但依旧促进了品牌的发展。原有的民族资本主义企业的品牌（如张麻子、

---

* 文章原载于《现代广告》2019 年第 18 期，与张驰合作，收入本书时有改动。

家化、百雀羚等）得到继承；国有企业也出现了具有萌芽性质的品牌活动，一些国企为了与民族资本主义企业争夺市场，在《人民日报》等刊登广告传播商品信息，吸引消费者购买。总体来看，国民经济恢复时期的中国品牌得到初步继承与发展。

由于品牌生存环境的变化，中国品牌的发展不可避免地走向了停滞和萎缩。在三年经济恢复时期，重工业的发展速度远快于轻工业，随着居民消费的扩大，市场短缺加剧；随着国有经济的快速成长，计划经济体制在整个国民经济中的影响开始扩大，自由市场的空间缩小，商业品牌存在的市场条件遭到削弱。到1952年，随着广告的政治化取向加强，商业化的品牌发展出现了式微倾向。

二、计划经济时期的中国品牌的低迷（1953—1977）

1953年，中国开始实施"一五"计划以及与之密切相关的计划经济体制，开始社会主义改造。到1956年，社会主义改造完成，计划经济体制逐步渗透到了经济和社会的方方面面，一些民族资本主义品牌在社会主义改造中成为国企所有的品牌。1966年开始的10年，品牌、商标、广告等被视为"封资修"遭受批判，品牌的发展遭受严重冲击。厂名、厂标实际不具备市场功能，红旗牌汽车、海鸥牌相机、钻石牌手表、凤凰牌自行车等并未成为大众消费品。由于计划经济体制的全面实行，市场经济被压缩到最低限度，客观上，商业性的品牌不存在发展的条件。品牌低迷的深层次的原因在于，经济结构的重工业化以及自我循环体制的完成。由于这一时期实行优先发展重工业的战略，导致消费品短缺；而重工业的产品多为中间品，可以脱离居民消费依靠自我循环来维持。同时，居民消费增长乏力，被抑制在一个很低的水平，生产和消费互动的机制非常低效。作为生产和消费的互动机制的产物，品牌发展自然也走向低迷。

中国这一时期依靠重工业优先发展的策略，完成了初步的工业化建设。

相较于新中国初期一穷二白的状态，工业化水平明显提升。在这个时期发展起来的工业生产能力和工业体系，在日后被证明是中国品牌得以迅速恢复和腾飞的重要基础。在这个时期，中国一直注重对外贸易，《人民中国》《中国对外贸易》等外宣杂志刊登的多语种产品广告几乎没有中断。即便是在中国品牌低迷期，品牌的对外传播也一直在进行。

三、改革开放与中国品牌的迅速恢复（1978—1991）

1978年，改革开放大幕拉开，中国品牌得以迅速恢复发展。企业纷纷恢复广告活动，广告市场快速发展。1979年中国广告经营额为0.1亿元，1991年已经猛增至35.09亿元。企业的广告活动也从单纯的告白式广告发展成讲究策划、创意的现代广告手法。此外，吴裕泰、全聚德等老字号纷纷恢复商标，企业商标申请量从1980年的26177件上升到1991年的67604件；从80年代中期开始，一些新的品牌，尤其是带有私营性质的品牌纷纷创立，成为品牌发展中最具活力的部分。1984年被称为"中国品牌元年"，健力宝、海尔、万科、联想等日后知名品牌创立；1987年，娃哈哈、华为、国美等品牌创立；更为重要的是，80年代中后期，中国品牌集群的雏形开始出现，在广东、浙江、上海等东南沿海地区涌现出了一批以日化、服装、家电、食品为代表的多个产业集群和品牌集群。品牌集群的出现标志着中国品牌发展到了一个全新阶段。

品牌的恢复发展，与经济结构的调整密切相关。改革之初，中国优先发展与消费品生产密切相关的轻工业，到1984年，困扰中国多年的消费品短缺问题基本得到解决。与此同时，在工资提升、农业大包干等背景下，居民消费能力快速提升，消费热情高涨，1988年甚至出现了"抢购风潮"。随着改革开放的深入，品牌在这个过程中实现了高速发展。

四、市场经济体制的建立与中国品牌的高速发展（1992—2000）

1992年，邓小平南方谈话解决了"姓资姓社"的争论，"十四大"确立了社会主义市场经济体制的改革目标。1992年之后，中国的市场经济开始再次起飞，GDP从1992年的27194.5亿元增加到2000年的100280.1亿元，首次突破了十万亿元。随着市场逐步实现了供大于求的结构性供需反转，以及外资企业的大规模涌入，中国品牌的发展精彩纷呈。首先，品牌竞争异常激烈，甚至表现出一定的非理性、野蛮发展的特点。如当时企业"冒死招标"、广告密集式轰炸、一窝蜂的多元化和名牌战略热，再如在企业界形成的点子热、公关热、CI热、价格战等热潮，无不表现出当时中国品牌的"疯狂"状态。其次，私企品牌和国企品牌发展的冰火两重天形成鲜明对比。国企品牌在90年代由于自身的结构性问题和历史原因导致经营困难，品牌发展受阻，民企品牌则快速崛起。再次，品牌的国际化开始试水，1995年三九胃泰广告登上纽约时代广场，开启了中国品牌国际化传播的尝试。最后，随着90年代市场经济的大发展，一批新的创业者进入市场，缔造了新品牌。"九二派"下海创立了泰康等品牌，李彦宏、马云和马化腾则分别创立了百度、阿里巴巴和腾讯。

这一时期，中国品牌在激烈的内外竞争中走了一些弯路，也收获了未来成长的宝贵经验，尤其是在与强大的外资品牌的竞争中迅速成熟，为下一阶段加入世贸组织后面对更为激烈的竞争环境做好了准备。

五、全球化、大国崛起与中国品牌的高歌猛进（2001—2012）

2001年中国加入世贸组织，标志着中国深层次融入全球经济的脉络。也正是在这一年，中国被日本通产省称为"世界工厂"。2010年，中国超越美国，成为世界第一的制造大国。同年，中国GDP超越日本，成为世界第二的经济

大国。在这十多年里,中国在拥抱全球化的过程中实现了大国崛起,中国品牌也实现了高歌猛进式的发展,在品牌规模、品牌价值、国际化、技术能力等方面取得长足发展。

第一,本土品牌实力大幅提升,涌现出一批具有全球竞争力的知名品牌。在世界财富500强榜单中,2012年中国企业的上榜数达69家,比2001年多57家;在世界品牌实验室发布的世界品牌500强排行榜中,2012年有23家中国品牌入选,比2004年多22家。在本土品牌中,尤其值得一提的是国企品牌的快速发展。国企在经过90年代中后期断臂求生式的改革后,焕发新生,在能源、金融、电信等关键领域形成了以央企品牌为代表的品牌群,据Brand Finance 于2013年发布的世界最有价值品牌500强榜单显示,有36家中国品牌入选,其中25家是国企品牌,进入榜单前100的8家中国品牌均为央企品牌。

第二,品牌国际化的迅速推进。中国企业对外投资流量与存量分别从2002年27亿美元、299亿美元猛增至2012年的878亿美元和5319.4亿美元。一方面,中国企业并购国际知名品牌,增强了品牌实力,助力品牌出海,如联想2005年并购IBM个人电脑事业部门,2010年吉利收购沃尔沃。另一方面,中国品牌在传播上积极走向全球舞台,奥运会、世界杯、NBA赛场、世博会等国际舞台开始频繁出现中国品牌的身影。海尔、华为等更是将生产基地、研发中心铺向海外,扎根当地。

第三,品牌营销与传播的创新活力增强。首先,一些品牌依靠"权威媒体+品牌广告"的方式塑造品牌,对央视标王的热情有增无减,一批代工为主的中国企业开始发展自主品牌;其次,中国企业依靠对渠道的深耕、终端的抢夺等实现了对外资品牌的进一步制衡。本土品牌非但没有因外资品牌大规模进入而衰落,反而在淬火历练中走向强大。在很多领域,中国品牌都实现了快速增长,占据了本土市场巨大的份额。这与加入世贸之前人们对于中国本土品牌普遍存在的悲观情绪形成了鲜明的对比。

第四,品牌技术实力显著提高。创新能力一直是中国品牌的弱项。2001年后,中国企业日益重视提高技术能力,科研投入屡创新高。2011年,我国企业研发投入达到了 6579 亿元，在世界上仅低于美国和日本，居第 3 位。大手笔的投入让中国品牌在技术上逐步从追赶到并跑，甚至在某些领域达到了世界领先，日后成为中国名片之一的高铁正是在这一时期奠定了技术基础。

六、新常态、结构性调整与中国品牌的转型升级（2013—2019）

2013 年，十八届三中全会提出"全面深化改革"；2014 年习近平总书记提出"新常态"和"三个转变"的论断，"一带一路"倡议、中国制造 2025、供给侧结构性改革等重大方略陆续推出；2017 年，十九大提出了我国社会主要矛盾转变和经济发展阶段转变的重要判断。一系列政策吹响了经济和企业转型升级的号角，在外部不确定性日益增多的环境下，做好转型升级才能够实现可持续的发展。这一时期品牌的转型以提高核心技术水平、数字化水平和品牌全球化水平为主要特征。第一，中国企业继续加大研发投入并在高铁、大飞机、航空航天、5G 等领域实现了一系列突破，华为、中国中车、中航等企业成为创新的典型代表；第二，随着互联网、大数据、云计算、人工智能等的深入发展，企业的数字化转型加速，部分传统企业及其品牌加快转型，在适应性的调整中实现了品牌的升级；第三，品牌全球化进一步深化，2018 年中国企业对外投资的存量、流量稳居世界前三。海尔、美的等中国本土品牌一方面加大收购优质外资品牌的力度，另一方面全面深化科研、生产基地、销售渠道等的全球布局，以求实现市场的新突破。但中国品牌的全球化经营整体上依然较为薄弱，Brand Finance 2019 年公布的数据显示，中国品牌从海外市场获得的品牌价值不到其品牌总价值的 10%。

中国品牌的实力在转型中不断增强。从规模上看，在 2019 年的财富 500 强榜单中，中国入选企业数量为 129 家，首次超越美国；从品牌价值上看，入选 Brand Finance 2019 年品牌 500 强榜单的中国品牌的总价值超过 1 万亿美元，占全部品牌 500 强价值总额的 19%，仅次于美国，而 2013 年这一数值仅为 6.74%。此外，在新技术领域，中国涌现出了华为、阿里巴巴、腾讯、大

疆等知名品牌，不断冲击着西方品牌主导的世界品牌格局。

经过70年的发展，中国品牌日益走近世界品牌舞台的中央，成为中国经济发展、产业升级、消费提升、社会变革的鲜明体现和重要见证，品牌成为中国向世界展示国家形象、讲述中国故事的重要窗口。当下，品牌成为国家战略，政府将品牌置于重要位置，明确指出要"发挥品牌的引领作用"，对于中国的企业和企业家而言，既是机遇也是挑战，更是不可推卸的历史使命。当前，中国发展进入新时代，我们应进一步加强品牌建设，推动经济高质量发展，更好满足人民对美好生活新期待，助力实现中华民族伟大复兴。

中国特色品牌 40 年发展路径探析*

改革开放四十年来，中国品牌取得了长足的发展，中国品牌发展路径折射了鲜明的中国特色。这种特色表现为如下几个方面。第一，中国品牌发展的历史进程高度浓缩，用短短四十年走过了西方品牌发展超过一百年的道路，这与中国经济发展进程紧密相连；第二，由于历史进程高度浓缩，造成中国品牌生命周期呈现出与西方不同的规律，一方面是大量品牌快速成长，另一方面又有大量品牌快速消失，品牌发展的速度和烈度远远高于其他国家；第三，中华老字号、中国企业家精神与中国传统文化有着千丝万缕的联系；第四，中国品牌政策和品牌发展路径，与中国特色社会主义市场经济体制有着密切关联。那么，品牌发展路径折射出的这些中国特色具体是怎样形成的？这些特色对中国未来品牌发展又有怎样的启发？本文试图解答这些问题。

自 2014 年习近平同志提出"中国产品向中国品牌转变"等"三个转变"以来，中国品牌日益受到社会各界的高度关注，品牌研究的热度也在持续走高。一方面，品牌研究延续了此前日益精细化、实证化、微观化的研究取向，出现了众多关注企业等品牌主体的具体品牌战略战术等方面的研究，包含品牌传播、品牌资产、品牌社区、品牌价值、数字品牌等多个维度；另一方面，随着国家层面对于品牌的日益重视以及中国企业全球化进程的进一步深化，

---

* 文章原载于《未来传播》2019 年第 1 期，与张驰合作，收入本书时有改动。

关于国家品牌、中国品牌全球化等方面的研究也逐渐多了起来。如黄升民[①]、舒咏平[②]、何佳讯[③]、张昆[④]、赵新利[⑤]等一批学者对此类课题均有所关注并发表了一些研究成果。但是学界对于中国特色的品牌发展路径这一问题却缺乏针对性的研究，而这一问题对于理解和推动中国品牌的未来发展十分关键。

笔者认为，中国品牌的这种特色主要来源于以下三个方面。其一，中国品牌发展离不开中国传统文化的滋养；其二，中国品牌的发展深受中国特色社会主义市场经济体制的影响；其三，中国品牌发展的特殊性与改革开放四十年的历史实践密不可分。如果能从这三个角度来考察中国品牌发展的特殊性就可以很好地理解和概括中国品牌发展的路径和逻辑，并给予品牌未来发展方向以一定的启示。

一、中国传统文化对于品牌发展的滋养

品牌本身就是文化的一种构成，文化反过来也会促进品牌的发展。中国传统文化源远流长、博大精深，深深地影响了中国品牌的经营及其经营者，从中国品牌的许多方面都可以发现中国传统文化的身影。比如，中华老字号品牌集中体现了中国传统文化与品牌发展的互相融合与互相促进；中国特色的企业家精神则体现了中国传统文化对于品牌经营者以及品牌形塑的影响；而随着中国国力日益提升，中国传统文化也日益散发出自身的魅力，成为中国企业品牌经营的重要载体和手段。

---

① 黄升民，张驰. 改革开放四十年中国企业品牌的成长动力考察［J］. 现代传播（中国传媒大学学报），2018，40（9）：1-12；黄升民，张驰. 改革开放以来国家品牌观念的历史演进与宏观考察［J］. 现代传播（中国传媒大学学报），2018，40（3）：1-9.
② 舒咏平，胡靖. "国家品牌传播"提出的逻辑［J］. 学术界，2018（4）：100-109.
③ 何佳讯，吴漪. 品牌价值观：中国国家品牌与企业品牌的联系及战略含义［J］. 华东师范大学学报（哲学社会科学版），2015，47（5）：150-166，223-224.
④ 张昆，王孟晴. 国家品牌的内涵、功能及其提升路径［J］. 学术界，2018（4）：88-99.
⑤ 赵新利，项星宇，官效喆. 新中国本土品牌对外传播历程探析［J］. 对外传播，2018（6）：56-58.

（一）中华老字号与传统文化

中华老字号是指历史悠久，拥有世代传承的产品、技艺或服务，具有鲜明的中华民族传统文化背景和深厚的文化底蕴，并取得社会广泛认同，形成良好信誉的品牌。[①] 中华老字号的认定条件之一就是"有传承中华民族优秀传统的企业文化"。一方面，中华老字号集中反映并传承了中国优秀的传统文化，如"同仁堂"秉承的"炮制虽繁必不敢省人工，品味虽贵必不敢减物力"的古训，"全聚德"的"圆满、团圆、仁义、恭谦"的道德观念和"以德为先、诚信为本"的经营理念，以及"张小泉"的"良钢精作"的家训等都反映了中国传统文化中义利观、诚信为本、精益求精、"仁义礼智信"等的文化传承。另一方面，老字号也是中国传统文化的重要组成部分。老字号品牌本身的商标设计、产品包装、品牌命名、历史故事就是中国传统文化的一种表现。如吴裕泰和张一元表现的是中国茶文化，王老吉和同仁堂表现的是传统中药文化，全聚德和狗不理表现的是中国饮食文化，内联升和瑞蚨祥表现的是传统服饰文化，汾酒和茅台的背后则是中国源远流长的酒文化。改革开放以后，我国老字号品牌重新焕发了生机，在经营好转的同时也更好地弘扬了中国优秀传统文化。

（二）企业家精神与传统文化

在中国，品牌创始人对于一个品牌的生成和发展往往影响重大。改革开放后，我国重新涌现出一批企业家，他们在经营企业和品牌中所展现出的企业家精神也深受中国传统文化的影响，如他们在创业中表现出的自强不息、经世致用、修身齐家治国平天下的精神理念都是中国传统文化的具体体现。1984年被称为中国企业元年，中国当下数个有影响的品牌都在这一年前后发轫。这一年涌现出了改革开放后的第一次下海潮和全民经商潮。刘永好等四兄弟先是停薪留职随后辞职下海创立了希望集团，柳传志历经挫折成功创立

[①] "中华老字号"认定规范（试行）[EB/OL].（2012-09-20）[2024-05-16]. http://ltfzs. mofcom. gov. cn/article/aw/201209/20120908348719. shtml.

了联想，张瑞敏来到青岛冰箱厂开始打造海尔品牌，宗庆后则承包了校办工厂创立了娃哈哈，任正非迫于生计创立华为，等等，都如孟子所言"天将降大任于斯人也，必先苦其心志，劳其筋骨，饿其体肤，空乏其身，行拂乱其所为，所以动心忍性，增益其所不能"。1992年之后，又有一批知识分子、体制内官员纷纷下海创立品牌，被称为"九二派"，其代表人物和品牌包括陈东升创立的泰康人寿，史玉柱创立的巨人集团等。

同时，企业家在企业的日常品牌经营中也往往注重体现出优秀的中国传统文化精神。2008年汶川地震，中国企业纷纷捐款，展现了"一方有难、八方支援""众志成城、共克时艰"的精神。中国优秀品牌在日常经营中也强调社会责任，认为重视助学教育、环境保护、救助弱小等不仅是企业尽到公民责任的表现，也是中国传统文化"天人合一""中庸""老吾老以及人之老""义利合一"等的体现。有些企业甚至在品牌经营中全面导入中国传统文化，并加以践行，形成了独具特色的品牌管理模式，方太就是其中的典型代表。方太将儒学作为企业品牌文化的一个著名的标签，将儒学文化渗透到品牌的核心价值观、用人理念、企业文化建设、产品研发理念、管理理念等中去，如方太要求员工做到"五个一"：立一个志、读一本经、改一个过、行一次孝、日行一善，传统文化的色彩十分浓厚，其董事长茅忠群也是中国传统儒学的忠实爱好者。

（三）传统文化的品牌化运用

随着国力的提升，中国消费者的国家自信、民族自信和文化自信也日益提升，越来越多的带有中国传统文化和中国元素的产品和品牌受到大众喜爱。中国传统文化也越来越多地被品牌发掘和运用，并赢得了消费者的认可。如竞争激烈的化妆品市场，像佰草集、相宜本草等品牌依靠对于传统文化的强调和运用成功地在市场中取得了一席之地。以相宜本草为例，其品牌名称取自古诗词"欲把西湖比西子，淡妆浓抹总相宜"和医学专著《神农本草经》及《本草纲目》；而"相宜本草"的四字书写采用了我国传统书法的"篆书"以及现代简洁时尚的"倩体"；其广告画面也多以红色和青绿色为主，与植物、山水有关，呈现出"天人合一""道法自然"的意境。中国传统文化不仅为本土品牌所取用，就连国际品牌在进入中国市场的时候也常常采用具有中国传统文化元素的传播手段来拉近与中国消费者的距离，如百事可乐的"把乐带回家"就借用了中国春节元素，宝马的"悦"字则运用了中国的传统书法。甚至在国际品牌上也能够发现中国传统文化的身影，如古驰在2016年米兰时装周的参展服装里配上了具有中国文化特色的花仙鸟兽图案，成为此次T台秀的亮点之一。表明中国传统文化的影响力日益提升。

二、中国特色的社会主义市场经济体制对于品牌发展的影响

品牌成长于市场竞争，是商品经济发育而成的市场经济的产物。计划经济时代，现代意义上的品牌没有存在的土壤和必要性，品牌几乎销声匿迹。改革开放以后，伴随着市场化改革的推进，中国品牌再次出现繁荣发展的景象。然而，就品牌发育的母体——市场经济而言，中国实行的既非一般意义上的西方自由竞争的市场经济，也非此前实行的计划经济体制，而是具有自身特点的"中国特色的社会主义市场经济"之路。由于品牌孕育的母体不同，造成了中国品牌既有与西方国家品牌发展规律相同的一面，也有与西方国家品牌发展不同的一面，且品牌发展的异质性成分正表现得越来越明显。但无论是品牌历史进程中出现过的"红帽子企业"，还是当下引起西方世界批评和质疑的国有企业、央企品牌以及《中国制造2025》，均是中国品牌发展异质性的表现。其实我们如果理解了中国特色社会主义市场经济以及中国品牌成长的博弈与形塑规律，就可以发现这其实是中国经济发展的必然结果。

（一）政府引导在品牌发展中的重要作用

笔者曾在此前的文章中提出过，"市场是培育品牌的根本机制，随着改革开放所形成的社会主义市场经济为我国的品牌发展提供了动力和土壤，同时也决定了品牌发展的特殊性：即浓厚的国家意志取向"。"浓厚的国家意志取向"意味着政府对于品牌发展方向和路径的强力规制，但是其影响品牌发展

的方式不是直接的管制，而是通过一系列的战略指导、产业政策等大政方针进行引导，其方式是间接但却是强力的，这一点是导致中国品牌成长特殊性的一个重要原因。政府对于品牌发展的影响主要体现在以下几个方面。

一是政府对于品牌发展战略层面高度重视。我国各级政府一直较为关注品牌的发展，当然，由于其对各个阶段的品牌认识和理解程度不一样，关注的重点和手段也不一样。自2014年以来，习近平同志提出"三个转变"，国家"十三五"规划对品牌问题前所未有的强调，加之国务院首个以"品牌"为关键词的文件《关于发挥品牌引领作用推动供需结构升级的意见》的发布，以及"中国品牌日"的设立，都表明品牌已经成为决策层关注的重点问题，我国政府对于中国品牌的打造和推进表现出从未有过的重视，这在世界范围也是少见的。

二是通过产业、品牌相关政策引导品牌的发展和方向。产业政策自20世纪80年代中后期引入我国后得到了广泛的践行，其实行的深度和广度甚至超过了其源头国家日本。对于产业政策的成败利弊至今学界也没有共识，但是产业政策确实对于中国品牌的发展形成了巨大的影响。如在汽车、房地产、家电、通信、航空、钢铁、能源、高科技等重点行业中均可发现产业政策的身影。

三是通过把控媒体资源来影响品牌的打造和传播。如习近平同志曾强调"广告宣传也要讲导向"，对媒体的内容生产和导向提出了要求。各级政府也通过直接限制媒体资源的流向实现对品牌打造的把控。以烟草行业为例，中国是世界上最大的烟草产销国，远超美国。但中国却没有出现诸如万宝路类的世界级香烟品牌，原因就在于我国对烟草广告是严格限制甚至是禁止的。

（二）政府与市场之间的博弈对品牌形塑的影响

我国从十一届三中全会之后到十九大的召开，改革的一条主线始终是正确处理政府与市场之间的关系，也就是如何使市场在资源配置中发挥更好的作用。因此，除了要认识到政府对于品牌发展的影响之外，理解中国品牌的特殊性还需意识到政府与市场长期存在的博弈关系。抽象地来看，无数微观的经济实体——企业及其集体行为构成了宏观经济活动的基础，无数企业意志及行为的集合形成了市场力量，这也是品牌发展的根本力量。但如果放在一个更大的视角来看，政府也是市场的一个参与主体，政府意志与市场意志是有所区别的。这时候，对于市场和政府的关系而言，存在着两个极端。一个极端是国家主导一切的计划经济，这意味着中国走的是过去的老路，显然是不符合当下实际的。另一个极端则是西方推崇完全自由竞争的市场经济，这显然也不符合当下的中国实际。中国特色的社会主义市场经济走的既非计划经济的老路，也不是西方自由放任市场经济的道路。中国特色的市场经济道路必然会存在市场与政府间的博弈关系并不断影响着中国品牌的发展，即市场和政府均在发挥各自的力量，共同影响和决定了中国品牌的成长方向与发展路径，我国政府和市场的博弈关系不是短期的，而是长期存在的。

从中国品牌未来的发展而言，市场会越来越起到决定性的资源配置作用，但是政府有形的手的力量也在同步增强。2015年我国政府推出的《中国制造2025》和高新技术相关产业政策、规划引起了国际社会的高度关注，是我国政府增强有形的手的力量的一个表现。但是，政府和市场的意志是否一致是一个不确定的变量，这也会对品牌发展造成不同的结果。当两者意志能够相互顺应的时候，品牌就能够平稳甚至超常规发展；而当两者意志相背离，甚至产生摩擦、冲突的时候，品牌的发展可能会受到阻碍甚至是倒退和颠覆。因此，笔者认为在当下现行体制框架中，市场和政府的博弈会长期存在，中国品牌也将继续在这种博弈的关系中成长发展，并通过博弈形成双方对于"理想品牌"的发展共识，从而共同形塑中国品牌的过去、当下以及未来发展。《中国制造2025》又何尝不是"中国品牌2025"呢？

三、改革开放历史实践对品牌发展的佑护

以改革开放为契机，中国品牌重获新生。改革开放的核心在于引入市场要素，品牌发展的前提条件因此得以重新具备。通过对中国品牌发展历程的梳理和总结可以发现，作为"市场竞争之王冠"的品牌，从复生、发展到壮

大,每一步都与改革开放紧密相连。

有数据表明,中国品牌的发展与大国经济的崛起共荣共生。改革开放释放了中国品牌所需要的市场消费力、开启了培养品牌发展所需要的经济环境并带动了品牌成长所需的企业规模的壮大。从1978年到2017年,中国GDP增加了180多倍,社会消费品零售总额增加了171倍,中国制造业规模扩大了132倍。与此同时,品牌商标的申请量扩大了219倍。品牌发展既作为一种过程也作为一种结果,镜像般地反映了改革开放的历史过程以及发展成果。

40年来每当改革开放取得进一步深化的时候,品牌也得以更好地培育。改革开放提出"对内搞活,对外开放",所谓"搞活"是指通过市场化机制的导入重新激发经济的活力,其中关键是激发企业的活力。通过不断推进一系列国企、所有制、价格、财税、金融等层面的改革措施,中国品牌发展所依附的主体——企业的活力也被不断激发了出来。企业数量增加、质量提升、结构改善,品牌得以迅速成长。所谓对外开放,则是走出此前我国经济封闭半封闭的状态,逐步走向开放的状态,通过不断深化引进来与走出去,中国品牌在利用国外市场、应对外资竞争的情况下进一步发展了起来,并开始逐步走向世界。

(一)对内改革,品牌得以壮大

对内通过一系列的经济体制改革,激发了企业的活力进而促进了品牌的发展。首先是国有企业活力的激发与央企品牌的大发展。自1978年改革开放以来,国有企业改革一直被认为是我国经济体制改革的重心。建设中国特色的社会主义市场经济体制,关键是培育自主经营、自负盈亏、自我决策、自我发展的微观市场主体,如何将传统计划经济体制下的作为政府附属物的国营企业逐步转变为适应市场经济体制要求的具有独立市场竞争主体的现代制度企业——"新国企",成为我国经济体制改革的核心任务。40年来,我国各级政府通过放权让利(1978—1993)、制度创新(1993—2003)、国资监管(2003—2013)、分类改革(2013至今)等四个阶段的不断改革创新,使得国有企业经营机制发生了重大变化,如今大部分国有企业已经进行了公司制、股份制改造，初步建立起了现代企业制度，公司治理结构得到完善，成为自主经营的市场主体，成为市场经济体制下的"新国企"。①央企品牌也在国企改革中成为企业品牌发展的典型代表。2017年，在世界品牌500强榜单居前100强的我国知名品牌中，央企品牌占到了16个，其中排名最前的中国工商银行居总榜单的第10名。②在2018年世界财富500强榜单中，央企品牌占据了所有中国入选品牌的三分之一以上，依旧保持了稳定且强势的姿态。

其次是所有制改革的突破，加速了非公经济的发展，促进了民企品牌的成长。在计划经济时期，非公有制经济成分几乎为零。经历了40年改革之后，随着个体私营经济的发展，品牌发展中最具活力的成分也开始萌芽，期间，民营经济经历了1978—1988年的萌芽和起步阶段、1989—1991年的受挫和恢复阶段、1992—2001年的调整和引导阶段、2002—2007年的促进和提升阶段、2008—2012年的冲击和成长阶段，以及2013年至今的转型和腾飞阶段。民营经济已经成为国民经济的重要组成部分、和谐社会的重要建设力量、产业转型的重要动力源泉、市场竞争的重要参与主体、科技创新的重要驱动因素。③民营企业品牌也成为中国品牌的重要组成部分和中国品牌发展的核心驱动力量。

最后是价格体制、金融体制、财税体制等的改革为品牌的发展提供了重要基础和环境。市场化的交易需要市场化的价格作为支撑，价格是否市场化也是考查一个经济体是不是市场经济的重要指标。我国通过1978—1984年的以调整不合理的价格体系为主的改革、1985—1988年消费品价格逐步放开、1984—1991年生产资料双轨制向市场价格单轨制转变以及之后的实物商品和劳务价格的市场化改革基本完成④等一系列深化改革阶段，基本建立起了市场

---

① "中华老字号"认定规范（试行）[EB/OL].（2012-09-20）[2024-05-16]. http://ltfzs. mofcom. gov. cn/article/aw/201209/20120908348719. shtml.
② 2017全球最具价值品牌500强排行榜（完整榜单）[EB/OL].（2017-03-20）[2024-05-16]. http://www. askci. com/news/finance/20170320/16544593811. shtml.
③ 王海兵，杨蕙馨.中国民营经济改革与发展40年：回顾与展望[J].经济与管理研究，2018, 39（4）: 3-14.
④ 张卓元.中国价格改革三十年：成效、历程与展望[J].经济纵横，2008（12）: 3-10.

化的价格体制，为品牌的培育发展奠定了良好的市场体系和基础，为中国品牌的发展提供了土壤。

（二）对外开放，品牌得以国际化

中国改革开放的另一个重要面向是对外开放。一方面通过对外开放，中国得以融入世界市场，中国品牌之所以能够在短时间内取得高速发展，一个重要原因是对外开放让中国品牌得以依托国内市场的同时，也能够借助国外市场发挥自身优势实现品牌发展所需的市场、资金等方面的积累。在金融危机之前，这一作用表现得尤其明显。从1978年到2007年，我国出口总额占比从9.7%上升到50%，作用逐步加大。金融危机以后，这一数值下降到30%左右，但依然是中国品牌发展的重要依托。20世纪80年代我国以"三来一补"的方式开始发展OEM生产，之后90年代OEM代工走向成熟，到21世纪初，中国成为世界工厂，中国制造蜚声世界。随着政府日益强调自主品牌建设，加之企业自身谋求更大发展的需要，一些品牌依靠出口建立的原始积累为自主品牌建设打下了坚实的基础。部分中国品牌也依靠着逐步建立的品牌力量成功走向了海外，如华为、联想、海尔、万向等均是其中代表性品牌。

另一方面，通过引入外资品牌，为土洋品牌竞合提供了土壤，促进了本土品牌的成长。对外开放后，外资品牌进入中国市场，投资逐年加大，2017年外商直接投资总额达到1310.4亿美元。当时外资品牌依靠营销、管理、技术、资金等方面的优势迅速切入中国市场并不断挤压本土品牌的份额。尤其是在1992年以后，随着外资大规模的进入，中国本土品牌与外资品牌产生了激烈的摩擦和竞争。本土品牌在经历了一系列的市场份额丢失、品牌遭受合资打击、商标被外企抢注等挫折以后，开始在竞争中成长成熟。因此，从某种意义上来说，外资品牌一方面是本土品牌学习和借鉴的榜样，另一方面也是倒逼本土品牌成长的有力催化剂。本土品牌在这种竞合关系中不断成长，成为世界不能忽视的中国品牌力量。

然而必须说明的是，"品牌"一词是西方舶来品，品牌理论也诞生于美国。虽然中国的品牌政策、品牌研究和品牌实践均不同程度上借鉴了西方经验,但由于本文主要聚焦于品牌发展的"中国特色",故没有在借鉴西方经验方面展开论述。

四、结论与启示

中国品牌40年的发展有着明显的中国特色。传统文化培育了中国品牌的价值内涵和血脉基因,塑造了一代又一代中国企业家精神,中国品牌的发展也是40年改革开放的缩影,中国品牌在摸索和借鉴中走出的独特的发展之路也给我们未来的探索带来启示:(1)实施中国特色的品牌战略仍然要从中国传统文化中汲取营养,正如习近平同志所强调的,"中华优秀传统文化是我们最深厚的文化软实力,也是中国特色社会主义植根的文化沃土",[1]没有文化自信,就没有品牌自信。实施中国特色的品牌战略,也是让品牌成为中国软实力的重要支撑。(2)建立中国特色的品牌培育机制要继续发挥中国特色社会主义体制的优势。中国品牌的发展既离不开市场经济的发展,也离不开政府的推动和培育。市场和政府共同培育的核心协调机制的表现就是逐步走向成熟和完善的中国特色社会主义市场经济体制。(3)中国品牌的壮大还需要更深入的改革开放实践的助推,十八届三中全会首次提出了"使市场在资源配置中起决定性作用"的重要论断,指出"中国开放的大门不会关闭,只会越开越大",全面开放的新格局正在形成,这都将推进品牌发展向新高峰迈进。在新时代,品牌作为人民美好生活需要以及经济高质量发展的集中体现,其重要性日益彰显,积极总结中国品牌的发展经验,推进品牌的供给侧结构性改革,让品牌成为新时代中国经济发展的新引擎也迫在眉睫。

---

[1] 金佳绪.十八大以来,习近平这样为传统文化"代言"[EB/OL].(2017-05-29)[2024-05-16]. http://news.cnr.cn/native/gd/20170529/t20170529_523777538.shtml?ivk_sa=1023197a.

主流媒体与民族品牌的构建*
——基于《人民日报》相关报道的分析

近年来，民族品牌构建问题得到高度重视。2017年，"中国品牌日"的设立，开启了民族品牌发展的新时代。

民族品牌的构建不仅需要党和政府的支持、企业的实践，还需要媒体、社会公众的共同参与。多年来，《人民日报》刊发了大量与民族品牌相关的文章，积极参与品牌构建；开设《崛起的中国品牌》《如何发展自主品牌》《民族品牌强国路》等专题栏目，探讨民族品牌发展问题；自2015年起，人民日报社每年定期举办中国品牌论坛，发布"品牌强国计划"，为民族品牌的构建汇智聚力。

以往的研究，大都从广告作品出发研究品牌构建问题。本文另辟蹊径，从《人民日报》所刊报道着手，对其作为主流媒体参与民族品牌构建的情况进行研究。

一、主流媒体参与民族品牌形象塑造

媒体的品质越高，对品牌的托举能力越强。主流媒体具有"放大镜效应"，对民族品牌形象的塑造力和呈现力也更强。《人民日报》利用影响力大、权威性强的优势，努力塑造内涵丰富的民族品牌形象。

---

* 文章原载于《新闻战线》2020年第13期，与谢斯予合作，收入本书时有改动。

塑造实力潜力兼具的民族品牌形象。通过分享与世界发达国家水平相匹敌的品牌成功案例（如一汽长春汽车研究所自主匹配小"红旗"，"科龙"每28秒生产一台冰箱等），《人民日报》具体地展现了民族品牌的实力。历年的报道，折射了民族品牌从"贴牌"到"被贴牌"、从便宜货到性价比高、从没创意到创精彩等形象变迁过程，民族品牌形象愈加深入人心。华为、阿里巴巴等新兴民族品牌在海外消费者中知名度高，充分展现了民族品牌的发展实力与潜力。

塑造承载民族精神与文化的品牌形象。民族品牌事关国家利益、国家形象与国家安全，民族精神和传统文化需要通过民族品牌加以传承。《人民日报》注重从产品层面传播民族品牌承载的传统文化，如中药文化、凉茶文化与养生文化、中华饮食精粹、酒文化等。在经营层面，《人民日报》积极报道民族品牌故事所折射的民族精神，如"蓝剑集团"拒绝国际啤酒集团援助而自主艰苦创业、"红旗"力争成为世界名车经典维护民族尊严等。在报道中强调民族品牌与中华传统文化的关系，将民族品牌形象定位为国家形象的重要组成部分，强调民族品牌是一个民族的经济宣言、一个民族素质的体现；民族品牌代表着国家产业的高端水平，更代表着国家在国际上的形象，承载着民族的自信心；中国品牌是"中国名片"，特色品牌的打造是塑造国家形象、提升国家软实力的重要手段。

塑造回馈社会的民族品牌形象。1997年11月15日，《人民日报》刊登图文报道《奉献社会——长虹人的自豪》，专门探讨民族品牌的社会责任问题，报道了长虹集团救灾扶贫、捐资建立运动员培训基地、设立长虹高校助学金等事迹。随后，陆续刊登了健力宝赞助中国体育代表团能量饮料，旭日升扶持下岗职工再就业、资助贫困家庭儿童受教育，贵州茅台建立六大社会责任体系，安踏通过产品推陈出新不断满足我国国民消费新需求、造福社会等多篇相关专文，构建有责任、有担当、造福国民的民族品牌形象。《人民日报》发挥了主流媒体应有的价值导向功能，提高了民族品牌的知名度和美誉度，提升了全社会对民族品牌的好感度。

二、媒体推动品牌构建的角色担当

在参与民族品牌构建的过程中,《人民日报》以领航者的角色参与或传达民族品牌建设的"顶层设计";以监督者的角色警醒品牌发展中的问题;以教育者的角色提供品牌经验和启示,推动品牌进步。

领航者角色。一方面,《人民日报》通过报道及评论文章,表达党和政府对民族品牌的高度重视,传达相关重要思想和举措。如强调"发展中国品牌是中华民族的伟大事业""提高民族品牌自主创新能力";通过评论文章传达"实施商标品牌战略,提高产品服务的品牌价值和影响力,推动中国产品向中国品牌转变"[1]等相关举措。另一方面,《人民日报》注重履行主流媒体社会责任、强化舆论引导、服务民族品牌经济发展大局,主办各类民族品牌论坛,搭建政、企、学各领域深入对话交流的高端平台,研究民族品牌发展趋势,为民族品牌的构建提供智力支持和引领。

监督者角色。在参与民族品牌构建中,发挥监督者作用,对民族品牌发展中的乱象或隐患,及时予以披露,提出警示和改进建议。如报道国内品牌卷入涉外知识产权纠纷事件,提醒民族品牌要充分认识到知识产权的法律意义和社会意义,全面加快知识产权开发力度,走自主创新之路;揭露"毒奶粉""瘦肉精"等多起产品质量危机事件,揭露"贴牌"生产假冒产品、用恶俗手段进行广告轰炸宣传、竞价提升品牌排名、牺牲环境保品牌等不当行为,提醒企业急功近利将失去其在国内外消费者中的信任度;在2015年大量民族品牌迅速崛起、名扬海外之时,提醒民族品牌在荣誉面前应时刻保持清醒,深入研究与国际大牌的差距,继续用创新驱动品牌价值提升,稳固民族品牌的国际竞争力。

教育者角色。《人民日报》积极开展相关知识理论传播工作,就"什么是品牌竞争力""什么是品牌战略""如何化解民族品牌危机""如何提升品牌文化内涵"等开设专题进行阐释;设立《如何发展自主品牌》《中国品牌·中国

---

[1] 张茅. 提高认识澄清误区,积极实施商标品牌战略[N]. 人民日报, 2017-06-27(10).

故事》《中国品牌好声音》《唱响中国品牌》等专栏，连续刊载有关民族品牌问题的探讨文章和发展民族品牌的经验介绍；定期分享红旗、青岛啤酒、王老吉、李宁、联想等知名民族品牌的成功实践经验。通过专业讲解、操作指引与案例剖析相结合的形式，指导品牌建设。

随着政治经济环境和市场需求的不断变化，《人民日报》与时俱进，持续为民族品牌提供最新的发展理念。中国加入WTO后，引导民族品牌熟悉国际化的市场规则，创建海外销售网络，培养跨国经营人才，拓展自主品牌；2008年，借助北京奥运会契机，刊发多篇专文为民族品牌提供奥运营销、体育营销、文化营销等创新经营路径。

随着民族品牌建设的规模化与体系化，开始分享建立危机管理机制、品质管控、加强媒体宣传推广、品牌转型升级、利用互联网科技开发品牌监测系统等适应时代发展的理念，积极参与民族品牌构建。民族品牌也在不断学习、反思、摸索、改进中逐渐成长壮大。

三、为民族品牌鼓与呼

在民族品牌发展历程中，《人民日报》成为品牌企业与政府部门对话的桥梁、纽带，同时积极呼吁全社会保护和支持民族品牌，加速实现民族品牌的崛起。

品牌企业与政府部门对话的桥梁、纽带。《人民日报》积极帮助民族企业发声，将其相关诉求传递给政府部门。《人民日报》通过民族企业家访谈实录、专家评论等形式反映民族品牌对政府部门的相关诉求，如"完善有关法规对知名品牌给予支持、保护""打破外国品牌的垄断以及专利、标准等方面的壁垒""完善支持民族品牌发展的政策，在有关政府采购法规中，细化条款保障民族品牌利益"，切实改善民族品牌"在税收、土地征用、项目申报、行业准入等方面的不平等待遇""给承担民族经济复兴重任的民族品牌一个公平、公正、公开、诚信的市场环境"等。

与其他媒体对话。作为最具代表性的权威媒体之一，《人民日报》积极呼呼吁广大媒体机构助力民族品牌构建。2000年2月23日,《人民日报》提出媒体单位"要发挥自己的应有作用,积极参与宣传和推广品牌的活动",随后倡议"新闻单位要为中国品牌的发展呐喊助威",强调媒体要当好品牌故事的讲述者、品牌传播的助推器,挖掘品牌文化内涵,营造关注、支持中国品牌发展的舆论氛围。《人民日报》充分发挥主流媒体的引领作用,携手中国媒体支持与推动民族品牌的培育工作。

与社会公众对话。主动培养公众的民族品牌意识,引导其关注民族品牌产品。1996年4月3日,《人民日报》首次关注了民族品牌"得不到国民、消费大众的理解和支持"的社会现象,并强调保护民族品牌就是保护消费者自己的利益;关注公众抢购"洋品牌"的现象,主张用"信我品牌,爱我品牌,用我品牌"的实际行动推进民族品牌崛起;批评部分零售企业"重视洋品牌、轻视民族品牌"的现象;批评国内高档商场把临街店面留给洋品牌,而对民族品牌却收取高额租金、提供位置差的店面、销售额稍不达标就"撤柜"的做法,呼吁给民族品牌更多的认可和扶持,保护民族品牌的发展。

四、结语

《人民日报》深度参与民族品牌建构过程,致力于为民族品牌提供展示舞台,通过正向积极的报道塑造并传播民族品牌的良好形象;及时为民族品牌提供正确指引和经验借鉴;在民族品牌与政府部门、媒体、零售商、社会公众等利益相关者之间搭建对话的桥梁,为民族品牌提供有利的发展环境和氛围,肩负起弘扬民族优秀文化的责任。

新的时代背景和新媒体环境对传统主流媒体参与民族品牌构建提出了更高要求,传统主流媒体也应与时俱进,不断改进和创新民族品牌构建的参与路径。在进一步发挥主流媒体信息权威优势的同时,注重从民间视角、消费者视角挖掘和传播民族品牌故事,塑造立体丰富的民族品牌形象;将优秀中华传统文化、民族品牌文化相结合,探索中国特色的民族品牌传播模式;注重民族品牌的国际传播,让民族品牌的国际化助力国家形象和国家软实力的提升。

对"中国魔水"品牌故事的考证与思考*

在中国品牌传播史中,"出口转内销"是常见常用的手法,利用国际传播中的信息鸿沟制造传播力极强的品牌故事。有记录称,从20世纪70年代初开始,"鸿茅药酒"走出国门,渐渐畅销东南亚、北欧各国。1979年8月31日,马来西亚《建国日报》头版以"南有茅台,北有鸿茅"为题,专文介绍鸿茅药酒,称其为中国的"神酒"。与鸿茅药酒被称为"中国神酒"相似,健力宝在20世纪80年代的品牌传播中,曾借助日本《东京新闻》的一篇报道,以"中国魔水"的身份进行广泛传播。本文将着重对"中国魔水"的品牌故事出炉过程进行历史考证,在还原历史真相,并进行针对性思考。

一、"中国魔水"的相关记录和评价

在不少企业史和广告史的著作和论文中,都记录了健力宝在1984年洛杉矶奥运会上的表现,这被认为是体育营销的典型案例。一般认为,经过努力,健力宝成功成为中国代表团专用饮料。在奥运会期间为中国选手取得好成绩作出贡献,并被日本《东京新闻》称为"中国魔水",又经《羊城晚报》报道,健力宝一夜之间广为人知。其中,吴晓波在《激荡三十年》中的记录较为详细,影响也较为广泛。

---

* 文章原载于《品牌研究》2018年第6期,收入本书时有改动。

中国品牌与国际传播 赵新利自选集

  8月7日的女排决赛场上,已经成为民族英雄的中国女排姑娘们以勇不可当之势,直落三局,击败东道主美国队,实现了"三连冠"的鸿鹄伟业,这在当年曾是一件举国沸腾的盛事。在11日的《东京新闻》上,记者有贺发表了一篇花边新闻稿《靠"魔水"快速进击?》,他好奇地发现中国女排运动员比赛间歇在喝一种从没有看到过的饮料——事实上,健力宝在当时除了供给中国奥运代表团以外,在国内市场上几乎没有任何销量,于是便猜测"中国运动员取得了15块奥运金牌,可能是喝了某种具有神奇功效的新型运动饮品——健力宝的缘故"。很显然,这是一篇信手写来的、没有经过任何采访与核实的新闻稿。中国运动员成绩的大幅度提升在国际上曾引起过很多猜测,这无非是其中还算友好和调侃的一种。没有想到,一位随团采访的《羊城晚报》记者看到了这篇新闻,他将之妙手改写成"中国魔水"风靡洛杉矶,当这条"出国转内销式"的新闻在晚报上刊出后,居然被迅速广泛转载。

  "中国魔水"与"东方魔女"(对中国女排的昵称)的交相辉映,在早已沸腾的奥运热上再添了一份充满神秘气息的骄傲,它实在非常吻合一个刚刚回到国际舞台的东方民族的心理满足。从此,健力宝一夜而为天下知。

  上述记录的文字十分精彩生动。从中我们可以获得如下信息:第一,《东京新闻》记者有贺看到中国女排运动员在比赛间歇喝健力宝;第二,《东京新闻》记者有贺猜测中国运动员取得金牌与健力宝的神奇功效有关;第三,《东京新闻》把健力宝称为"中国魔水"。以上三点,在许多文字记录中都可以得到印证。《人民日报》也出现多次关于"魔水"的报道,如2009年9月17日的一篇报道指出:"当中国女排在决赛中击败美国队后,一位日本记者发了一篇花絮性的报道——《靠'魔水'快速进击?》,因为他好奇地发现中国女排运动员在比赛间歇喝着一种从没见过的饮料。这种当时国内还很少见的易拉罐饮料有个很好听的名字——健力宝,是广东三水酒厂刚刚开发出来的一种新产品。当这条消息被国内媒体刊登后,引爆了中国体育产业史上第一次成功的体育营销热潮。1984年,健力宝的年销售额为345万元,第二年就飞跃到1650万元,再下一年达到1.3亿元。"此外,《"东方魔水"演绎生死蝶变》一文指出:"1984年,在第23届洛杉矶奥运会上,秘密跟踪中国女排的日本记者正努力去寻找一个秘密:中国,这个第一次参加奥运会的邻邦,为何能一举斩获较多金牌,秘密在哪?寻找中,他们发现,中国女排的姑娘喝了一种名叫'健力宝'的饮料。他们忽然记起,此前,中国的李宁、马燕红、许海峰,也曾是喝了这种饮料也夺走金牌。日本记者坚信找到了答案。于是,日本《东京新闻》刊出了《中国靠'魔水'加快出击》。"从上述记录可以看出如下几点,第一,日本记者发现中国女排喝健力宝;第二,喝健力宝是取得金牌的秘密;第三,日本记者所说的"中国魔水"就是指健力宝;第四,"中国魔水"让健力宝实现腾飞。

那么,当初《东京新闻》究竟是如何报道健力宝的?"中国魔水"就是健力宝吗?针对这些问题,本文查找了《东京新闻》和《羊城晚报》的一手资料,获得了当初的报道内容。

二、《东京新闻》的原始资料

经过努力,本文作者在早稻田大学图书馆找到《东京新闻》的老报纸,并在1984年8月11日《东京新闻》的第12版,查找到这篇报道(如图1)。这篇报道在日本并不广为人知,但在中国品牌传播领域却是非常著名的。报道标题为"魔法の水で快進撃?(用'魔法之水'快速出击?)"副标题为:"参加記念し開発中国スポーツ飲料に革命も(为纪念参加而开发,中国运动饮料的革命)"。为了方便分析比对,本文把这篇报道全文翻

图1 《东京新闻》关于"中国魔水"的报道

译为汉语。右图 1 为:《东京新闻》关于"中国魔水"的报道（1984 年 8 月 11 日第 12 版）。

用"魔法之水"快速出击？为纪念参加而开发，中国运动饮料的革命

【洛杉矶 9 日有贺特派员】我们发现在体操、排球、举重等各个项目中斩获 14 金、7 银、7 铜，总计 28 枚奖牌的中国代表团，在其快速出击的背后有"魔法之水"，吮吸一口就能生龙活虎。这是可以消除疲劳、增强持久力的"新型饮料"，据说无惧药检。今后各国很有可能全力分析该"秘方"的成分，为运动饮料带来一场革命。

据运动员代表团相关人士介绍，中国食品工业部门同体育科学研究部门为纪念向洛杉矶奥运会派出大型代表团而共同开发的，同时中国医科大学、北京医学院、轻工业学院、各地的体育医学研究部门共同参与了研制。

饮料有五种，有广东产的"健力宝"、河北产的"运动员功能饮料"、辽宁产的"八四七（84 年 7 月）奥运选手饮料"、北京产的"猕猴桃饮料"、四川产的"峨眉山矿泉"饮料。

"健力宝"的成分包含矿泉水、葡萄糖、蜂蜜、钾、钠等；"八四七饮料"和"运动员功能饮料"以传统中药调和药生脉散为主要原料，混合了木棉蔓、木瓜、山楂等。

这些饮料促进体内碱性物质积蓄、消除疲劳、增强体力。此外，根据说明，它们可以保持血糖、水、电解质的平衡，提升应激反应。洛杉矶奥运竞技会场上的中国选手，从盒子中取出插着吸管的白色塑料容器的饮料，在比赛间隙喝下去，似乎是这五种饮料中的一种。

在上文一些文献中出现日本记者"秘密跟踪""寻找一个秘密"等细节，笔者试图联系当时执笔的《东京新闻》记者，向他确认上述细节。向《东京新闻》确认得知，撰写这篇报道的"有贺特派员"全名为"有贺隆"，已因胃癌去世多年。所以，报道背后的故事和成文过程，已很难考证。但从这篇报道，我们至少可以得出以下几点重要信息。第一，这篇报道的确提到"魔法之水"，也提到健力宝，并介绍了健力宝的主要成分；第二，这篇报道所说的"魔法之水"是指广东、河北、辽宁、北京、四川的五种新型饮料，而并非特指健力宝；第三，五种新型饮料共同被称为"魔法之水"，五种饮料为并列关系，并未突出介绍任何一种，报道描述中国女排选手在比赛间隙喝下的，是"五种饮料中的一种"。初步比对就可以发现，《东京新闻》所报道的内容与我国不少文献中记录的，可谓大相径庭。是什么原因造成了信息出现偏差？究竟出现了多大的偏差？为了回答这些问题，就不得不考察当时《羊城晚报》对《东京新闻》报道的转述，这是《东京新闻》报道的信息进入中国国内的关键环节。

三、《羊城晚报》的相关报道

正如吴晓波在《激荡三十年》中所描述的那样，《羊城晚报》记者看到了《东京新闻》的报道后，他将之妙手改写，让这条"出国转内销式"的新闻在晚报上刊出后，被迅速广泛转载，健力宝一夜而为天下知。那么，《羊城晚报》的报道内容到底是怎样的？是否如实地转述了《东京新闻》的报道内容呢？经过努力，笔者终于在1984年8月18日的《羊城晚报》第二版发现了这篇报道（如图2），标题为《日本誉我国"健力宝"等为"魔水"说将引起一场体育饮料革命》，作者为范柏祥。为了方便对照分析，本文将这篇报道原文录入如下。

图2 《羊城晚报》相关报道

日本誉我国"健力宝"等为"魔水"说将引起一场体育饮料革命

本报讯 据外电报道：中国奥运代表团健儿在奥运会期间饮用本国制造的"健力宝"等饮料，已被誉为"加快出击"的"魔水"。

日本《东京新闻》以《中国靠"魔水"加快出击》为题，介绍了中国的运动员饮料。该文说，"在中国队加快出击的背后有一种'魔水'起了作用。可以说，喝上一口这种'魔水'，精力马上就充沛了。这是一种新型饮料，可以增强人体内的碱性物质的积蓄，消除疲劳，增强体力。另外，还可以保持血糖、水和电解质的平衡，提高激性反应。据说进行药物检查，也没有发现什么问题。今后世界各国将竭尽全力分析这种'妙药'的成分，在体育饮料方面完全可能发生一场革命。"

该文是在中国代表团取得十四块金牌的时候发表的。在奥运会比赛期间，香港《文汇报》还就中国运动员朱建华不喝可口可乐，要喝中国广东三水县制造的"健力宝"运动员饮料一事作了报道，引起了各界人士的注意。

《羊城晚报》的这篇报道中，可以看出如下几点。第一，"魔水"并非专指健力宝。该报道标题中"日本誉我国'健力宝'等为'魔水'"的描述是基本准确的，一个"等"字揭示了"魔水"并非专指健力宝；第二，该报道突出了健力宝，没有介绍健力宝之外的另外四种饮料的情况，并在文末介绍了朱建华不喝可口可乐要喝健力宝一事；第三，该报道一定程度上存在误导读者的部分。从日文翻译成中文时，不知是有意还是无意，出现几处可能会误导读者的措辞："一种'魔水'""这种'魔水'""一种新型饮料"，这些措辞让读者不知不觉中会认为"魔水"是特定"某种"饮料，而非"多种"饮料（五种饮料），也非"某类"饮料（新型运动饮料）。可见，经《羊城晚报》报道后，《东京新闻》的内容在一定程度上出现了变形和歪曲。《羊城晚报》的报道又被不少媒体转载，转载时又被重新编辑、删减，信息在一定程度上再次发生失真。如1984年8月27日的《文汇报》以"消除疲劳增强体力，'健力宝'被誉为'魔水'"为题进行的转载。从题目可以发现,《羊城晚报》原文题目中的"等"字不见了,标题很容易误导读者认为"魔水"专指健力宝。

四、"中国魔水"的问题与考证

如上所述,关于"中国魔水"的媒体报道和相关记录中,有不少不准确甚至谬误之处,体现了部分中国品牌在传播时存在的问题,在此进行逐一考证。

(一)相关记述中的事实错误

关于"魔水"的相关记录中,有一些资料相互矛盾,其中有一些记录有明显的事实错误。如有的资料指出:"中国健儿出征奥运,连摘金牌如探囊取物。很快,一位日本记者以哥伦布发现新大陆的心情,在《北京新闻》载文……"如上文所述,日本记者刊登报道的媒体是《东京新闻》而非《北京新闻》。

关于新闻报道,日期和媒体是最重要的信息,上面的事实错误是搞错了媒体,而有的事实错误则是搞错了日期。1989年出版的《健力宝成功的奥秘》一书指出,"当年8月8日,《东京新闻》刊出了日本特派记者撰写的《中国靠'魔水'加快出击》的专电,从而使健力宝获得了'中国魔水'的美称,并从此名扬天下"。"8月8日"是错误的日期,这一错误被多次引用。如1992年第6期《商业经济与管理》的一篇文章引述说,"当年8月8日",《东京新闻》刊出专电。本文考证《东京新闻》证实,这篇报道的准确日期为1984年8月11日。健力宝公司编著的《"魔水"风雷》一书在介绍《羊城晚报》相关报道时,将日期定为"1984年8月8日"。而事实上《羊城晚报》的报道日期应为"1984年8月18日"。吴晓波在《激荡三十年》中涉及《东京新闻》相关报道时指出,这是一篇"花边新闻稿","很显然,这是一篇信手写来的、没有经过任何采访与核实的新闻稿"。而《东京新闻》报道的第二段,在介绍研制开发机构之前,明确标注了消息源"据运动员代表团相关人士介绍"。从《东京新闻》的版面安排、日文行文来看，这不是一篇"花边新闻稿"，也不是"信手写来的、没有经过任何采访与核实的新闻稿"，而是经过采访与核实的严谨的新闻报道。

（二）歪曲信息：对报道配图的误读

上文所列的不少历史记录中，都强调了洛杉矶奥运会上女排在赛场饮用健力宝的情形。而通过历史记录也可以非常一致地确认，洛杉矶奥运会上中国选手所饮用的健力宝均为易拉罐装的。如有的文献记录：经过精心制作、包装精良的易拉罐健力宝饮料出现在亚洲足联的餐桌上。贵宾们对这种新饮料赞不绝口，连剩下的几听也带走了。接着，健力宝饮料厂又把自己的产品送上了7月在美国举行的奥运会。3万听易拉罐健力宝随中国健儿来到了美国洛杉矶的奥林匹克村。洛杉矶奥运会中国选手所饮用的是易拉罐装健力宝，这一点在很多文献中都可以得到确认。如1987年5月29日《人民日报》的报道指出："1984年7月，300箱罐装健力宝办好出国手续，随同中国体育健儿胜利到达美国洛杉矶奥运村，伴随体育健儿首次出现在最隆重的国际体育比赛场上。"上海文艺出版社于1996年出版的《光荣与梦想：李经纬和他的健力宝王国》一书指出，在洛杉矶奥运会上，"中国奥运健儿们，也喜欢健力宝，它不仅是体育运动饮料，而且口感好，又是易拉罐、方便，所以他们带进场的几乎全是健力宝"。然而，仔细比对《东京新闻》配图却可确定，这张图片中中国女排选手所饮用的并非易拉罐饮料。依据"易拉罐装"这一点，就可以确定，《东京新闻》所报道的中国女排选手喝的饮料，并非健力宝。《东京新闻》的报道中，的确有中国女排队员喝饮料的配图，经笔者仔细比对，确定为当时中国女排2号队员梁艳。从配图可见，她右手持瓶状容器，通过浅色吸管在饮用饮料，可以确定是瓶状容器而非易拉罐。上文所述各类文献记录中特别强调，健力宝是先进、卫生、方便的易拉罐装，而非瓶装。所以依此可以断定，这张配图中梁艳所喝的，并非健力宝。此外，这篇报道所加图片说明为："饮用'魔水'？的中国女排选手"。报道并没有明确说喝的是健力宝，甚至在"魔水"一词后面还加了问号。也就是说，这篇报道并不确定梁艳喝的是所报道的5种"魔水"中的哪一种。而报道正文的最后一句更是指出:"洛杉矶奥运竞技会场上的中国选手,从盒子中取出插着吸管的白色塑料容器的饮料,在比赛间隙喝下去,似乎是这五种饮料中的一种。"这句话明确指出"插着吸管的白色塑料容器",可以确切地证明,在《东京新闻》的这篇报道中,中国女排选手喝的并不是健力宝。

(三)品牌故事:过度演绎与夸大

健力宝竭尽全力开展洛杉矶奥运会体育营销,恰好日本《东京新闻》的报道关注了中国队饮用的五种新型饮料,并称之为"魔法之水",其中也提到了健力宝。从品牌主角度来看,这自然是非常好的传播契机,也蕴含着很好的品牌故事。然而,在健力宝品牌故事的传播中,出现了过度演绎与夸大等问题。

关于健力宝在洛杉矶奥运会上的表现以及日本《东京新闻》的报道情况,各类报道、论文、专著、资料集的相关记录不下百种。各类记录角度各异、详略不同。其中,笔者在旧书摊上偶然发现一本满是灰尘的旧书《中国魔水》的记录最为详细、传神。这本书出版于1992年,分16个章节描写了健力宝公司的发展历程。其中,该书对健力宝在洛杉矶奥运会上的表现以及日本《东京新闻》的报道情况的描述最为详细和典型,故将此段全文抄录如下。

> 直到奥运会降下帷幕,有关健力宝如何锋芒毕露大出风头的特大喜讯,才传回三水。那是在女排冠军争夺战上,当郎平以一记重扣击败了最后的对手,中国姑娘痛饮健力宝庆贺大胜,中国女排从此登上"三连冠"宝座的时候,赛场内外出现了一阵阵的骚动。那些自认为是亚洲第一体育强国的日本记者,眼巴巴地看着中国健儿不仅实现了零的突破,而且所得金牌数目又大大超越日本,都又气又急。中国人果真不简单,他们究竟用了什么"秘密武器"?细心的日本记者发现,无论是紧张的关头还是松弛的时刻,中国健儿都爱捧着一罐他们从国内带来的饮料。比如在长滩体育馆,那一场导

致美国女排彻底失败的中美女排决战,尽管美国女排占尽天时地利人和,场内所有白色人种都为她们呐喊助威。然而,中国姑娘沉着应战,连打连赢。每次暂停,中国姑娘一边听她们的教练袁伟民面授机宜,一边喝着那种饮料,似乎越喝越来精神。日本记者十分警觉,他们发现中国女排不仅轻取了"东洋魔女",眼看又以3:0的轻松姿态和绝对优势把美国女排打个落花流水,如有神助。在此之前,李宁、许海峰、栾菊杰等获取金牌者,喝的都是同一种饮料。他们似乎恍然大悟,探索到其中奥妙。有几个日本记者,还特意向中国健儿讨了几罐这种饮料来品味一番,果然是与众不同!不但口感颇佳,而且有提神健体的功效。在那种气氛之下,日本记者的触觉何等敏锐。第二天,日本《东京新闻》便以醒目的位置刊登一篇富有神秘色彩的新闻:"……在中国队加快出击的背后,有一种'魔水'在起作用。可以说,喝上一口这种'魔水',精力马上就充沛了。这是一种新型的饮料。今后世界各国将努力分析这种'妙药'的成分,并很可能在运动饮料方面引起一场革命……"

在这本书的后记中,有如下描述:"初稿先由梁潜撰写,交健力宝公司有关部门的同志审阅。听取了他们详尽的修改意见后,重起鼓,再敲锣,又由植伟森接手进行修改补充,写成第二稿。经有关方面审慎而反复的讨论、修改,然后定稿。这本书的责任编辑李一安先生为此两次专程南下广东省三水县,与广东健力宝集团有限公司洽谈该书出版事宜,并对作者的创作予以具体的指导。"这篇后记还指出,欧阳孝研究员、江兆基工程师以及健力宝公司公关部人员提供了采访的方便,多次审阅其稿,并改正了不少谬误之处。

可见,该书的写作与出版,与健力宝公司有密切的关系。该书经过健力宝公司的官方审阅,并进行了修改,健力宝公司对该书内容自然是认可的。按此推断,《中国魔水》中的相关记录应是权威的,是基于事实而非外部传言的。但依据本文获得的资料判断,这段记录与真实史实之间有很大距离。从上面引用的这段描述中,我们能明显感觉到演绎和夸大的色彩。这种过度演绎和夸大，具体体现在以下几个方面。

第一，误导读者，将"中国魔水"等同于健力宝。第23届奥运会中国代表团选定的是五种饮料，而并非健力宝这一种。据1984年6月6日的《羊城晚报》报道，第23届奥运会中国代表团选定的新型运动饮料共五种，并被带往洛杉矶。这五种饮料分别是广东的"健力宝"饮料、辽宁的"八四七奥林匹克运动员饮料"、北京的"猕猴桃饮料"、河北的"运动员机能饮料"和四川的"峨眉山矿泉"运动员饮料。此处的记载与上文出现的1984年8月11日《东京新闻》的报道基本吻合。上述《中国魔水》指出，日本记者发现"中国健儿都爱捧着一罐他们从国内带来的饮料"，"还特意向中国健儿讨了几罐这种饮料来品味一番"，并强调中国金牌获得者"喝的都是同一种饮料"。最后再配上《东京新闻》关于"魔水"的报道。上面整段文字读下来，读者会感觉到《东京新闻》这篇"富有神秘色彩"的新闻所报道的"魔水"就是健力宝，奥运赛场上中国队员喝的饮料也只有健力宝。而事实上有五种饮料成为中国奥运代表团的专用饮料，《东京新闻》所报道的魔水也是指这五种饮料。很显然《中国魔水》一书中这段记述已经极大地偏离了史实。其他资料的相关记载也大都存在相同的问题。如1985年2月25日的《中国食品报》转引《东京新闻》的报道时选择了部分信息，省略了其他四种饮料。报道最后还指出，"被称为'魔水'的，就是广东运动饮料厂生产的健力宝运动饮料"。其中的"就是"二字，更是让人感到"魔水"就是健力宝。

第二，夸大了健力宝对中国代表团成绩的贡献。众所周知，1984年洛杉矶奥运会是中国大陆代表团首次参加奥运会，并且一举夺取了15金、8银、9铜，位列奖牌榜第4名，可谓一鸣惊人。此外，还诞生了许海峰、李宁、中国女排等让人热血沸腾的夺金故事。决定体育比赛胜负的因素很多，但包括上文在内的不少文献，都过度夸大了健力宝对中国代表团成绩的贡献。如上文暗示健力宝是中国健儿取胜的"秘密武器"，中国女排选手和李宁、许海峰等金牌获得者，"喝的都是同一种饮料"。另外，还有资料指出："在这届奥运会上，中国健儿夺取了一枚又一枚金牌，外国记者在惊叹中国健儿的优异成绩的同时，都认为健力宝这种神奇饮料也有一份功劳。"1987年2月的《广东

 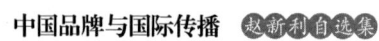

运动营养食品》创刊号刊登的国家级教练、中国田径教练委员会常委欧伟棠的文章指出,该饮料在洛杉矶奥运会被国外新闻界称为"中国魔水""中国女排取胜的奥秘"。该文坦言"记者们的报道有言之过甚的地方",但同时强调健力宝起到消除疲劳、提高训练水平的作用"是应该肯定的"。

第三,对比赛现场和记者采访过程进行了过度演绎。上文引用的《中国魔水》的段落中,出现了关于日本记者的心理描写,如"又气又急",这是无法考证的。"细心的日本记者发现""日本记者十分警觉,他们发现……"之类的表述,都是借日本记者之口进行的描述,亦是无从考证。而一些描述则有明显的夸大和演绎的成分,如"中国姑娘一边听她们的教练袁伟民面授机宜,一边喝着那种饮料,似乎越喝越来精神","有几个日本记者,还特意向中国健儿讨了几罐这种饮料来品味一番,果然是与众不同!不但口感颇佳,而且有提神健体的功效"。这类进行过度演绎的记录很多,如健力宝公司于1987年8月编印的《健力宝文集(第一卷)》收录了若干篇报告文学。其中一篇有这样的记述:"当中国女排在夺取世界冠军途中,与日本女排激战以二比零领先,暂停时,日本记者惊奇地发现,中国女排饮用的饮料叫'健力宝',他们要了几罐去喝,喝完把空罐也带走了。"这篇报告文学还说,在中国代表团获得15枚金牌凯旋后的庆功宴上,"运动健儿们真诚地说:'健力宝应得第十六块金牌!'"而另一篇报告文学《魔人—魔水》则更为直白地指出:"日本《东京新闻》这条数百字的报道提到健力宝是魔水,具有夺冠的魔力。并且预料健力宝将引起一场运动饮料的革命。"这是健力宝公司自己编印的文稿,夸大与演绎的色彩更为明显:《东京新闻》的报道并未提到"健力宝有夺冠的魔力",而报道中所说的"运动饮料的革命"也并非是指由健力宝带来的。

五、"中国魔水"成为健力宝的专有名片

如上文所述,最初《东京新闻》所报道的"中国魔水",是指包括健力宝在内的五种运动饮料。而经过复杂的传播过程后,普通民众的印象是,"中国魔水"就是指健力宝。"中国魔水"如何成了健力宝的专有名片?其中起主要

作用的，是健力宝公司的积极推动。《东京新闻》报道"中国魔水"后，《羊城晚报》对此的报道以及《文汇报》等媒体的转载过程中，有没有健力宝公司的介入，不得而知。但健力宝公司编印的《健力宝文集》（1987年）、《健力宝的效应》（1994年）、《"魔水"风雷》（2014年）中，都有大量"中国魔水"的内容，其中不乏牵强附会之处。如2014年健力宝公司编著的《"魔水"风雷》一书卷首刊登了署名"广东健力宝集团有限公司董事长叶红汉"的文章，该文指出："中国女排夺金后，日本记者捕捉到了女排姑娘饮用健力宝的瞬间，撰文将健力宝誉为'中国魔水'。再经《羊城晚报》妙笔生花，健力宝一举成名天下知！"依上文考证，日本记者捕捉到女排姑娘饮用的并非健力宝。健力宝公司编印的相关出版物以及经健力宝公司审阅修改的《中国魔水》（1991年）等出版物，都在不同程度上夸大了健力宝对中国奥运选手的帮助作用，过度演绎了日本记者对健力宝的认识和评价，歪曲了《东京新闻》关于"中国魔水"的相关报道，误导人们产生"中国魔水就是健力宝"的认识。

健力宝公司还积极通过文艺的手法，推动中国魔水成为健力宝的专有名片。健力宝公司编印的《健力宝文集（第一卷）》用几十页的篇幅刊登了健力宝与中国魔水相关的诗歌、对联、散文等。如其中一首内容如下："洛杉矶前争献技，万邦惊识神魔水；疲劳一洗振英风，健力拓开新世纪。"健力宝公司还与深圳电视台携手编制了一套电视新闻《中国魔水》；健力宝公司还与广东粤剧团排演现代大型粤剧《魔水之恋》，把健力宝搬上了舞台。笔者因偶然的机会发现一本1986年10月的电影文学剧本《魔水的传说》，编剧为王军、孙穆，落款为"中国人民解放军八一电影制片厂文学部编剧组"。这本铅印的剧本共68页，讲述了"健力饮"发明问世过程，剧本的故事梗概中有如下文字："得到了于为的全力支持，'健力饮'才得以问世，并作为我国体育代表团参加洛杉矶奥运会的首选饮料，而轰动了奥运会，因此被外国记者鉴为'魔水'。"很显然剧本中的"健力饮"的原型就是健力宝。

六、小结与思考

综上所述，我们可以对健力宝"中国魔水"问题的历史真相作如下总结。

第一,1984年洛杉矶奥运会中国代表团选用了五种运动饮料,健力宝是其中之一。第二,日本《东京新闻》对中国代表团的五种运动饮料给予报道,并称这五种饮料为"魔法之水",并未突出健力宝;报道配图中国女排2号队员梁艳正在饮用塑料瓶装饮料,本文比对确定不是健力宝。第三,《羊城晚报》编译了日本《东京新闻》报道的部分内容,没有介绍日媒所谓"魔水"所包含的另外四种饮料,又经其他媒体转发,一定程度上误导受众认为"中国魔水就是健力宝"。第四,健力宝方面借机进行品牌故事传播,通过夸大、演绎、歪曲等手法,成功使"中国魔水"成为健力宝的专有名片。

上文分析了"中国魔水"品牌故事传播中出现的事实错误、对配图的歪曲解读、过度演绎与夸大等问题,这些问题的出现既有时代背景的元素,也有企业自身的原因。首先,20世纪八九十年代曾在一定范围出现较为普遍的虚假广告、夸大宣传的现象。其次,当时媒体传播手段有限,中国与外国之间存在信息隔阂,海外媒体报道的相关信息难以核实确认,为"出口转内销式"品牌传播的虚假、夸大宣传提供了空间。再次,由于中国经济社会发展水平有限,当时在很大范围存在"崇洋媚外"的现象,在外国受赞誉的,往往被认为一定是优质可靠的。最后,健力宝是中国大陆较早重视公关活动的企业,注重利用体育、新闻、文艺等开展公关宣传,其中也不乏有一些夸大其词之处。

综合上述考证过程,本文总结得出如下几点思考。

第一,广告史、品牌史、营销史领域的夸大记录颇多,值得高度重视。比起其他领域的史学研究,广告史有一定的特殊性。对于特定历史事实,广告主、媒体、广告公司和学界的记录会有不同。广告主会努力挖掘品牌传播中的重要故事,这些故事被包装和传播时,难免出现夸大和变形。媒体报道中,有一部分带有软文性质,与历史事实和历史真相之间有一定距离。这类品牌故事,往往会被演绎为相关教育和培训中的经典案例,为了让案例更为生动有趣,教材编写者和案例讲述者往往也会对案例进行一定的"润色"。上述各类资料大都会以正式出版物的形式面世,部分信息会成为学者学术研究的资料来源,历史的谬误就这样产生。此类谬误正在以讹传讹,值得高度重视。

第二，广告史、品牌史、营销史的研究，应加强历史考证，注重史实甄别。一般来说，对广告学说史、品牌学说史、营销学说史的研究和归纳，通常能够基于事实，基本客观。但对于广告主品牌传播过程中的史实，部分史料和文献的记录则不够严谨。广告史的研究是一种历史研究，必须有历史研究的严谨考证过程。当前，中国广告史和品牌史领域的研究力量不足，许多研究不够深入扎实，迫切需要更多有扎实历史研究功底的学者投入这个领域的研究，也需要广告学者拿出更多时间与精力投入严谨的广告史研究中来。

第三，品牌故事需基于事实。习近平总书记指出，要根据事实来描述事实，而不能根据愿望来描述事实。

当前，中国经济正在经历速度变化、结构优化、动力转化的发展新常态，处于转型升级的关键历史转折点，品牌建设受到前所未有的重视。随着中国综合实力提升，中国日益走近世界舞台的中央，不少中国品牌的故事已经成为中国故事的重要组成部分。不少品牌主正努力抓住这个重要战略机遇，积极推动品牌建设。

但依然有一些品牌故事存在误导受众、夸大其词的成分，经不起推敲，更经不起历史的考验。品牌主应努力基于事实进行品牌传播，慎之又慎。要知道品牌是实实在在干出来的，不是吹出来的，也不是炒出来的。品牌故事的讲述，需要对当下的公众负责，也要对历史负责。

参考文献

[1] 困难时期国家扶持，鸿茅药酒出口创汇[EB/OL].(2015-05-16)[2015-09-01]. http://news.163.com/15/0516/12/APO48HDM00014AED.html.

[2] 吴晓波. 激荡三十年：中国企业1978—2008：上[M]. 北京：中信出版社，2007.

[3] 薛原. 中国体育装上产业新引擎[N]. 人民日报，2009-09-17(15).

[4] 星星. "东方魔水"演绎生死蝶变：健力宝的前世今生[J]，市场论坛，2005(3)：51-52.

[5] 有贺隆. 用"魔法之水"快速出击？[N]. 东京新闻，1984-08-11(12).

[6]范柏祥.日本誉我国"健力宝"等为"魔水"说将引起一场体育饮料革命[N].羊城晚报,1984-08-18(2).

[7]消除疲劳增强体力,"健力宝"被誉为"魔水"[N].文汇报,1984-08-27.

[8]李宁太.健力宝现象"揭秘"[J].特区企业文化,1996(1):20-23.

[9]梁荣.健力宝成功的奥秘[M].北京:新世纪出版社,1989.

[10]何永祺,侯轩娇."中国魔水"健力宝第一次腾飞的启示[J].商业经济与管理,1992(6):30-32.

[11]广东健力宝集团有限公司."魔水"风雷[M].武汉:武汉出版社,2014.

[12]田耕.借罐出名[J].企业改革与管理,1998(8):29.

[13]柏生.目标:冲向世界[N].人民日报,1987-05-28(2).

[14]范幼元.光荣与梦想:李经纬和他的健力宝王国[M].上海:上海文艺出版社,1996.

[15]梁潜,植伟森.中国魔水[M].长沙:湖南文艺出版社,1992.

[16]五种国产饮料奥运会露面.广东健力宝等将被带往洛杉矶[N].羊城晚报,1984-06-06.

[17]陈育山."魔水":健力宝[N].中国食品报,1985-02-25.

[18]欧伟棠.健力振中华 魔水誉天下[J].广东运动营养食品,1987(2).

[19]沈仁康.饮料王国的报春花:健力宝[G].佛山:广东健力宝有限公司,1987.

[20]肖玉,何继青.魔人—魔水[G].佛山:广东健力宝有限公司,1987.

[21]广东健力宝集团有限公司."魔水"风雷[M].武汉:武汉出版社,2014.

[22]梁荣.改革开放的中国·健力宝成功的奥秘[M].广州:新世纪出版社,1989.

[23]新华通讯社课题组.习近平新闻舆论思想要论[M].北京:新华出版社,2017.

三、广告与传播研究

古代商业广告的丰富形态与文化意蕴[*]

"广告"一词在汉语中出现较晚，但我国广告活动发端甚早。早在物物交换时期，人们就通过吆喝和实物的方式展示和推销商品，在漫漫历史长河中广告形态逐步丰富。虽然没有形成独立分工的广告行业，但广告在政治、经济、文化领域得到了广泛实践，绘就了我国古代广告的灿烂画卷。

一、古代商业广告的丰富形态

古代商业广告的丰富形态折射出经济社会的繁荣景象。《清明上河图》生动记录了北宋开封的城市面貌和市井生活，其中涉及广告的信息颇多，是观察我国古代广告文化的重要文物。从画面可见，当时的开封人烟稠密，粮船云集。街道两边商铺鳞次栉比，有茶坊、酒肆、脚店、肉铺等。商店的广告形态丰富多样，包括幌子、旗帜、招牌、灯箱、彩楼等，此类广告形态粗算足有数十处。如图中临河一酒家的酒旗上书"新酒"二字；商家林立的街头，可辨认的招牌、广告牌包括："久住王员外家""杨家应症""刘家上色沉檀拣香铺""正店""孙羊店""香饮子""天之美禄""王家纸马""小酒"等。除清晰可辨的文字招牌外，还可看到酒幌、煎饼幌、理发幌、马具幌、膏药幌等招幌广告形态。《东京梦华录》同样描绘的是北宋时期的开封城市景象，据该书记载，"从城外守门入城卖货，至天明不绝。更有御街州桥至南内前趁朝

---

[*] 文章原载于《人民论坛》2022年第19期，收入本书时有改动。

卖药及饮食者，吟叫百端"。可见北宋时期开封的商业繁荣景象，叫卖广告"吟叫百端"，种类繁多，市井热闹的烟火气息和经济社会的繁荣景象，跃然纸上。

明代《南都繁绘图》描绘了明万历年间南京城商业繁盛的情景（见图1）。画中店铺林立，招牌广告密密层层，行人商客熙熙攘攘。画中可见鞋靴、帽巾、纱罗、糕点等商品和商店，招牌广告"东西两洋货物俱全""兑换金珠""川广杂货""杂耍把戏""万源号通商银铺""京式靴鞋店""粮食豆谷老行""南北果品""牛行""书坊"等，清晰可辨的就有百余个商店招幌匾牌。在"万源号通商银铺"的牌匾下方，还标有"出入公平"的字样，反映了公平交易的营商理念。

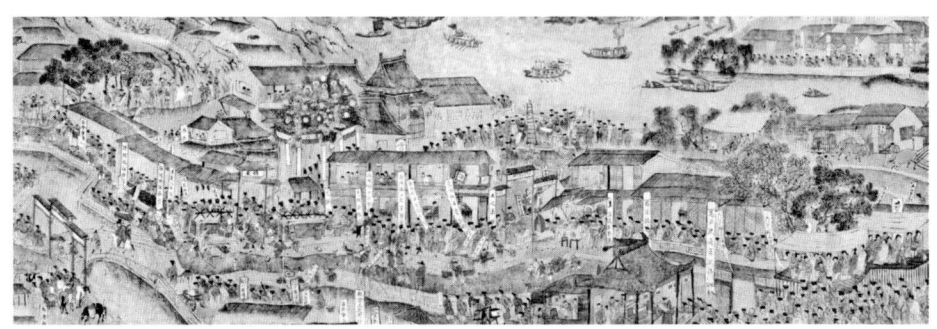

图1 （明）《南都繁绘图》（局部）

古代广告的丰富形态展现了中华文化的特色和魅力。古代形形色色的广告中，最具地域特色的莫过于口头叫卖广告。这类广告往往带有方言、地方戏剧等元素，所售卖商品也往往具有区域特色，可以说是最具"乡愁"的一种广告。声音是重要的广告元素，通过特定声音做广告，是中国人行商的智慧。早在战国时期，屈原的《天问》就有名句："师望在肆，昌何识？鼓刀扬声，后何喜？"这里的"鼓刀扬声"，就是用屠刀敲击案板发出声音，以吸引顾客注意。汉代卖糖的商贩以箫声为媒介进行宣传，后来卖糖者多以敲击小锣的方式做广告。唐朝的口头叫卖已是千奇百怪，所卖物品不同，其"吟哦俱不同"。到了宋代，行商者走街串巷，口头广告的叫卖内容和形式也更加丰富多彩。据南宋《梦粱录》记载，"卖花者以马头竹篮盛之，歌叫于市，买者纷然"。元代诗人王元鼎的《醉太平·寒食》中有"觉来红日上窗纱，听街头卖杏花"的诗句。清朝《帝京岁时纪胜·烟火》记载了街头吆喝的口头叫卖广告内容："滴滴金，梨花香，买到家中哄姑娘。""滴滴金"生动描述了烟花的颜色和形状，"梨花香"则表现了产品的气味，十分形象。清代《韵鹤轩杂著》记录了音响广告的繁盛："百工杂技，荷担上街。每持器作声，各为记号。"这些各具特色、生动活泼的叫卖广告、音响广告，既有浓浓的地域特色和市井气息，也折射了中华文化和语言的巨大魅力。

有的叫卖广告与戏曲文化交融，有较高的艺术价值。宋词元曲中的【货郎儿】【卖花声】等词牌或曲牌就是吸收了口头叫卖广告的元素并经艺术加工而成。南宋诗人范成大在《范石湖集》中记录了卖药者的口头吟唱广告："墙外卖药者九年无一日不过，吟唱之声甚适。"清朝的《燕京杂记》记载："京师荷担卖物者，每曼声婉转动人听闻，有发数十字而不知其卖何物者。"可见当时的商贩的叫卖广告打破了平铺直白的表达，更加追求声音和韵律的婉转动听，有一定的艺术性。小铜锣、拨浪鼓，加上婉转悠扬、各具特色的叫卖声，成为多少中国人精神世界的乡愁，也成为中国市井文化中具有魅力的风景线。

古代广告的丰富形态印证了传播技术与商业理念的进步。从早期直白的叫卖广告、实物广告，到后来有一定艺术价值和设计感的匾额广告、印刷广告，其背后是传播技术和商业理念的进步。尤其是印刷术的发明和使用，让广告具备了大众传播的属性，使其在商业传播中开始发挥更重要的作用。北宋时期的"济南刘家功夫针铺"广告，被认为是世界上最早的铜版印刷广告，也是世界上最早的印刷广告实物，比西方公认最早印刷广告早三百多年。铜版上雕刻着"济南刘家功夫针铺"的标题，中间是白兔捣药的图案，于图案左右标注"认门前白兔儿为记"的字样，下方的文字则阐明了商品质地和销售办法："收买上等钢条，造功夫细针，不误宅院使用。转卖兴贩，别有加饶，请记白。"这条广告既可做包装纸，也可制作成招贴广告。广告设计图文并茂，体现了较高的广告制作水平和较为先进的广告理念，是商标与广告结合的珍贵历史文物。宋代以后，随着印刷术的进步，书籍的印刷和售卖十分普遍，印刷版的书坊广告和书籍广告成为宋、元、明、清各朝代人们生活中的常见现象，各类广告的设计制作水平不断提升。

二、古代广告文化蕴涵的深刻哲理与谋略智慧

妇孺皆知的"悬牛首卖马肉""自相矛盾"等说法都与古代广告活动密切相关。《晏子春秋》记载，"君使服之于内，而禁之于外，犹悬牛首于门，而卖马肉于内也"。晏子借助市场上用牛头做广告而实际卖马肉的欺客行为，阐明"只有表里如一才能让臣民从内心信服"的道理。此处的"悬牛首于门"，说的就是古代实物招幌广告。商家在门口悬挂商品实物以吸引顾客，如酒家门口悬挂酒壶，药店悬挂药壶于门前，麻店门前悬挂一缕麻，卖牛肉的商店则"悬牛首于门"。"悬牛首卖马肉"指表里不一，以次充好，后逐步演变为现在人们常说的"挂羊头卖狗肉"。此外，家喻户晓的"自相矛盾"的故事，也是我国古人的广告实践。当时售卖盾与矛的商人，其夸耀"盾之坚""矛之利"就是较为原始形态的实物招幌广告和口头广告。实物招幌广告取材方便，成本低廉，传递的信息直观易懂。随着社会发展，逐渐出现模型招幌广告、象征招幌广告、文字招幌广告等。从以上例子可见，许多古代广告行为已成为典故，融入了我们的语言文化和日常生活。

上述各类商品广告是狭义的广告，广义的广告包括宣传各类理念、观点的政治广告、军事广告、公益广告等。我国古代的政治广告也蕴含丰富的谋略智慧。秦末农民起义领袖陈胜、吴广"鱼腹藏书、篝火狐鸣"的故事广为人知。陈胜、吴广巧借鬼神之力提升了威望，制造了舆论，动员了民众，体现了其高超的谋略智慧。这是中国古人利用政治广告影响舆论、树立威信的典型案例。

隋朝开皇八年（588），隋文帝为声讨陈后主陈叔宝的"二十恶"，"散写诏书三十万纸，遍谕江外"。诏书列举陈朝民众和士兵之苦，以及陈叔宝的昏庸暴虐。诏书提到："益部楼船，尽令东骛，便有神龙数十，腾跃江流，引伐

罪之师，向金陵之路，船住则龙止，船行则龙去，四日之内，三军皆睹，岂非苍旻爱人，幽明展事，降神先路，协赞军威！"隋文帝是我国历史上著名政治家、军事家、谋略家，当时他"散写诏书三十万纸，遍谕江外"，毫无疑问是我国早期的军事传单、政治广告。分析诏书内容可以发现其高超的谋略智慧。第一，隋文帝将矛头对准陈叔宝，痛陈其罪不可赦，而不将陈朝平民和士兵视为敌人，对民众表现出高度的怜悯和同情。第二，诏书是舆论战和攻心战的重要手段，三十万份诏书遍谕江外，与军事进攻进行了很好的配合。第三，诏书巧妙借用"天意"，描绘了数十条青龙在长江上飞舞的壮观场景，并强调"三军皆睹"，让人深信这是冥冥中的天意，天降神兽为伐陈隋军开路，大涨隋军军威。

三、诚、信、仁、和等中华优秀传统文化，在古代品牌广告中得到普遍体现

古代广告文化的发展具有浓厚宗族意识和家族色彩。中国古代不少品牌的命名与广告传播均依托家族，以人名或姓氏命名，含有"号""记""家""牌"等字样。《清明上河图》中"王家纸马""杨家应症""刘家上色沉檀拣香铺"，以及《南都繁绘图》中"万源号通商银铺"等均属此类。中国传统社会以家庭为中心，极其重视家风建设，注重家族声誉和传承，事业和家庭融合发展，个人人格、家族家风、品牌声誉紧密联系，互为一体。其以家族声誉担保品牌品质，体现了中国传统文化中做人与做事的一体贯通。

古代广告文化蕴含优秀的经营思想和商业道德。描绘清代苏州风物的《盛世滋生图》中有"公平交易""戒欺"等墙体广告和匾额广告，体现了诚信经营的商业道德。至明清时，随着资本主义萌芽和商品经济发展，广告和品牌得到长足发展。其中，"六必居""同仁堂""全聚德"等品牌和广告反映了商家的经营思想和商业道德，其中蕴含的中华传统美德得到充分彰显。明朝的"中和烟铺"中的"和"体现了中华传统文化中"以和为贵""和而不

同"等思想理念。这些品牌的命名、传播和经营，体现了精工细作、货真价实、诚信经营、以义取利等中华优秀传统文化中的精华部分，寓意深刻。

英国作家诺曼·道格拉斯说："透过广告，可以发现一个国家的理想。"透过中国古代广告，可以发现古代中国人民的美好愿望。许多招牌幌子广告的设计，都通过人们喜闻乐见的造型、色彩、文字表达了人民群众祈求吉祥、追求幸福的美好心愿。葫芦、铜钱、鱼、元宝等常见的实物招幌，体现了人们企盼吉祥、追求富足的朴实愿望。广告和牌匾常用的青、白、黄等颜色，象征吉祥、高雅；常用的龙纹、钱纹和福字底纹象征着吉祥、高贵。文字中经常出现的"德""升""吉""和""任""兴""正"等文字，在体现商家经营思想的同时，也反映了广大消费者对美好生活的向往。《清明上河图》中出现"新酒""脚店"等各类广告元素，大街上车水马龙、人来人往。广告折射了人民群众美好愿望，也是社会安定、经济繁荣的象征。

参考文献

［1］杨海军.中国古代商业广告史［M］.开封：河南大学出版社，2005.

［2］陈树林.中国广告历史文化：古代卷［M］.天津：天津社会科学院出版社，2007.

从国家社科基金立项项目看广告学术研究热点*

本文梳理了广告相关国家社科基金的立项项目年度分布、类别分布、项目负责人职称分布、立项项目机构地区分布、获得立项的机构情况、项目负责人立项次数、立项项目学科分布、在新闻学与传播学立项项目中的占比等，并详细考察了59项立项项目的项目主题，据此考察分析了广告研究的热点，并对今后广告相关国家社科基金的发展和广告学研究做出展望。

一、问题的提出

2018年是改革开放40周年，2019年将迎来中国恢复广告40周年。近40年来，中国广告行业得到快速发展，广告人才培养和广告学术研究也取得诸多成果。广告学术研究成果以研究报告、著作、论文等形式呈现。本文拟从国家社科基金立项项目中与广告相关的项目入手进行分析，考察广告学术研究。国家社科基金即国家哲学社会科学基金，由全国哲学社会科学规划办公室负责运行管理，自1991年设立以来，国家社科基金已经发展成为涵盖马列·科社、党史·党建、哲学……新闻学与传播学等20余个学科门类，包括重大项目、重点项目、青年项目、后期资助项目等8个类别在内的立体式资

---

* 文章原载于《广告大观（理论版）》2018年第3期，与官效喆合作，收入本书时有改动。

助体系，对相关学科发展起着重要的引领导向作用。[1]能否获得国家社科基金资助历来被全国社科界同人视为衡量一个地区、一个单位科研水平、科研成果和科研发展实力的重要标志之一。[2]

一直以来，对国家社科基金立项项目的分析研究，是考察我国哲学社会科学研究的一个独特视角。不少学科都出现了从国家社科基金立项项目看本学科学术研究状况的相关梳理，如《从国家社科基金项目看华侨华人研究发展状况——基于1991～2013年国家社科基金华侨华人研究立项项目的量化分析》[3]《我国翻译研究现状考察——基于国家社科基金项目（2000-2013）的统计与分析》[4]等，在新闻学与传播学领域，也有一些相关成果面世，如《"十二五"期间我国新闻学与传播学研究的热点与趋势——基于国家社科基金立项项目的计量考察》[5]《新闻学与传播学国家社科基金项目统计分析》[6]。这些研究都通过梳理近年来该学科的国家社科基金立项情况，考察本学科的发展导向、研究状况、研究热点和趋势等。

广告相关研究的国家社科基金立项情况如何？从中可以发现广告研究的哪些研究热点？这方面的研究目前尚未出现。本文试图从国家社科基金项目的角度来考察广告研究的热点，并对今后的广告研究做出展望。

---

[1] 王大可，李本乾. "十二五"期间我国新闻学与传播学研究的热点与趋势：基于国家社科基金立项项目的计量考察［J］.新闻界，2016（21）：21-25，32.

[2] 蔡尚伟，刘锐.新闻学与传播学国家社科基金项目统计分析［J］.现代传播（中国传媒大学学报），2008（2）：43-46.

[3] 路阳.从国家社科基金项目看华侨华人研究发展状况：基于1991~2013年国家社科基金华侨华人研究立项项目的量化分析［J］.南亚东南亚研究，2014（2）：94-100，110.

[4] 张威.我国翻译研究现状考察：基于国家社科基金项目（2000—2013）的统计与分析［J］.外语教学与研究，2015，47（1）：106-118，161.

[5] 王大可，李本乾. "十二五"期间我国新闻学与传播学研究的热点与趋势：基于国家社科基金立项项目的计量考察［J］.新闻界，2016（21）：21-25，32.

[6] 蔡尚伟，刘锐.新闻学与传播学国家社科基金项目统计分析［J］.现代传播（中国传媒大学学报），2008（2）：43-46.

二、立项基本情况分析

本文以全国哲学社会科学规划办公室官网的"国家社科基金项目数据库"[①]为数据来源,可查询1994年至今的国家社科基金各类项目立项情况。由于"广告学"并不是一级学科,在数据库的"学科分类"中没有广告学。所以本文在该数据库中以"广告"为关键词进行检索,在1994年至2017年的立项项目中,获得立项名称中包含"广告"一词的立项项目共计66条,包括青年项目、一般项目、重点项目、后期资助项目、西部项目等。其中部分项目重复出现两次,合并重复项目后,共获得59条有效样本(详见附表)。

本文从广告学立项项目年度分布、立项项目类别分布、立项项目主题分布、立项项目负责人职称分布等方面对广告领域的国家社科基金立项项目基本情况进行考察。

(一)立项项目年度分布

在1994年至2009年期间,项目名称中含"广告"一词的立项项目平均每年为1到2项;2010年之后,这类立项数量呈现整体快速增长的态势,虽然在2013年和2016年有所回落,但是总体趋势是上升的,从侧面显示经济社会发展为广告学研究所带来的机遇;尤其是最近几年,互联网广告、广告监管、国家形象广告成为研究热点,立项数目显著增多,2015年和2017年立项数均为9项,达到历史最高水平(图1)。

---

① 国家社科基金项目数据库[EB/OL].(2018-03-20)[2024-05-16]. http://fz.people.com.cn/skygb/sk/index.php/Index/index.

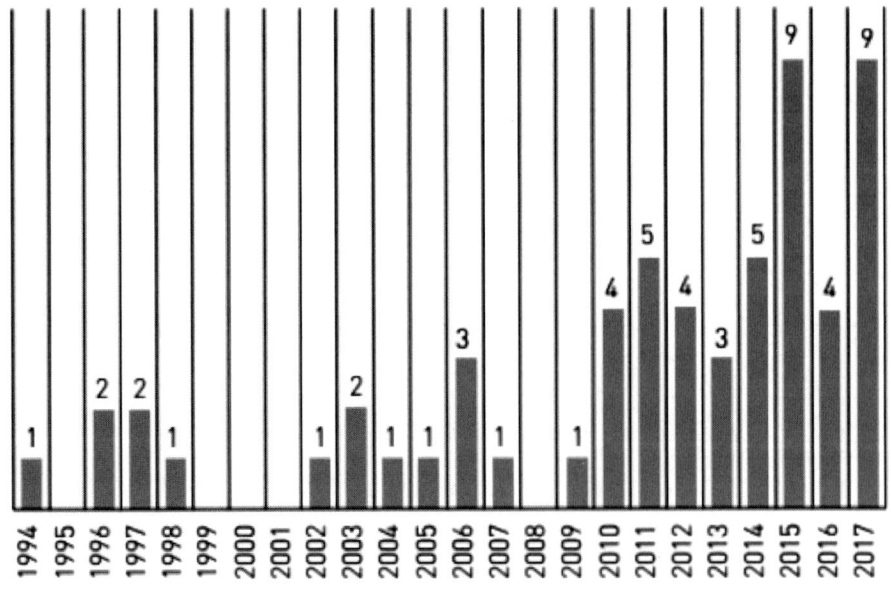

图 1 立项项目年度分布

（二）立项项目类别分布

国家社科基金设有重大项目、年度项目（重点项目、一般项目）、青年项目、后期资助项目、中华学术外译项目、西部项目、特别委托项目等项目类型。项目名称中含"广告"一词的 59 项立项项目中，一般项目和青年项目最多，其中仅一般项目就占据了总量的一半以上，占整体的 59.3%。其次是后期资助项和重点项目，占比分别为 10.1% 和 5%。重大项目资助中国特色社会主义经济、政治、文化、社会和生态文明建设及军队、外交、党的建设的重大理论和现实问题研究，资助对哲学社会科学发展起关键性作用的重大基础理论问题研究。[①] 而从 1994 年至今，项目名称中含"广告"一词的 59 项立项项目中，没有一项重大项目，这反映了广告学在社会科学全部学科中的地位仍然较低，广告学的相关研究对"重大理论和现实问题研究"、

---

① 国家社会科学基金管理办法（2013 年 5 月修订）[EB/OL].（2018-03-20）[2024-06-18]. https://kjc. njmu. edu. cn/_upload/article/files/70/ed/09fe34b944c2815610874eb405a0/fab2ded8-a96d-4e78-948c-89d5602e73ba. pdf.

"对哲学社会科学发展起关键性作用的重大基础理论问题研究"关注还不够（表1）。

表1 立项项目类别分布

项目类别	项目数量	所占比例
一般项目	35	59.3%
重点项目	3	5%
后期资助项	6	10.1%
青年项目	13	22%
西部项目	2	3.3%
重大项目	0	0

近年来，国家加大了对西部项目的扶持力度，国家社科基金中的西部数量颇多，但项目名称中含"广告"一词的只有两项，分别是《晚清小说广告研究》和《广告创作与传播中的审美规律研究》，且《晚清小说广告研究》立项的学科背景是中国文学。这反映了广告学在西部与民族地区相关高校依然不够活跃。

（三）立项项目负责人职称分布

对59项立项项目负责人职称的统计显示，负责人职称为副高级的最多，达42.8%；其次为正高级，所占比例为33.9%。正高级和副高级所占比例合计达76.7%，可见广告领域国家社科基金立项项目中，正高级和副高级职称学者所占据的主导地位。中级职称学者要想在国家社科基金立项项目中谋得一席之地并非易事。需要特别说明的是，职称往往是动态变化的，本文严格以全国哲学社会科学规划办公室官网的"国家社科基金项目数据库"的信息为准，数据库中未标注职称的，按"未知"处理（表2）。

表 2　立项项目负责人职称分布

专业职称	人数	所占比例
正高级	19	33.9%
副高级	24	42.8%
中级	9	16%
未知	4	7.1%

（四）立项项目机构地区分布

从统计可以看出，全国地区有 21 个省、自治区和直辖市有广告相关项目立项，但是不同区域间广告学立项分布十分不平衡。北京和上海两个中国高等教育最发达的直辖市在广告学立项方面并没有拔得头筹，湖北省立项项目最多，占全部立项的 16.9%，其中武汉大学的广告学立项占湖北省立项的 50%。其次是福建和北京，立项项目分别为 8 项和 7 项，占立项总数的 13.50 和 11.8%，河南、安徽、吉林三个高等教育不特别发达的省在广告学立项方面表现较为亮眼，立项数目达到 3—5 项；反而是上海的广告学立项较少，只占总数的 5%。陕西、广东、湖南的立项数分别为 3 项、2 项、2 项。另有浙江等 11 个省、自治区、直辖市立项数均为 1 项，这 11 个省、自治区、直辖市分别为：浙江、新疆、广西、重庆、云南、江西、天津、四川、河北、江苏、山东。整体来看，广告相关立项项目的区域分布极不均衡，西部地区偏少，中东部地区偏多（表 3）。

表 3　立项项目机构地区分布

所在地区	立项数量	所占比例
湖北	10	16.9%
福建	8	13.50%
北京	7	11.80%
河南	5	8.40%

续表

所在地区	立项数量	所占比例
安徽	4	6.70%
上海	3	5%
吉林	3	5%
陕西	3	5%
广东	2	3.30%
湖南	2	3.30%
新疆	1	1.60%
浙江	1	1.60%
广西	1	1.60%
重庆	1	1.60%
云南	1	1.60%
党校	1	1.60%
江西	1	1.60%
四川	1	1.60%
天津	1	1.60%
河北	1	1.60%
江苏	1	1.60%
山东	1	1.60%

（五）获得立项的机构情况

在所有获得项目资助的单位中，获得一项以上广告学项目的单位有八所：厦门大学、武汉大学、湖南师范大学、中国传媒大学、北京大学等，其中，厦门大学获得的项目资助数量为 6 项，数量最多；武汉大学居其次，为 5 项；

湖南师范大学、中国传媒大学（原北京广播学院）、北京大学、郑州大学、深圳大学立项项目数均为2项。在广告科研和教育领域，厦门大学、武汉大学、中国传媒大学、北京大学是传统名校，科研实力很强。不同高校的学术研究有不同的特征和侧重，在获得立项的科研机构的前8位中，广告名校均未缺席（图2、表4）。

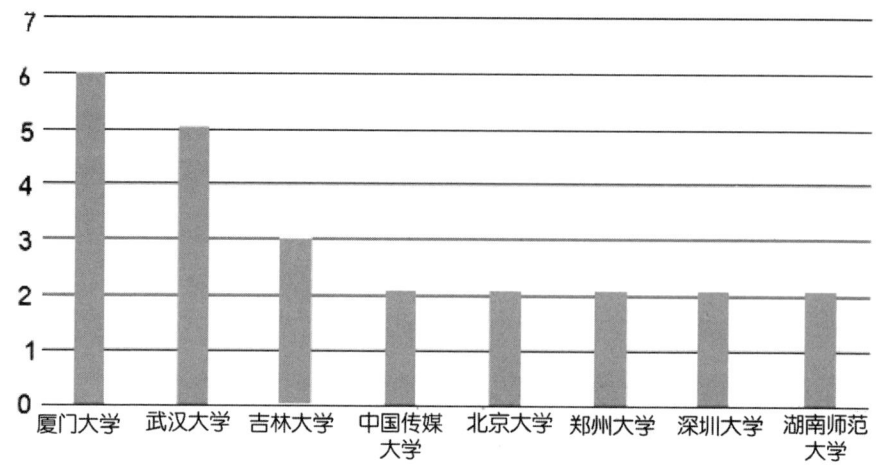

图2 获得立项的机构情况

表4 获得立项的机构情况

所在单位	数量	比例
厦门大学	6	10.10%
武汉大学	5	8.40%
吉林大学	3	5%
中国传媒大学（原北京广播学院）	2	3.30%
北京大学	2	3.30%
郑州大学	2	3.30%
深圳大学	2	3.30%
湖南师范大学	2	3.30%

（六）项目负责人立项次数

一般来说，一项应用研究型国家社科基金项目的研究时间为2—3年，而基础理论研究项目则需要3—5年，在总体立项率不高的情况下，大多数研究者在五年规划时间内只能获得一项研究资助。在广告科研领域，获得一项以上国家社科基金立项项目的专家有4位，分别是陈培爱（厦门大学）、廖秉宜（武汉大学）、颜景毅（郑州大学）、杨海军（河南大学和华东师范大学）。陈培爱获得4项资助，这也与厦门大学所获项目资助最多相符；廖秉宜和颜景毅也都与所在单位的立项项目数量排名相符；杨海军的两项立项项目分别是他供职于河南大学和华东师范大学时所获得（表5）。

表5　项目负责人立项次数

姓名	所在机构	立项次数	项目名称	立项年份
陈培爱	厦门大学	4	我国电视广告社会效益及其改进对策研究	1994
			广告传播学研究	2006
			中国近代广告史研究（1840—1949）	2010
			中国广告教育三十年研究（1983—2013）	2013
廖秉宜	武汉大学	2	广告产业经济学理论与实践研究	2010
			中国互联网广告监管制度研究	2016
颜景毅	郑州大学	2	广告传播及其文化效应	1996
			大数据与中国广告产业集约化发展研究	2015
杨海军	河南大学/华东师范大学	2	中国古代广告史研究	2005
			中国当代广告舆论传播与话语变迁研究（1979—2009）	2014

（七）立项项目学科分布

一般认为，广告学是新闻学与传播学的子学科。因此，广告相关项目的学科分类大都是新闻学与传播学，59项立项项目中，48项项目的学科为新闻学与传播学，占81.4%。但也有一些立项项目分布在新闻学与传播学之外的学科，如法学、管理学、中国文学等。法学背景的项目研究的是广告法律规制问题，如"网络广告法律规制研究"和"广告欺诈行为的法律对策研究"；管理学背景的项目主题集中在广告效果方面，如"不同时间距离广告对消费者广告态度的影响机制研究""购后失调的网络广告因素及其社会福利效应影响研究"以及"植入式广告的消费者内隐记忆及其启动效应研究"。中国文学背景的项目则大都集中在研究中国文学中的广告史研究，如"晚清小说广告研究"和"中国现代文学广告史论"。图书馆、情报与文献学及统计学、哲学、语言学背景的项目都分别从各自的学科出发，从不同角度对广告进行了研究。这也印证了广告学有较强的综合性，与新闻学与传播学之外的不少学科之间有着千丝万缕的联系（图3）。

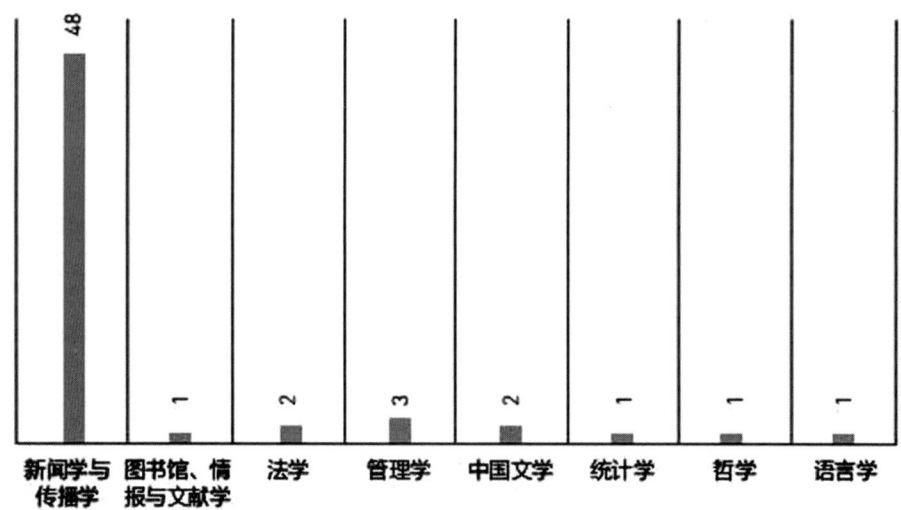

图3　立项项目学科分布

（八）在新闻学与传播学立项项目中的占比分析

在这一部分，笔者试图梳理在新闻学与传播学领域广告相关立项项目占比。值得说明的是，由于广告学是新闻学与传播学的子学科，所以这里只保留了59项立项项目中隶属新闻学与传播学的项目，剔除了管理学、法学等领域的相关项目。2011年至2015年的新闻学与传播学立项数量是根据《"十二五"期间我国新闻学与传播学研究的热点和趋势——基于国家社科基金立项项目的计量考察》一文的数据得知，2010年、2016年、2017年的立项数量为本文统计所得。从统计可见，广告相关立项数量占新闻学与传播学立项数量的比例不高，在2%到7%之间徘徊，2013年仅占2.1%，显然这个比例是偏低的（表6）。

表6 广告相关研究立项数量在新闻学与传播学立项项目中的占比

年度	广告相关研究立项数量	新闻学与传播学立项数量	所占比例
2010	3	94	4.2%
2011	4	100	5%
2012	3	119	3.3%
2013	3	141	2.1%
2014	5	151	3.3%
2015	8	140	6.4%
2016	3	159	2.5%
2017	6	186	4.8%

三、从立项项目主题看研究热点

广告相关的立项项目主题大致有广告伦理与监管、广告效果与效应、广告史、广告产业、新媒体广告等。其中，广告伦理与监管、广告效果与效应和广告史三个主题占比最大，分别为28.8%、22%和18.6%，三项合计占立项总量的69.4%。广告产业、新媒体广告、广告表现、广告战略等方面的项目，均占比不超过10%。需要说明的是，由于标准的不同，有些立项项目可以同时划分到多个主题中去，如有的项目关注了新媒体广告的监管，既可将其划分到"广告伦理与监管"中，也可划分到"新媒体广告"中。为了统计的方便，本文根据立项项目研究主题的侧重，每个项目只划分到一个主题中去。下面对占比最大的三个领域分别进行考察（表7）。

表7 立项项目主题统计

项目主题	项目数量	所占比例
广告伦理与监管	17	28.8%
广告效果与效应	13	22%
广告史	12	20.3%
广告产业	5	8.4%
新媒体广告	3	5%
广告表现	4	6.7%
广告战略	2	3.3%
其他	3	5%

（一）广告伦理与广告监管的相关项目

无论是在传统媒体时代，还是在网络时代，广告伦理失范与广告监管一直是广告学研究的重点领域。广告界因广告失范行为所遭受的质疑一直层出不穷，学界对相关问题研究也因此没有停止过，政府对这个问题亦高度关注。广告伦理与广告监管的17个相关项目具体涉及广告规范、广告规制、广告污染、广告道德、广告监管、法律对策、虚假违法广告、广告法律规制等领域。早在1996年，就出现了"广告污染及其成因与对策研究"，1997年继续出现该主题的立项项目"广告规范化研究"，1998年立项"广告道德研究"。2000年至2010年，关于广告伦理与广告监管的立项项目有5项，分别是"中外广告监管比较研究""我国传媒广告的规范问题研究""广告传播的社会责任和伦理规范研究""和谐与冲突——中国广告发展趋势与监管对策研究""广欺诈行为的法律对策研究";2011年至2017年,此主题的研究项目有9项,其中有8项与新媒体广告失范和监管有关,如"新《广告法》与网络广告长效治理机制研究""网络广告法律规制研究""中国互联网广告监管制度研究"等。

(二)广告效果与效应研究

无论是什么类型的广告,最终目的都是要产生一定的效果或效应,影响受众认知,改变受众态度,改变受众行动。广告效果和效应是自广告出现以来学界就关注的热点问题。广告所产生的不仅仅是商业效果,也有正面的社会效益和负面的社会效应。59项广告相关的立项项目中,广告效果与效应相关的项目为13项,占22%。在这些广告效果与效应的相关项目中,有五项有关广告的商业效果,如"不同时间距离广告对消费者广告态度的影响机制研究""植入式广告的消费者内隐记忆及其启动效应研究""植入式广告的效果评测与定价体系研究"等;而研究广告的社会效益的立项项目达八项,如"上海新生代农民工广告接触的相对剥夺感影响研究""新媒体环境下的公益广告传播与青少年社会化研究""广告传播及其文化效应""我国电视广告社会效益及其改进对策研究"等,有一项是有关广告效果调查的项目,即"广告效果调查评估的理论与方法研究"。

(三)有关广告史的研究

在中国,广告是一门相对年轻的学科,广告业的发展也经历了曲折。1978年改革开放以来,中国广告行业回归正轨,广告人才培养和学术研究也逐步恢复。广告史的相关研究,在初期并未受到足够重视,1994—2009年的16年间,广告史的立项项目只有一项,即"中国古代广告史研究"。近年来,随着广告业的成熟和沉淀,广告学界越来越关注广告史的研究。2010年至2017年的8年间,广告史相关的立项项目达11项,其主题涉及广告教育的历史,如"中国广告教育三十年研究(1983—2013)";也涉及某类具体的媒介广告史的研究,如"中国网络广告发展史(1997—2016)""清代书业广告研究""晚清小说广告研究""《大公报》广告史研究（1902—1949）"；也有涉及广告与社会变迁的研究，如"三十三年（1978—2010）广告镜像：中国社会价值观念的变迁""中国当代广告舆论传播与话语变迁研究（1979—2009）"等。整体来看，广告史的研究达12项，占了立项总量的20.3%，且呈现快速增长的态势，反映了广告史研究越来越受到重视。

四、小结：对广告研究的展望

本文梳理了广告相关国家社科基金的立项项目年度分布、类别分布、项目负责人职称分布、立项项目机构地区分布、获得立项的机构情况、项目负责人频次、立项项目学科分布、在新闻学与传播学立项项目中的占比等，并详细考察了59项立项项目主题。综合来看，广告相关社科基金立项项目基本反映了不同机构广告学术研究的实力和分布。结合上述分析，本文对今后广告相关国家社科基金做如下展望。

首先，广告相关国家社科基金数量还有很大提升空间。广告学是一门应用性极强的学科，广告业发展极其迅速，广告行业的人才需求和智力需求巨大。长期以来，不少广告学者疲于为业界提供最前沿的智力支撑，奔走于各类会议、讲座的现场，并承担大量横向科研项目。因此，整体来看，广告学者对国家社科等纵向课题的热情和重视程度不如其他学科。从广告相关立项项目占新闻学与传播学立项项目的比重看，从未超过10%，大多数年份都低于5%。可以预见，随着广告行业走向成熟和广告学科的完善，广告相关的国家社科基金项目应在数量上有较大提升空间。

其次，广告监管与规制将继续是研究的热点。根据《国家社科基金管理办法》的规定，国家社科基金重点支持关系经济社会发展全局的重大理论和现实问题研究，支持新兴学科、交叉学科和跨学科综合研究。[1] 由于广告的功

---

[1] 国家社会科学基金管理办法（2013年5月修订）[EB/OL].(2018-03-20)[2024-06-18].https://kjc.njmu.edu.cn/_upload/article/files/70/ed/09fe34b944c2815610874eb405a0/fab2ded8-a96d-4e78-948c-89d5602e73ba.pdf.

能和属性等原因，广告需要较强的创意才能吸引人们的关注。为了吸引关注，往往会有问题广告出现，广告监管与规制一直受到党政部门和人民群众的高度关注。当前，新型广告媒介不断涌现，新的广告手法和广告手段层出不穷，新兴学科、交叉学科和跨学科的广告监管研究呼之欲出。

最后，广告史研究将持续成为研究的热点。从上文分析可见，在国家社科基金设立初期至2010年，很少有广告史相关的国家社科基金项目立项，16年间仅立项一项；但2010年至2017年的8年间就有12项广告史相关的国家社科基金得到立项，足见广告史研究的快速发展，也能看出广告史研究受到的重视。可以预见，随着经济社会发展和广告业的成熟、沉淀，将会有越来越多的学者关注广告史的研究，这些学者将有相当一部分来自广告学研究领域，也不乏有一些学者来自文学、历史学、社会学、艺术学、经济学等领域。①

当前尚没有广告相关的重大项目立项，重点项目偏少，广告相关研究需要关注重大基础理论研究。1994年至2017年的24年间的59个立项项目大都为一般项目和青年项目，没有一项重大项目，重点项目也只有3项。重大项目要求资助中国特色社会主义经济、政治、文化、社会和生态文明建设及军队、外交、党的建设的重大理论和现实问题研究，资助对哲学社会科学发展起关键性作用的重大基础理论问题研究。没有重大项目立项，从一个侧面反映了广告相关研究在重大理论和现实问题、重大基础理论研究领域的不足。

---

① 赵新利.日本广告史研究的类型与启示［J］.广告大观（理论版），2018（1）：87-95.

附表　国家社科基金广告相关立项项目一览表

序号	项目名称	学科分类	项目负责人	职称	工作单位	省市区	项目类别	年份
1	如何让商业信息自由而洁净地流动：FTC广告监管百年史论	新闻学与传播学	李明伟	正高级	深圳大学	广东	后期资助项目	2017
2	网络经济时代广告业生态的变革与新广告业态研究	新闻学与传播学	程明	正高级	武汉大学	湖北	后期资助项目	2017
3	清代书业广告研究	图书馆、情报与文献学	王海刚	副高级	湖南师范大学	湖南	后期资助项目	2017
4	网络广告法律规制研究	法学	阳东辉	副高级	湖南师范大学	湖南	一般项目	2017
5	不同时间距离广告对消费者广告态度的影响机制研究	管理学	望海军	副高级	武汉纺织大学	湖北	一般项目	2017
6	广告图像研究	新闻学与传播学	周子渊	副高级	九江学院	江西	一般项目	2017
7	文化强国背景下国家形象广告对中国传统文化的承载与传播研究	新闻学与传播学	吴来安	副高级	安徽师范大学	安徽	一般项目	2017
8	新《广告法》与网络广告长效治理机制研究	新闻学与传播学	刘西平	正高级	南昌大学	安徽	一般项目	2017

续表

序号	项目名称	学科分类	项目负责人	职称	工作单位	省市区	项目类别	年份
9	中国新媒体广告规制研究	新闻学与传播学	周茂君	正高级	武汉大学	湖北	一般项目	2017
10	购后失调的网络广告因素及其社会福利效应影响研究	管理学	阮丽华	副高级	湖北大学	湖北	一般项目	2016
11	新广告法语境下中国互联网广告监管制度研究	新闻学与传播学	唐英	正高级	成都理工大学	四川	一般项目	2016
12	中国当代广告口述史（1979—2010）	新闻学与传播学	祝帅	副高级	北京大学	北京	一般项目	2016
13	中国互联网广告监管制度研究	新闻学与传播学	廖秉宜	副高级	武汉大学	湖北	一般项目	2016
14	广告文化表征与商品美学批判研究	新闻学与传播学	鞠惠冰	副高级	吉林大学	吉林	后期资助项目	2015
15	上海新生代农民工广告接触的相对剥夺感影响研究	新闻学与传播学	张殿元	正高级	复旦大学	上海	一般项目	2015
16	大数据与中国广告产业发展研究	新闻学与传播学	张金海	正高级	武汉工商学院	湖北	一般项目	2015
17	大数据与中国广告产业集约化发展研究	新闻学与传播学	颜景毅	副高级	郑州大学	河南	一般项目	2015

续表

序号	项目名称	学科分类	项目负责人	职称	工作单位	省市区	项目类别	年份
18	中国网络广告发展史（1997—2016）	新闻学与传播学	王凤翔	副高级	中国社科院新闻与传播研究所	北京	一般项目	2015
19	广告"积极传播"与新世纪中国社会消费转型研究	新闻学与传播学	黄也平	正高级	吉林大学	吉林	一般项目	2015
20	中国现代文学广告史论	中国文学	彭林祥	副高级	广西大学	广西	一般项目	2015
21	中国近代广告史史料整理与研究（1840—1949）	新闻学与传播学	杜艳艳	副高级	浙江工业大学	浙江	青年项目	2015
22	大数据驱动下实时竞价广告的运作机制与实证研究	新闻学与传播学	蒋洛丹	中级	河南财经政法大学	河南	青年项目	2015
23	广告文化现象与消费意识形态研究	新闻学与传播学	赵元蔚	中级	吉林大学	吉林	后期资助项目	2014
24	大数据背景下广告业转型研究	新闻学与传播学	马二伟	副高级	重庆工商大学	重庆	一般项目	2014
25	广告产业中国模式的理论建构研究	新闻学与传播学	陈刚	正高级	北京大学	北京	重点项目	2014

续表

序号	项目名称	学科分类	项目负责人	职称	工作单位	省市区	项目类别	年份
26	全球争议广告研究	新闻学与传播学	王晶	副高级	厦门大学	福建	一般项目	2014
27	中国当代广告舆论传播与话语变迁研究（1979—2009）	新闻学与传播学	杨海军	正高级	华东师范大学	上海	一般项目	2014
28	《大公报》广告史研究（1902—1949）	新闻学与传播学	汪前军	中级	中南民族大学	湖北	青年项目	2013
29	新疆广告产业发展战略研究	新闻学与传播学	王红缨	中级	新疆大学	新疆	青年项目	2013
30	中国广告教育三十年研究（1983—2013）	新闻学与传播学	陈培爱	正高级	厦门大学	福建	重点项目	2013
31	晚清小说广告研究	中国文学	刘颖慧	副高级	中共陕西省委党校	陕西	西部项目	2012
32	"实施国家广告战略"研究	新闻学与传播学	甘霖	正高级	国家工商行政管理总局	北京	重点项目	2012
33	新媒体广告规制研究	新闻学与传播学	查灿长	正高级	上海大学影视学院	上海	一般项目	2012
34	新媒体环境下的公益广告传播与青少年社会化研究	新闻学与传播学	陈辉兴	中级	华侨大学文学院	福建	青年项目	2012

续表

序号	项目名称	学科分类	项目负责人	职称	工作单位	省市区	项目类别	年份
35	环保类虚假广告的危害及其监管有效性研究	新闻学与传播学	刘传红	副高级	中国地质大学（武汉）	湖北	一般项目	2011
36	植入式广告的消费者内隐记忆及其启动效应研究	管理学	宋思根	正高级	安徽财经大学	安徽	青年项目	2011
37	三十三年（1978—2010）广告镜像：中国社会价值观念的变迁	新闻学与传播学	林升梁	中级	福建师范大学	福建	青年项目	2011
38	网络虚假违法广告的综合治理研究	新闻学与传播学	李明伟	副高级	深圳大学	广东	青年项目	2011
39	植入式广告的效果评测与定价体系研究	新闻学与传播学	李彪	中级	中国人民大学	北京	青年项目	2011
40	广告产业经济学理论与实践研究	新闻学与传播学	廖秉宜	中级	武汉大学	湖北	后期资助项目	2010
41	台湾政治广告研究	新闻学与传播学	黄合水	正高级	厦门大学	福建	一般项目	2010
42	中国近代广告史研究（1840—1949）	新闻学与传播学	陈培爱	正高级	厦门大学	福建	一般项目	2010
43	广告欺诈行为的法律对策研究	法学	于林洋	副高级	玉溪师范学院	云南	青年项目	2010

续表

序号	项目名称	学科分类	项目负责人	职称	工作单位	省市区	项目类别	年份
44	中日公益广告运行机制比较研究	新闻学与传播学	邬盛根	副高级	安徽大学	安徽	一般项目	2009
45	我国广告传播研究的现状及趋势	新闻学与传播学	丁俊杰	正高级	中国传媒大学	北京	一般项目	2007
46	广告传播的社会责任和伦理规范研究	新闻学与传播学	陈正辉	副高级	南京师范大学	江苏	一般项目	2006
47	广告传播学研究	新闻学与传播学	陈培爱	正高级	厦门大学	福建	一般项目	2006
48	和谐与冲突——中国广告发展趋势与监管对策研究	新闻学与传播学	杨同庆	副高级	首都经济贸易大学	北京	一般项目	2006
49	中国古代广告史研究	新闻学与传播学	杨海军	正高级	河南大学	河南	一般项目	2005
50	广告创作与传播中的审美规律研究	新闻学与传播学	赵惠霞	正高级	西安石油大学	陕西	西部项目	2004
51	广告效果调查评估的理论与方法研究	统计学	王振龙	正高级	西安财经学院	陕西	一般项目	2003
52	我国传媒广告的规范问题研究	新闻学与传播学	文春英	中级	北京广播学院	北京	青年项目	2003
53	中外广告监管比较研究	新闻学与传播学	范志国		天津理工学院经济与管	天津	一般项目	2002

续表

序号	项目名称	学科分类	项目负责人	职称	工作单位	省市区	项目类别	年份
54	广告道德研究	哲学	张金花		河北经贸大学（南院）	河北	一般项目	1998
55	广告规范化研究	新闻学与传播学	张金海	正高级	武汉大学	湖北	一般项目	1997
56	中国广告科学与广告语言	语言学	赵恩芳		山东师范大学	山东	一般项目	1997
57	广告传播及其文化效应	新闻学与传播学	颜景毅	副高级	郑州大学	河南	青年项目	1996
58	广告污染及其成因与对策研究	新闻学与传播学	高金章		郑州航空工业管理学院	河南	青年项目	1996
59	我国电视广告社会效益及其改进对策研究	新闻学与传播学	陈培爱	正高级	厦门大学	福建	一般项目	1994

参考文献

[1] 王大可，李本乾．"十二五"期间我国新闻学与传播学研究的热点与趋势：基于国家社科基金立项项目的计量考察[J]．新闻界，2016（21）：21-25，32．

[2] 蔡尚伟，刘锐．新闻学与传播学国家社科基金项目统计分析[J]．现代传播（中国传媒大学学报），2008（2）：43-46．

[3] 路阳．从国家社科基金项目看华侨华人研究发展状况：基于1991~2013年国家社科基金华侨华人研究立项项目的量化分析[J]．南亚东南亚研究，2014（2）：94-100，110．

[4] 张威．我国翻译研究现状考察：基于国家社科基金项目（2000—2013）的统计与分析[J]．外语教学与研究，2015，47（1）：106-118，161．

日本广告史研究的类型与启示*

日本学界十分重视传播史、新闻史、广告史的研究。日本的日语报纸中最早出现的广告，可追溯到1866年的《海外新闻》。其后，日本广告业、广告媒体、广告研究经过了若干阶段的发展。在本文收集的所有资料中，最早出现的广告研究专著是在1891年木村丰吉的著作《广告文案手册》，这是一部带有手册性质的出版物，介绍了大量的优秀广告文案。根据本文的统计，日本涉及广告的学术著作数量繁多，数以千计。其中，关于日本广告史的著作超过百本。本文结合收集到的百余本日本广告史相关著作，梳理日本广告史研究的主要类型和特点，并提出对开展我国广告史研究的思考和启示。

一、综合类广告史研究

研究广告史著作，首先要关注对广告进行综合研究的广告史研究成果。早在1935年，日本就出现了《广告生活二十年》和《本朝商业广告史》等著作。

战后综合类广告史研究的著作中，最有代表性的是著名传播学者内川芳美（1926—2004）于1976年和1980年出版的《日本广告发达史（上、下）》。该书是在电通的支持下完成的浩瀚广告史研究项目，分不同历史时期，详细梳理了社会发展与大众消费、广告媒体发展、广告主发展、广告公司发展的

---

* 文章原载于《广告大观（理论版）》2018年第1期，收入本书时有改动。

情况，具有很强的史料价值和学术价值，可谓日本广告史研究的奠基之作。

除《日本广告发达史（上、下）》之外，还有若干本著作从整体上探寻了日本广告发展足迹。如日本著名传播学者山本武利于 1986 年出版的《日本的广告：人、时代、表现》，以广告人物为线索，探析了广告人的胎动、政治广告和意见广告的开拓者、广告代理业的先驱者、宣传合战的实力者、生活革新的演出者、出版广告的先驱者、图案家和文案家系谱、广告研究者等，该书于 1992 年由世界思想社改装再版。

1994 年出版的《世界广告史》是一部史料扎实的广告史著作，作者早在 1981 年就曾出版《广告的源头》，该书在《广告的源头》的基础上进行了大幅修订和补充。该书分五个部分，第一章"古代"，第二章"中世"，第三章"近世"，第四章"近代"，第五章"现代"。该书在"古代"部分追溯了世界广告的源头，追溯到了公元前 2500 年前。该书记述了被认为是现存最早的广告：在土耳其古都以弗所（Ephesos）发现的刻在大理石上的妓女广告，在此基础上，追溯了广告的原始形态，如口语传播、招牌、传单、旗帜等。该书还追溯了日本广告的源头，为在平城京遗址出土的 9 世纪的告知函，以往的公函开始进入私人领域，人们利用告知函来发布启事广告，寻找丢失的牛羊。

图史也是综合类广告史研究的常见形式，1961 年出版的《图说广告变迁史》就是这类成果。1999 年出版的《图说日本广告千年史》从暖帘、招牌、传单等广告媒介中选择代表性广告，回顾了日本广告千年史；2008 年出版的《写真记录：日本广告史》通过大量广告图片发掘了日本广告发展变迁；2014 年出版的《图说近代日本广告史：海报、传单、木版画》以海报、传单、木版画这三类常见的广告媒介为中心梳理了江户、明治、大正时期的日本广告发展。

二、广告的社会史

透过广告看社会变迁，是日本广告史研究的常用手法。1985 年出版的《广告世相史——探寻文案的源头》就是从广告文案透视日本社会面貌变迁之作。山本武利的《广告的社会史》关注了资本主义的确立与广告、广告媒体的发展、广告公司的发展、广告主的发展与广告交易、民众生活与广告等方面。该书的主体部分已被翻译成中文并在中国出版。山本明于1975年出版的《社会的广告史》从社会文化视角关注了广告史。2007年出版的《广告、传单、讽刺漫画中的日本近现代史》通过媒体中的广告，透视幕府末年的国际关系、轻工业手艺人、文明开化、裸体禁令、新历旧历、铁路开业等日本社会发展进程中值得关注的话题。日本著名广告学者八卷俊雄于2006年出版的《广告：物与人的文化史》是一部广告文化史，分大和时代、奈良时代、平安时代、镰仓时代、室町时代、江户时代、明治时代、大正时代、昭和时代、平时时代，分别通过多种广告形式，考察了与人们生活密切相关的广告文化的形成经纬。

三、广告创意史

广告创意和广告表现是广告研究的重要方面，但这方面的历史研究难度很大。日本广告创意史方面的研究对我们有较强的启发意义。1991年出版的《日本广告表现技术史》分摇篮期、开花期、展开期、扩散期、成熟期五个阶段，梳理了120年来广告创意领域的代表人物和创意技巧。

1993年出版的《广告艺术史1950—1990：作为时代透视法的广告》从广告设计史的视角，分广告传播的开花（20世纪50年代）、广告表现个性化时代（20世纪60年代）、广告改观的时代（20世纪70年代）、广告语言成为时代语言（20世纪80年代）四个阶段，梳理了战后日本广告艺术史。1995年，《热门广告半世纪》出版，该书梳理了20世纪60年代至90年代的热门广告，60年代的"飞翔"、70年代的"怒涛"、80年代的"润色"、90年代的"丰饶"四个部分，考察了各历史时期热门广告的宣传效果，回望其宣传战略，从中获得启示。

曾长期供职于电通的冈田芳郎于2017年出版《日本历史性广告创意100选》一书，分九大类介绍了从江户时代开始的代表性广告创意，分别涵盖脑洞大开的广告、企划性强的广告、创新型广告、幽默型广告、魅力型广告、人文性广告、反映问题型广告、时效性广告、感动型广告。

四、户外广告史

户外广告是一种重要的广告形式，与人们的消费生活密切相关。日本学者很早就开始关注户外广告史的研究。早在 1960 年，龟田满福就出版了《电杆广告六十年史》。1989 年，谷峯藏的著作《日本户外广告史》出版，该书收集并整理了明治以前的手工暖帘、海报、招牌，明治以后的印刷海报、电杆广告、交通广告、户外广告牌的详细资料，梳理了日本户外广告 1240 年的历史。

银座是东京著名商业中心，是日本城市消费生活的晴雨表，其橱窗广告备受广告学者关注。2004 年出版的《银座橱窗广告：130 年的设计文化史》就是橱窗广告史的重要著作。全书分四章，分别关注了江户时期银座橱窗广告的诞生、银座漫步与橱窗广告、橱窗展示的创成与成熟、银座橱窗广告的未来。

五、传单与海报广告史

传单与海报是常见的广告形式，有门槛低、复制性好、到达率高等特点。由于上述特点，传单广告与海报广告在早年就得到广泛应用。2007 年出版的《大正怀旧，昭和摩登，广告传单的世界——印刷技术与广告表现的精华》收录了大正、昭和时期原色海报广告 160 余幅，包括铁路海报广告、名人海报广告等，再现了大正时期与昭和时期的海报广告。2011 年出版的《近代广告的诞生：当传单还是新媒体的时候》收录了 500 余幅广告图片，论述了作为媒介的传单的广告功能。2015 年出版的《明治大正的广告媒介：新年传单所诉说的》是作者熊仓一纱向同志社大学提交的博士论文，收录了明治时期和大正时期新年传单（月份牌）600 幅，梳理了新年传单的预订、生产、流通、消费的各个环节，着重梳理了新年传单中的历史人物、描绘日清战争和日俄战争的新年传单、描绘女性的新年传单，探析了新年传单的广告功能、信息传播功能、祝贺功能，从历史和社会文脉角度分析了新年传单的图像变迁。

六、特定媒体广告史

日俄战争后，日本报业得到快速发展，报纸广告史的研究受到重视，先后出现了《报纸广告四十年史》和《日本报纸广告史》等广告史著作。这两本书的编者分别为博报堂和电通，从中可见专业广告公司对广告史研究的重视。

战后，日本经济发展迅速，报纸和杂志等媒体的广告业务也十分兴盛。1964年，也就是东京举办奥运会之际出版的《从日本经济新闻看：广告三代史》按编年的顺序选择了《日本经济新闻》的代表性广告作品，选择的标准有三个：与经济活动密切相关的广告作品、反映社会风貌的广告作品、设计优秀的广告作品。从19世纪末直至20世纪60年代，从中能够看到日本社会变迁和经济发展的轨迹。《朝日新闻》在日本传媒史上占据重要地位，关于《朝日新闻》广告经营的研究也颇受关注。1979年津金泽聪广等学者的著作《近代日本报纸广告与经营：以朝日新闻为中心》梳理了《朝日新闻》的广告经营之路。

杂志是一种重要的广告媒介，杂志广告也受到日本广告史学者的关注。2015年出版的《战时妇女杂志的广告媒体论》关注了发行量过100万的日本著名杂志《主妇之友》，在战争时期，这本杂志在进行战争动员和政治宣传的同时，交错穿插服装、化妆品等反映女性美的广告信息。其广告涵盖服装、化妆品等，反映了战时女性的面貌。

七、特定广告公司广告史

广告公司是广告研究的重要对象，广告公司史是广告史的重要组成部分。20世纪初期，日本消费社会迅速发展，广告逐渐渗透进入人们生活，成为人们消费生活不可或缺的一部分。电通、博报堂、万年社等代表性广告代理机构纷纷在东京和大阪成立，成为连接媒体和企业的中介机构，推动了广告主的广告活动和民众的消费增长。

日本的广告公司特别重视自身历史的记录和梳理，如万年社在1930年就出版了《万年社40年史要》；电通则在1938年出版了《电通社史》。电通是日本最大的广告公司，在日本广告发展史中占有重要地位。1938年出版《电通社史》之后，电通又于1982年出版《电通80年史》；2011年，电通出版了《电通100年史》梳理了1901年至2001年间电通的发展史。

博报堂是仅次于电通的第二大广告公司，经历了日本广告业的风风雨雨。1955年，博报堂推出创立60周年纪念《广告六十年》。2015年，博报堂出版《博报堂120年史》收录的相关人士的回忆录和博报堂发展年表。

万年社是日本历史上重要的广告公司，创立于1890年，于1999年破产。1930年，万年社曾出版《万年社40年史要》，该书于2016年经复刻再版。1990年，万年社推出《万年社广告100年史》，回顾了万年社创立100年来的风雨历程。

八、行业广告史

化妆品行业一直是推动广告发展的重要力量。2016年出版的《图说战时化妆品广告（1931—1943）》关注了战争时期日本的化妆品广告。全书分四个部分：化妆品广告摇篮期（1931—1933）、化妆品广告兴隆期（1934—1937）、化妆品广告战时体制确立期（1937—1941）、化妆品广告衰退期（1942—1943），收录了500余幅广告，从中可以看到战争总动员背景下日本女性对美的追求。

2006年出版的《明治大正昭和时期酒类广告涂鸦》分大幅传单名作选、啤酒篇、日本酒篇、洋酒篇、清凉饮料水篇、料酒等食品篇等部分，梳理了明治、大正、昭和时期的主要酒类广告。

曾供职于博报堂的本间龙于2013年出版《核电广告》一书，关注核电行业的广告。1945 年，日本曾受到核武器攻击，日本人曾一度"谈核色变"。2011 年东日本大地震以及海啸导致福岛核电站泄漏事故，人们开始反思，日本民众是如何接纳核电的。20 世纪 70 年代至 2011 年间，日本政府在"核电广告"领域花费巨额广告费用，甚至宣扬"核电是百分之百安全的"，成功塑造了"安全、绿色、健康"的核电形象。该书对这种"广告洗脑"进行了强烈的批判。该书通过 250 多幅各媒体的核电广告，分析了核电的"安全幻想"是如何逐步深入人心的。

通知广告（招聘、求职、征婚、求租等广告）一直是日本媒体上的重要广告类型，早在 1937 年，日本就出版了《通知广告的研究及其发展史》。1970 年出版的《通知广告百年史》（案内底告百年史）和 1991 年出版的《招聘广告的半个世纪》（求人底告半世纪）关注了特定的广告类型。前者梳理了百年来的通知广告；后者梳理了 1940 年至 1990 年间的 1300 多条招聘广告。

九、战争广告史

历史上，日本曾对周边国家发动过残酷的侵略战争，在战争宣传与战争动员中，广告也发挥过不太光彩的作用，这段历史在广告史学界受到关注。1997 年出版的《战时广告图鉴》收录了战时的报纸广告图片约 500 幅，涉及战争宣传、酒类、兵器、药物、食品、电影、音乐、建筑等，通过广告透视了当时的社会风俗。

更多的著作则对战时广告界介入战争宣传进行了反思和批判。1998 年出版的《"把敌人消灭干净"——太平洋战争与广告人》，以太平洋战争时期日本妇孺皆知的宣传口号"把敌人消灭干净"（「擊ちてし止まむ」）作为书的标题，关注了广告界是如何介入战争宣传的，以及当时的广告技巧。太平洋战争时期，有"报道技术研究会"负责国策宣传，其中汇集了大量优秀的广告人。"战争士气""后方节俭运动""增产体制确立"都是当时宣传的主题。

2010 年出版的《战争与广告》关注了内阁情报局作为广告主是如何利用广告煽动战争热情的，涉猎了"报道技术研究会"、*NIPPON* 杂志等。2016 年出版的《战争与广告：二战时期日本战争广告解读》关注了《朝日画报》《写真周报》等媒体，从视觉广告解读战争宣传，揭露了战争广告是如何撒谎的，对广告在战争宣传中发挥的作用进行了反思。

十、女性广告史

女性是各类广告中常见的形象。在化妆品广告、服装广告、家电广告、食品广告中，女性就是目标消费者，女性形象最为经常出现；在男性消费品广告中，女性也经常出现，以投射男性消费心理。广告中的女性，是日本广告史研究的一个重要侧面。1984 年出版的《广告中的女性》分战前（1910—1938 年）和战后（1955—1984 年）两个阶段，关注了化妆品广告、家电广告、服装广告、汽车广告、百货店广告、书籍广告中的女性形象。2000 年出版的《透过广告看男女——性别与性向》关注了战后 50 年日本广告中的女性，透过战后 50 年日本的广告轨迹看男女关系，以及背后投射的社会意识。

广告中的女权主义，也是日本广告史研究的一个视角。2015 年出版的《广告动摇了社会——博瓦尔的女儿们》以著名女权作家博瓦尔为副标题，考察了"女权主义广告"70 年的历史，这些广告鼓励女性的自觉和责任。值得注意的是，该书作者肠田直枝毕业于早稻田大学后曾供职于电通，后创立女性广告公司，所有员工均为女性。

十一、其他类型的广告史

儿童广告史。上文梳理了日本学者对女性广告史的研究。除女性外，儿童广告也是广告研究的重要侧面。1999 年和 2003 年分别出版了《小不点广告图案帐（1965—1969）》和《小不点广告图案帐（1970—1974）》，关注了儿童杂志中的糖果、玩偶等儿童消费品广告，透视经济高速增长的后奥运时代，孩子们消费的商品。

广告职业史。在广告研究中，广告从业者是一个值得关注的群体，有日本学者关注了广告职业史。2014年出版的《"广告从业者"的历史社会学》就是这样一部著作。广告从业者，既是艺术家又是企业人。该书分析了他们暧昧的职业理念，全书分广告从业者的缺席、广告从业者的起源、广告从业者的自律、广告从业者的确立、广告从业者的展开、广告从业者的并存、广告从业者的历史社会学等部分展开分析。

戏说、野史与色情广告史。日本出版业竞争十分激烈，不少广告史著作采用戏说或野史的手法。早在1927年，日本历史学家伊藤竹醉就出版了《变态广告史》一书，该书是"变态十二史"系列史书的第五卷，除《变态广告史》外，还有《变态浴场史》《变态崇拜史》《变态刑罚史》《变态社会史》等，涵盖了社会生活的多个方面。《变态广告史》是日本首部书名中含"广告史"字样的专著。这是一部非主流广告史著作，涉及色情广告、虚假广告、夸大广告等。日本著名广告评论家天野祐吉曾于1995年出版《私说广告五千年史》，该书分析了秦始皇、耶稣、空海、丰臣秀吉、路易十四等世界名人的广告技巧。天野祐吉又于2010年出版《谎话连篇：明治大正昭和变态广告大全》，该书关注了药品、性用品、化妆品、食品、娱乐产品等领域的虚假广告、夸大广告，该书认为广告是人们欲望的写照，广告史是大众的另一种欲望史和生活史。2002年出版的《大叔们的色情广告》关注了20世纪50年代至80年代日本成人杂志中的色情广告，再现了昭和时代的日本情欲史。

十二、日本广告史研究的主要特点

总之，日本广告史的研究成果数量很多，成果类型多样，综合来看有如下特点。

第一，日本广告史研究成果数量很多，作者来源多元化。据本文初步统计，日本广告史相关研究成果，至少超过一百部，这其中还不包括对其他国家学者对日本广告史的研究，也不包括日本学者对其他国家广告史的研究。日本广告业界和学界都很重视广告史的研究，各类广告史成果的作者，既有大学的学者，也有广告业界从业人士，还有一些人本身并非广告学者或广告

从业者,但从自身角度对特定时期特定广告类型进行了考察。除年长的广告学者外,一些"70 后"广告史学者逐渐崭露头角。

第二,日本广告史成果类型多样。既有最基础的史论类成果,如《广告的社会史》《日本广告发达史》等;也包括各类广告作品集、案例集、资料集,如《江户招牌图聚》《战时广告图鉴》等;广告中的视觉传达设计十分重要,所以广告史研究中的不少成果是以图史的形式展现的,包括《图说日本广告千年史》《图说战时化妆品广告(1931—1943)》等;证言或口述史也是日本广告史研究的成果类型之一,如《昭和广告证言史》《推动昭和的广告人》等;还有一些成果以畅销书的形式面世,野史和戏说的色彩较浓,如《私说广告五千年史》《谎话连篇:明治大正昭和变态广告大全》等。

第三,日本广告史研究视角微观、多元。日本广告史研究的很多成果从微观着眼,视角新颖。广告的主要要素包括广告媒介、广告公司、广告主、消费者等,广告媒介又包括橱窗、传单、电杆、海报、报纸、杂志等;消费者又可分为男性、女性、儿童、老人等。日本的研究者善于将广告的不同要素进行拆解,如《电杆广告六十年史》《银座橱窗广告》《日本报纸广告史》《招聘广告的半个世纪》《广告中的女性》《大叔们的色情广告》等。由于视角微观、多元,日本广告史的相关研究大都十分深入、具体,史料翔实。

第四,日本广告史研究注重资料和数据。资料是历史研究的生命。本文梳理的日本广告史著作大都十分注重资料的收集和整理,如《昭和广告 60 年史》收录了 1664 幅广告图片;《战时广告图鉴》收录了战时的报纸广告图片约 500 幅;《近代广告的诞生:当传单还是新媒体的时候》收录了 500 余幅广告图片;《明治大正的广告媒介:新年传单所诉说的》收录了明治时期和大正时期新年传单 600 幅;《图说战时化妆品广告(1931—1943)》收录了 500 余幅广告。而综合类广告史著作,如《日本广告发达史》和《广告的社会史》等著作都有各时期各类翔实的数据资料。

第五,跨界研究颇多。日本广告史研究中的不少成果,都是跨界研究的结果。如有的学者从战争宣传的角度研究战时广告宣传和动员,以此反思战争;有的学者从女权主义的角度研究女性广告,探究广告与性别之间的关系;更多的研究则是从社会学的角度，透过广告看历史进程、社会发展和世相变迁。

十三、思考与启示

上文对日本广告史主要研究著作的梳理和分类对我国开展广告史研究有较强的启示意义。

第一，大力加强广告史研究，丰富广告史研究成果。当前，中国广告学界拿出很大精力对广告的前沿问题进行深入研究，但专注于广告史研究的力量还不够强大，广告史相关成果无论从数量还是质量上都有很大提升空间。历史是一个行业的精神故乡，没有历史的行业是单薄的。中国广告行业在快速发展的同时，还面临这样那样的误解或歧视，更需要加强历史研究，让广告行业成为有历史厚重感的行业。

第二，加强广告历史资料的收集与整理。在历史研究中，资料是最重要的。应加强各类媒体广告资料的收藏与保存，加强濒危广告资料的抢救，加强对老广告人的抢救性访谈和资料收集。此外，还应加强广告数据库建设。日本不少主流媒体的数据库都可以检索广告作品，中国媒体开始重视新闻报道历史资料的数据化，但在广告历史资料数据化方面做得还不够。日本万年社等重要广告公司的资料的数据库也初具规模，中国主要本土广告公司的历史资料数据化迫在眉睫、任重道远。

第三，积极推动微观、多元视角研究中国广告史。除综合类广告史外，日本研究者将广告细分、深挖，从微观、多元视角推出大量广告史著作。中国学者应深挖广告的某些要素，推动中国户外广告史、中国交通广告史、中国传单广告史、中国海报广告史、中国橱窗广告史、中国招聘广告史、中国女性广告史、中国儿童广告史等方面的研究；推动特定媒体的广告史研究，如《人民日报》广告史；推动特定广告公司广告史、广告人物史的研究。

第四，加强广告史的跨界研究。广告与社会、经济、文化发展密切相关，应积极开展跨界研究。广告史的研究，不只是广告系的学者们和广告公司从业者的事情，更应该期待文学、史学、军事学、艺术学、经济学领域的学者，从

自身专业研究角度探求广告史，这类成果将更有特色。中国学者在这方面已经迈出步伐。著名文学史专家钱理群编著的《中国现代文学编年史：以文学广告为中心1928—1937》（北京大学出版社，2013年）就属于这类成果；2016年出版《〈新青年〉广告研究》的并不是广告史学者，而是多年从事出版史研究的专家。

参考文献

[1] 木村豊吉.広告文独案内[M].东京：晃陽社，1891.

[2] 松宮三郎.広告生活二十年[M].东京：誠文堂新光社，1935.

[3] 永田健之輔.本朝商業広告史[M].东京：広告文化研究所，1928.

[4] 内川芳美編.日本広告発達史：上、下[M].东京：電通，1976-1980.

[5] 山本武利，津金沢聡広.日本の広告：人・時代・表現[M].东京：日本経済新聞社，1986.

[6] 高桑末秀.世界广告史[M].东京：日经广告研究所出版，1994.

[7] 高桑末秀.広告のルーツ[M].东京：日本評論社，1981.

[8] 中田節子.広告で見る江戸時代[M].东京：角川書店，1999.

[9] 三谷一馬.江戸看板図聚[M].东京：中央公論新社，2016.

[10] 山川浩二.昭和広告60年史[M].东京：講談社，1987.

[11] 渋谷重光.語りつぐ昭和広告証言史[M].东京：宣伝会議，1978.

[12] 土屋礼子.昭和を動かした広告人[M].东京：産学社，2015.

[13] 今野信雄.広告世相史—コピーの原点をさぐる[M].东京：中央公論社，1985.

[14] 山本武利.広告の社会史[M].东京：法政大学出版局，1985.

[15] 山本武利.广告的社会史[M].赵新利，等译.北京：北京大学出版社，2013.

[16] 山本明.社会的広告史[M].京都：世界思想社，1975.

[17] 渡辺賢二.広告・ビラ・風刺マンガでまなぶ日本近現代史[M].东京：地歴社，2007.

[18] 八巻俊雄.広告：ものと人間の文化史[M].东京：法政大学出版局，2006.

［19］中井幸一.日本広告表現技術史：広告表現の120年を担ったクリエイターたち［M］.東京：玄光社，1991.

［20］東日本鉄道文化財団.アドバタイジング・アート史1950-1990：広告という時代透視法［M］.東京：美術出版社，1993.

［21］須藤公明.ヒットCM半世紀：宣伝の仕掛けと効果［M］.東京：日経BP出版センター，1995.

［22］岡田芳郎.日本の歴史的広告クリエイティブ100選［M］.東京：宣伝会議，2017.

［23］谷峯藏.日本屋外広告史［M］.東京：岩崎美術社，1989.

［24］日本ディスプレイデザイン協会企画編集委員会.銀座のショーウインドウ—130年のデザイン文化史［M］.東京：六耀社，2004.

［25］姫路市立美術館，印刷博物館.大正レトロ・昭和モダン広告ポスターの世界—印刷技術と広告表現の精華［M］.東京：国書刊行会，2007.

［26］竹内幸絵.近代広告の誕生：ポスターがニューメディアだった頃［M］.東京：青土社，2011.

［27］熊倉一紗.明治・大正の広告メディア：〈正月用引札〉が語るもの［M］.東京：吉川弘文館，2015.

［28］内外通信社博報堂.新聞広告四拾年史［M］.東京：内外通信社，1935.

［29］中根榮.日本新聞広告史［M］.東京：日本電報通信社，1940.

［30］日本経済新聞社.広告三代史—日本経済新聞にみる［M］.東京：日本経済新聞社，1964.

［31］津金澤聰廣.近代日本の新聞広告と経営：朝日新聞を中心に［M］.東京：朝日新聞社，1979.

［32］石田あゆう.戦時婦人雑誌の広告メディア論［M］.東京：青弓社，2015.

［33］萬年社.萬年社四十年史要［M］.大阪：萬年社，1930.

［34］迫大平.電通社史［M］.東京：日本電報通信，1938.

［35］電通一〇〇年史編集委員会.電通一〇〇年史：1901-2001［M］.東京：電通，2001.

［36］瀬木博信.広告六十年［M］.東京：博報堂，1955.

［37］博報堂.博報堂120年史［M］.东京：博報堂，2015.

［38］竹内幸絵.萬年社四十年史要：社史で見る日本経済史（第87巻）［M］.东京：ゆまに書房，2016.

［39］萬年社.100年史編纂委員会編［M］.萬年社広告100年史［M］.大阪：萬年社，1990.

［40］石田あゆう.図説戦時下の化粧品広告（1931-1943）［M］.东京：創元社，2016.

［41］サカツコーポレーション.明治・大正・昭和お酒の広告グラフィティ：サカツ・コレクションの世界［M］.东京：国書刊行会，2006.

［42］本間龍.原発広告［M］.东京：亜紀書房，2013.

［43］印南力雄.案内広告の研究及び発達史［M］.大阪：案内広告研究社，1937.

［44］町田忍.戦時広告図鑑［M］.东京：WAVE出版，1997.

［45］難波功士.「撃ちてし止まむ」—太平洋戦争と広告の技術者たち［M］.东京：講談社，1998.

［46］馬場マコト.戦争と広告［M］.东京：白水社，2010.

［47］森正人.戦争と広告：第二次大戦、日本の戦争広告を読み解く［M］.东京：角川学芸出版，2016.

［48］島森路子.広告のなかの女たち［M］.东京：大和書房，1984.

［49］石川弘義，滝島英男.広告からよむ女と男—ジェンダーとセクシュアリティ［M］.东京：雄山閣出版，2000.

［50］脇田直枝.広告は、社会を揺さぶつた：ボーヴォワールの娘たち［M］.东京：宣伝会議，2015.

［51］加島卓.《広告制作者》の歴史社会学［M］.东京：せりか書房，2014.

［52］伊藤竹酔.変態広告史［M］.东京：文芸資料研究会，1927.

［53］天野祐吉.私說広告五千年史［M］.东京：新潮社，2003.

［54］天野祐吉.嘘八百明治大正昭和変態広告大全［M］.东京：筑摩書房，2010.

［55］唐沢俊一.お父さんたちの好色広告［M］.东京：筑摩書房，2002.

改革开放以来中国特色公共关系的发展[*]

2018 年是改革开放 40 周年,我国在各个领域都将进行隆重的纪念。我国现代公共关系的行业发展、学术研究、人才培养,都是伴随改革开放逐步发展起来的。十九大报告中,"中国特色"一词出现了 73 次,中国特色社会主义、中国特色强军之路、中国特色大国外交、中国特色哲学社会科学、中国特色新型智库等提法都强调了"中国特色"。在 2017 年 12 月 29 日举行的中国公共关系协会成立三十周年纪念会上,全国人大教科文卫委员会主任委员、中国公共关系协会会长柳斌杰在致辞中指出:"努力把新时代中国特色社会主义公共关系事业推向前进。"[①] 本文认为,中国现代公共关系自改革开放以来逐步发展,在汲取国际先进经验的同时,也深受中国传统文化的影响,在中国特色社会主义制度下呈现出较为明显的中国特色。

一、国际先进公关理念的启蒙

改革开放后,随着外企进入我国和国内企业逐步获得生产经营自主权,大量企业迫切需要营销、广告、公共关系方面的服务。改革开放初期,国际公关公司进入我国,启蒙并引领我国公关市场发展。1984 年至 1985 年间,排名世界前列的伟达公关、雅博公关率先以设立办事处、与中方合作等方式落

---

[*] 文章原载于《青年记者》2018 年第 7 期,收入本书时有改动。
[①] 新华网.中国公共关系协会成立三十周年纪念会在京召开 [EB/OL].(2017-12-29)[2024-5-16]. http://www.xinhuanet.com/2017-12/29/c_1122187667.htm.

户中国内地。直到20世纪90年代初,这两三家外资背景的公关公司长期占据国内同行业的垄断地位,本土公关公司发展迟缓。伟达在中国设立办事处的第二年,也就是1985年,中山大学成立第一个公共关系研究会;1985年,第一家合资公关公司"中法公关公司"在北京成立;1986年,第一家国内专业公关公司"中国环球公关公司"成立。跨国公关公司带来了新闻代理、企业策划、产品推广等专业化公共关系服务,对中国公共关系进行了很好的启蒙,之后逐步出现中国本土公关公司并发展壮大。

业界先行,学界迅速跟进。从20世纪80年代中期开始,中国学界开始大量翻译引进西方公共关系理论和研究成果,巴纳姆、艾维·李、伯内斯、卡特里普、格鲁尼格、杰夫金斯等人的主要公共关系研究成果被介绍到国内。内地学者与港台学者展开了积极交流与对话,一些西方公关理论通过港台进入内地。这些公关理论被内地快速消化吸收,并结合内地实际加以变革和发展,使公共关系事业呈现明显的"中国特色"。西方公共关系实践和理念的启蒙,让我国本土公共关系获得发展。1981年,深圳中外合资的竹园宾馆设立公关部门,这是现代公共关系在中国的开始。之后的1984年,国有企业广州白云山制药厂设立公关部。1985年,深圳大学设立大专层次的公关专业,公共关系人才培养迈开步伐。之后,廖为建、居延安、熊源伟、纪华强、郭惠民等学者陆续出版教材、著作。①

二、关于"中国特色公共关系"的探讨

公共关系进入我国后,人们就开始探讨公共关系的"中国特色"。1984年11月,中国社会科学院新闻研究所开始了中国社会主义公共关系学的前瞻性研究。1984年12月26日,《经济日报》发表社论《认真研究社会主义公共关系》。②

---

① 胡百精. 中国公共关系30年的理论建设与思想遗产 [J]. 国际新闻界, 2014, 36(2): 27-41.

② 纪华强. 中国大陆公共关系理论演绎 [J]. 国际公关, 2005 (4): 27-28.

20 世纪 90 年代，国内公关学界曾有一次关于中国公共关系特色的探讨。1990 年 3 月，安岗在《公共关系》杂志上发表了《什么是中国特色的社会主义公共关系》一文，试图阐释公共关系的"中国特色"。1992 年 7 月，翟向东等人在山东莱芜召开了"中国公共关系特色初探"研讨会。经过五天讨论，会议概括了中国公关的"七大特色"。1993 年 6 月，"中国公共关系特色再探"研讨会在北京怀柔举行。会议精简了上一年提出的"七大特色"，将"中国公关"表述为："社会组织通过沟通信息、协调利益、化解矛盾，理顺和改善人际、社际和国际间的各方面关系，调动一切积极因素，为社会主义的两个文明建设服务。"[①]

三、传统文化视角的"中国特色"

优秀传统文化为中国公关事业发展提供支撑。"公共关系"一词本身为舶来品，但传入中国后自然会受到中国政治、经济、社会、文化等方面的影响，呈现一定的中国特色。中国古代，虽未有"公共关系"一词，但公共关系所蕴含的思想、原理、方法早有体现。如"民为邦本""和为贵""重义轻利""人和""爱人"等。传统文化中的仁、义、礼、智、信等理念，为中国特色公共关系的发展提供了丰富的给养。有学者研究指出，建设有中国特色的社会主义公共关系学，离不开对中国古代文学作品中关于"准公关"内容的借鉴和汲取。中国古代文学中关于"准公关"的思想、技巧，包蕴了现代公关的某些观点，包括：公关组织整体性多样性相统一才能发挥主体作用；公关组织的内部必须有凝聚力、归属感；公关组织必须取得外部公众的理解支持；公关传播的多样性、艺术性。[②]

社会文化深刻影响公共关系。中国人自古以来重视人际交往，重视人情。这种特点对中国公共关系事业的影响可谓喜忧参半。公共关系，归根到底，

---

① 胡百精. 中国公共关系 30 年的理论建设与思想遗产 [J]. 国际新闻界，2014，36（2）：27-41.
② 徐浑. 中国古代文学中的"准公共关系" [J]. 吴中学刊，1994（2）：47-50.

是人心的工作。所以，通过人际交往的方式开展公共关系活动，包括谈话、演讲、新闻发布会等多种口语传播方式，能够以诚待人、以理服人，往往能取得较好的效果。但也正是中国公共关系活动重视人际交往的特点，造成庸俗公关盛行、公共关系污名化严重。

四、制度视角的"中国特色"

中国特色社会主义制度让中国公共关系事业有明显的中国特色。政治协商工作、统一战线工作、党群工作、宣传工作、信访工作、民族工作、精神文明工作都有强烈的中国特色。而这些工作的背后，都需要科学的公共关系理念支撑。在不同历史时期，公共关系都与当时的主流政治理念产生关联，如公共关系与社会主义精神文明建设、公共关系与"三个代表"思想、公共关系与和谐社会的相关研究。刘泽军在1989年刊文指出："目前，大力发展公共关系事业，是搞活国内经济开拓国际市场的需要，是社会主义物质文明与精神文明建设的需要，它对于消除腐败，净化社会环境有着不可低估的作用。"① 罗东山在1990年刊文指出："把我们党和国家处理民族关系的经验和公共关系学结合起来，促进社会主义民族关系的发展。""加强社会主义少数民族公共关系理论研究和少数民族公共关系队伍建设。"② 此外，国家形象一向是公共关系学者也是业界关注的焦点之一。中国特色政治体制决定了中国国家形象、中国共产党形象、中国政府形象的高度统一。国家形象传播近年来一直是公共关系学界研究的重点、业界关注的焦点。

五、经济发展视角的"中国特色"

改革开放以来，我国经济发展取得举世瞩目的成就，创造了"中国奇

---

① 刘泽军.公共关系与社会主义精神文明［J］.金融教学与研究，1989（S1）：21-22.
② 罗东山.公共关系与社会主义民族关系［J］.中南民族大学学报（人文社会科学版），1990（6）：104-110.

迹"；我国公共关系事业也取得突飞猛进的跨越式发展。1978 年，我国 GDP 为 3624 亿元；2016 年，这一数字已达 74.4 万亿元，是 1978 年的 205 倍。我国公共关系市场规模同样取得突飞猛进的发展。据中国国际公关协会的调查，2016 年中国公关市场规模达到 500 亿元。而 2007 年，这一数据仅为 108 亿元，9 年增长 4.6 倍。

公关业界服务的重要对象是企业。改革开放 40 年，是我国企业品牌快速发展的 40 年。大量企业从无到有，从小到大，从弱到强，从中国企业成长为跨国企业。1996 年，我国首次有两家企业入围财富 500 强，2016 年，入围财富 500 强的中国企业已达 110 家，仅次于美国的 134 家，而近邻日本已下滑到 52 家。从品牌方面的榜单看，我国品牌还有很大发展空间。直到 2004 年，中国品牌才首次入围世界品牌 500 强，虽然近几年中国品牌快速崛起，但 2016 年入围世界品牌 500 强的中国品牌仅为 36 家，位列第五。世界品牌 500 强榜单中，美国品牌多达 227 席，是中国的 6 倍多，英国、法国品牌均为 41 席，日本为 37 席。可见中国品牌在改革开放 40 年间取得突飞猛进的发展，但仍有巨大发展空间。

六、中国公关应有怎样的特色

十九大报告明确指出"中国特色社会主义进入了新时代"，"新时代中国特色社会主义公共关系"的本质内涵值得深入研究。

首先，应在充分吸收中国优秀传统文化和西方公关理论的基础上，结合改革开放 40 年来政治、经济、社会发展实际，形成中国特色公共关系理论体系。改革开放以来，中国公共关系学界积极译介西方公共关系学者的成果，为中国公共关系学术启蒙和发展发挥了重要作用。但公关学者对传统文化的挖掘还缺乏系统性和深入性。习近平指出："中华优秀传统文化的资源，这是中国特色哲学社会科学发展十分宝贵、不可多得的资源。"我们应更深入系统地挖掘优秀传统文化中的公共关系智慧，为中国特色公共关系事业提供源源不断的给养。

其次，中国公共关系实践在关注商业传播促进经济发展、关注公共传播促进社会进步的同时，还应关注中国特色政治协商工作、统一战线工作、党群工作、宣传工作、信访工作、民族工作、精神文明工作，促进新时代中国特色社会主义更加完善。当前，公共关系在新闻发言人制度、信息公开、危机公关、处突维稳、公共外交等领域得到广泛应用，并取得良好效果，在上述政协、统战、信访等领域应有更多应用。

最后，中国特色的公共关系事业必须有全球视野，积极吸收借鉴各国优秀研究成果。改革开放40年来，中国现代公共关系事业从无到有快速发展，人们在讨论中国特色公共关系时，从未关起门来作茧自缚，不断吸收借鉴各国公关学者的优秀成果，将其与中国实际结合进行创新，从而获得适应中国国情的公共关系知识和理论；中国积极吸引跨国公关公司来华开展业务，中国公共关系业界也积极吸纳海外公关公司的先进管理经验；中国高校的公关教育也积极参考海外高校的先进经验，使公关教育既有中国特色又有国际视野。

总之，中国特色公共关系事业应努力从中国优秀传统文化中汲取营养，努力把新时代中国特色社会主义公共关系事业推向前进，积极推动公共关系事业本土化与国际化的平衡，为构建中国特色、中国风格、中国气派的哲学社会科学作出贡献。

作为学术传播媒介的皮书：使命与趋势[*]

近年来，我国皮书事业蓬勃发展，各类皮书成为新闻报道、学术研究等的信息源，成为中国特色新型智库建设、繁荣发展哲学社会科学、讲好中国故事的重要助力。但当前人们对皮书的相关研究还很不充分。在中国知网（CNKI）以"皮书"为关键词进行检索，文章标题中含有"皮书"二字的有效结果仅有30余条，这些研究关注了皮书国际化、皮书与智库发展等问题。《中国皮书发展报告》《皮书与中国话语体系建设》《皮书研创与智库建设》《皮书研究：理论与实践》等著作，则从较为宏观的层面对中国皮书发展进行了研究和梳理。

另外，在新闻传播学受关注的当下，学术传播的相关研究还很不足。只有少量学者关注了学术国际传播、编辑与学术传播等议题。关于学术传播的专著很少，第二军医大学出版社曾出版《学术传播》（烟玉明主编，2001年）一书，主要从策略层面介绍了如何在讲坛上、课堂上、答辩会上阐述自己的学术思想。整体上看，目前还没有从学术传播角度对皮书进行研究的成果出现。作为学术传播媒介的皮书应有怎样的使命？今后有怎样的发展趋势？本文尝试对此进行考察。

---

* 文章原载于《青年记者》2021年第4期，收入本书时有改动。

一、作为学术传播媒介的皮书

皮书是指政府部门或学术组织关于特定门类、地域或领域的社会科学资讯类连续出版物，往往以年度为时间单元。从外观看，皮书属于图书，但不同于一般意义上的图书，是一种连续出版物；同时，皮书又不同于报刊类出版物，其容量大，聚焦性更强，有原创性、实证性、专业性、连续性、前沿性、时效性等特点。皮书既有图书的特征，也有报刊的特征，更有强烈的媒介特征，是重要的学术传播媒介。皮书从封面颜色到内容，都有丰富的符号意义。作为学术传播媒介，许多皮书一经发布，就引发社会强烈关注，经过大众媒体二次传播后，形成强大的社会效应，成为社会发展的风向标。

（一）皮书封面颜色的符号意义

一般性图书封面的设计，讲求美观度、艺术性和与内容的匹配性。皮书封面的设计则较为固定，尤其是封面的颜色，本身就是一种符号，代表着图书的色调、风格和定位。

白皮书通常由官方发布，代表政府立场，往往涉及政治、经济、外交等重大问题，如《中国的北极政策》白皮书、《新疆的宗教信仰自由状况》白皮书等。也有一些带有官方背景的研究机构、管理特定行业的政府部门会发布特定行业的白皮书，如国家广告研究院曾编辑出版《中国广告业发展白皮书》，招商银行曾发布《中国薪酬福利白皮书》。

蓝皮书最为常见，数量和种类最多。一般认为，蓝色象征着严谨、科学。蓝皮书多是由第三方完成的综合研究报告，通常为智库产品，讲求科学性、客观性、严谨性。目前，中国的经济、行业、社会政法类皮书中，90%左右的品种为蓝皮书，如"经济蓝皮书""社会蓝皮书""汽车蓝皮书""法治蓝皮书"等。

绿皮书也是一种重要的皮书类型。绿色象征着希望与生命，绿皮书通常是关于乐观前景或可持续发展的研究报告，主要分布在生态、环境、农村、旅游等领域，如"环境绿皮书""农村绿皮书""旅游绿皮书"等。

黄皮书往往关注国际问题。黄色是充满活力与希望的颜色，代表开放与包容，在国际问题的皮书中使用黄色封面，包含了希望世界更加开放包容的寓意。黄皮书多为以国际问题、区域问题为主题的研究报告，如"中亚黄皮书""国际形势黄皮书""世界经济黄皮书"等。

（二）皮书学术传播的要素

学术传播的主要媒介形式还有学术专著、学术期刊、学术研讨、学术讲座等，皮书是学术传播的一种重要媒介。学术传播是传播的一种，同样包括信源、信息、信道、信宿等构成要素。

皮书学术传播的信源是各皮书课题组的研究者。当前，许多皮书具有较强的学术影响力和政策影响力，各类皮书的课题组分布在政府研究部门、社会科学院、高等学校、民间智库等，其中不乏权威学者。如社会科学文献出版社的"经济蓝皮书"自1997年以来已经出版22部。其最早可追溯至1990年，根据中央领导的指示，中国社会科学院成立"中国经济形势分析与预测"课题组，刘国光、李京文等著名经济学家参与，研究成果用蓝色封面装订，上报中央并在内部传阅，次年，研究报告公开出版。[1] 20多年来，参与中国皮书研创的研究者超过4万人次，这些研究者就是皮书学术传播的信源。

皮书学术传播的信息是皮书所载内容。皮书内容与其所属类别密切相关，1997年，社会科学文献出版社出版首部专业蓝皮书，2018年，该社出版的皮书已达441种，涵盖经济类、文化传媒类、地方发展类、行业类、国际问题类等。各类皮书所载信息有一定时效性，包括对过去特定时间段相关情况的梳理；也有一定的前瞻性，包括对未来相关情况发展态势的预测和判断。

皮书学术传播的信道为出版社及其发行渠道。当前，中国图书市场上有各类出版社出版的各类皮书，质量参差不齐。其中影响力和认可度最高的，是社会科学文献出版社出版的系列皮书。当前，该出版社不但通过传统方式

---

[1] 谢曙光.中国皮书发展报告2019［M］.北京：社会科学文献出版社，2019：35.

出版发行纸质版皮书，还通过建设皮书数据库，探索融合出版。目前，其皮书数据库设有中国社会发展数据库、中国经济发展数据库、中国行业发展数据库、中国区域发展数据库、中国文化传媒数据库、世界经济与国际关系数据库。

皮书学术传播的信宿是其各类读者。皮书读者涵盖范围很广。首先，皮书读者包括党和政府相关决策部门人员，皮书是其决策过程的重要依据；其次，皮书读者包括相关行业从业人员，皮书是他们了解行业动态、市场行情的重要渠道；再次，皮书读者包括各类研究人员，皮书为其开展研究提供权威资料与数据。

（三）皮书媒介的特征

作为学术传播的媒介，皮书承载着传播智库观点、服务社会发展的职责，有许多显著的特征。

首先，原创性和实证性。大多数皮书课题组通过实地调研、问卷调查、访谈等方式获得第一手资料进行分析；皮书出版机构往往对内容的重复率有很高的要求，经权威查重后的重复率一般不会超过20%。同时，皮书关注贴近实际工作，研究方法注重定量和实证，皮书内容有较强的实操性和实证性。

其次，连续性和前沿性。各类皮书刊登大量研究报告，这些研究报告通常以年度为单位进行梳理，每年度出版，保持连续性。由于每年度出版，保持连续性的同时，也保持了前沿性，所刊载的数据资料都是最新、最前沿的，对相关的新概念、新提法、新热点会有涉及，对行情的预测也有较强的前沿性。

再次，权威性和影响力。皮书的作者大都为权威智库的学者，大都有深厚的学术积淀和较高的影响力。皮书作者所属机构大都为政府研究机构、社科院系统或高校智库，有较强的权威性。皮书所使用的资料、数据也来源可靠、分析客观，皮书内容整体上有较强的权威性和影响力。大多数皮书出版有较高的门槛，达到一定标准才能出版，保障了皮书的权威性和影响力。

二、皮书学术传播的使命

经过20多年发展,中国皮书事业取得丰硕成果。中国特色社会主义进入新时代,我国提出了一系列全新的重大理论和现实问题,迫切需要深入研究并作出科学解答。皮书学术传播迎来广阔发展空间的同时,也肩负着艰巨的历史使命。

(一)助力中国特色新型智库建设

党的十八大以来,以习近平同志为核心的党中央高度重视新型智库建设,先后出台《关于加强中国特色新型智库建设的意见》《国家高端智库建设试点工作方案》等文件。党的十九大报告再次明确提出加强中国特色新型智库建设,这是智库建设相关内容首次写进党的代表大会报告。

智库生产的产品中有一部分通过内参等渠道进行内部传播,通常不会进入公众视野;另一部分产品则需要向社会广泛传播,研究报告、媒体访谈、媒体评论都是重要的传播渠道。皮书系列作为具有鲜明中国特色话语特征的智库报告,在政府决策、智库思想交流、社会推广、媒体转化、引导舆论、传递中国话语等方面发挥着重要作用。[①]

社会科学文献出版社出版的各类皮书的研创者中,既有清华大学等高校智库,也有中国社会科学院、各省市社会科学院等权威智库,还包括少量民间智库。皮书已经成为这些智库开展学术传播的重要媒介。皮书和智库发展相互促进,相得益彰,皮书出版促进了智库学术成果的传播,智库则为皮书提供了优质内容。

---

① 孙海悦等.皮书年会20年:中国智库研究者的学术嘉年华[N].中国新闻出版广电报,2019-08-01(4).

（二）助力繁荣发展哲学社会科学

2016年5月17日，习近平总书记主持召开哲学社会科学工作座谈会并发表重要讲话，提出了加快构建中国特色哲学社会科学学科体系、学术体系、话语体系的重大论断和战略任务。皮书可为繁荣发展哲学社会科学提供助力。

皮书在意识形态领域应发挥重要作用。皮书是服务党和国家决策、服务社会、服务行业发展的重要载体，皮书出版应坚持马克思主义的指导地位不动摇。通过皮书助力繁荣发展哲学社会科学，就是要构建中国特色、中国风格、中国气派的哲学社会科学，体现中国特色哲学社会科学的继承性、民族性、原创性、时代性、系统性、专业性等特征。

皮书应在服务社会发展、国家需求中繁荣发展哲学社会科学。作为公开出版发行的公共产品，皮书是智库研究者智力成果的体现，也是服务国家、服务社会、服务行业科学决策的重要载体。皮书研创应该聚焦真问题，找到真办法。这是一个需要理论而且一定能够产生理论的时代，这是一个需要思想而且一定能够产生思想的时代。皮书的成果应助益于我们的民族、国家和人民，应服务中华民族伟大复兴这个宏伟目标。

（三）助力讲好中国故事

习近平同志多次强调，要加强国际传播能力建设，精心构建对外话语体系，增强对外话语的创造力、感召力、公信力，讲好中国故事，传播好中国声音，阐释好中国特色。

皮书是中国特色话语体系的重要载体，是增强中国国际话语权的重要平台。皮书是新理论、新概念、新话语诞生的"摇篮"，我国倡导的正确的义利观、人类命运共同体、新型大国关系、"一带一路"等重大理念，都在各类皮书中得到展示和阐释，是构成中国特色话语体系的重要元素。随着中国国际影响力的增强，国际社会对中国皮书的需求增大。中国皮书国际化程度越来越高，已经成为增强中国国际话语权的重要平台。

皮书是讲好中国故事的重要平台。皮书是中国各领域最新发展态势的总结，是海外了解中国、观察中国、研究中国的重要渠道。讲好中国故事，不只是外宣机构的职责。中国故事的讲述者应是多层次的，中国故事的呈现方法应该是多元的。中国故事的讲述者既包括外宣媒体，也包括各领域的学者；中国故事的呈现，既可以是大众媒体的报道，也可以是学者的学术成果。系列皮书翔实、客观反映了中国发展的多个领域，是讲好中国故事的重要平台。

三、皮书学术传播的发展趋势

中国社会科学院院长谢伏瞻在第二十次全国皮书大会上讲话指出："加快推进皮书的国际化和数字化，把皮书系列打造成融合发展的典范和争取国际话语权的重要平台。"[①] 数字化和国际化，将是皮书国际传播的发展趋势。

（一）皮书学术传播的数字化

随着皮书数量的增加和逐年积累，皮书的数据库资源价值越来越高。仅靠纸质出版的皮书已无法满足社会对皮书信息的需求。2003年社科文献出版社出版的纸质皮书上市的同时，附加了"SSDB"数据产品的光盘，这种光盘既是电子书，又具备数据库功能。2005年，中国皮书网正式上线运行，为皮书提供了网络阵地。2007年，皮书数据库正式上线，将皮书系列全部电子化，并提供检索和数字化阅读功能。2017年，皮书数据库App上线，提供了快捷阅读的移动服务。目前，皮书数据库的内容规模已经超过40亿字，累计页面浏览量超过1000万次。[②]

在5G时代的大背景下，皮书的电子化和数字化发展迎来新机遇。要用更加市场化的方式发展皮书知识分享平台，在皮书研创者和皮书用户之间架起互动服务、精准服务的桥梁。同时，数据可视化、知识图谱、互动传播等技术，将为皮书学术传播带来更大想象空间。

---

① 中国社会科学院院长谢伏瞻在第二十次全国皮书年会上的讲话［EB/OL］.（2019-08-09）
　［2024-5-16］. https://m. thepaper. cn/baijiahao_4129969.
② 谢曙光. 中国皮书发展报告2019［M］.北京：社会科学文献出版社，2019：243-244.

（二）皮书学术传播的融合化

当前，媒体环境正在发生深刻变化，信息传播方式、受众接受习惯也发生日新月异的变化，媒体形态也必须随之进行变革。作为学术传播的重要媒介，皮书的学术传播必须进行融合化改革。

（三）皮书学术传播的国际化

当前，中国日益走近世界舞台中央，国际社会对中国的关注度空前提升，加快提升中国国际话语权已经成为刻不容缓的课题。皮书国际化可以在国际上有效传播中国主张、中国方案，讲好中国故事，传播好中国声音。

中国皮书国际化已经取得显著成效。社会科学文献出版社与荷兰博睿学术出版社合作，于2007年实现了"环境绿皮书"英文版的全球发行，至今已出版10部。当前，社会科学文献出版社的皮书系列中，有78种实现了国际化，其中蓝皮书系列60种，绿皮书系列10种，黄皮书系列8种。[1]皮书的海外使用机构包括哈佛大学、斯坦福大学、普林斯顿大学、伯克利大学、杜克大学、牛津大学等大学图书馆，以及美国国会图书馆等。[2]社会科学文献出版社的各类皮书，除中文外，还以英文、俄文、日文、韩文等12种语言在全球出版发行。[3]

可以预见，随着中国日益走近世界舞台中央，国际社会对中国的关注度将进一步提升，对中国皮书的需求将进一步扩大。学术机构、政府部门、出版机构应通力合作，探索皮书国际化的长效机制，在策划、创研、编辑发行等各个环节加速国际化进程，结合网络化、数据化等方式，减少物理空间对出版国际化的限制。

---

[1] 谢曙光.中国皮书发展报告2019［M］.北京：社会科学文献出版社，2019：274.
[2] 谢曙光，吴丹.皮书与当代中国研究［J］.出版广角，2016（13）：20-23.
[3] 谢曙光.中国皮书发展报告2019［M］.北京：社会科学文献出版社，2019：1.

新闻生产的去专业化与"再专业化"*
——基于《人民政协报》"两会"特邀委员记者的分析

新冠疫情给近两年的"两会"带来深刻影响,"两会"相关的新闻生产格局发生重大变化,专业记者的新闻采访活动受到很大挤压。作为17家中央媒体之一,《人民政协报》在2020年和2021年"两会"期间采用特邀委员记者的形式,设立"委员报道"专版,邀请百余位全国政协委员担任特邀委员记者,让他们深入介入新闻生产过程。特邀委员记者在采访过程中,以"最为普通的相机、略显不专业的拍摄手法",[①] 关注了许多领域的专业问题,呈现出新闻生产"去专业化"和新闻产品内容"再专业化"双重特征,是新形势下新闻生产的有益尝试。

一、特邀委员记者的制度依据

特邀委员记者并非新闻机构的正式记者,没有记者证,是新闻媒体的特约记者和通讯员制度的组成部分,其采访工作由新闻媒体委托进行。"两会"期间特邀委员记者的创新尝试,有较为充足的制度依据。

首先,我国新闻媒体普遍有特邀记者、通讯员制度,有非专业力量助力新闻生产的传统。

---

* 文章原载于《青年记者》2021年第15期,收入本书时有改动。
① 王菡娟."委员记者"采访记[EB/OL].人民政协网.(2020-05-21)[2024-05-16].http://www.rmzxb.com.cn/c/2020-05-21/2576733.shtml.

中国共产党的党报有优良的通讯员制度，通讯员制度在争取广大群众等方面发挥了积极作用，促进了党的新闻事业发展，是"全党办报""群众办报"路线的重要体现。[①] 早在革命战争年代，中国共产党就实施工农通讯员制度，从工农中挑选有一定知识和文化水平、能撰写稿件的人来担任通讯员。[②] 这种非专业力量助力新闻生产的传统，符合中国特色媒体党性和人民性的统一；在新的历史时期，这种制度同样符合媒体参与社会治理的需求。作为新闻媒体特约记者和通讯员制度的组成部分，特邀委员记者的实践传承和发展了我国主流媒体在新闻生产中的特殊制度设计。

其次，政协职能与新闻媒体职能有天然的统一性。

政协是中国特色的民主政治形态，是重要的统一战线组织。政协的三大职能为政治协商、民主监督、参政议政，政协委员要积极反映社情民意、建言献策。新闻媒体是连通民众、中国共产党和国家机关的重要纽带，政协委员以特邀委员记者的身份参与媒体的新闻生产活动，本身就是一种政治协商、民主监督和参政议政活动。在党的新闻史上，新闻传播一直是治理体系的重要组成部分，许多职能与政协不谋而合。特邀委员记者是新闻传播领域与协商民主领域的绝佳融合。

最后，政协机构和政协委员有明确的宣传职责。

2014年，习近平总书记在庆祝中国人民政治协商会议成立65周年大会上发表重要讲话强调：政协组织和政协委员"要积极宣传改革发展的大政方针，引导所联系群众支持和参与改革发展，正确对待新形势下改革发展带来的利益格局调整，为改革发展添助力、增合力"[③]。2018年修订的《中国人民政治协商会议章程》中，"宣传"一词共计出现8次，政协有义务开展多方面的宣传工作，宣传内容包括法律法规、道德纪律、人才强国战略、民族政策、宗

---

① 连小童.浅析延安时期党报通讯员制度[J].青年记者，2014（20）：112.
② 林槺，王建华.陕甘宁边区工农通讯员制度的实施及成效[J].党的文献，2019（4）：91-97.
③ 习近平.在庆祝中国人民政治协商会议成立65周年大会上的讲话[N].人民日报，2014-09-22（2）.

教政策、侨务政策、外交政策等。① 这些规定为政协委员开展宣传工作提供了依据，也为新闻生产的去专业化和"再专业化"埋下了伏笔。

二、《人民政协报》特邀委员记者的新闻生产

作为全国政协机关报，《人民政协报》在邀请全国政协委员参与"两会"报道中有天然优势，是将政协委员纳入新闻生产环节的最为系统的案例。

（一）特邀委员记者参与新闻生产的基本情况

在经典新闻学体系里，专业化的新闻从业者在对媒体机构与社会的关系的把握中进行信息筛选与把关，是具有排他性的新闻生产主体。② 而《人民政协报》特邀委员记者的实践则在一定程度上打破了传统新闻生产主体的这种"排他性"。《人民政协报》特邀委员记者的选择综合考虑委员所在界别、委员所从事职业，综合判断委员是否能够胜任相关新闻生产工作。2020年和2021年《人民政协报》特邀委员记者覆盖除中共、特邀（军队）以外的32个界别，有百余位委员参加报道活动。担任特邀委员记者的，既有霍启刚、俞敏洪等自带流量的"明星委员"，也有院士、校长等各领域专家，还有现任或卸任政府官员。针对每位委员，《人民政协报》编辑部都指定专门的编辑记者担任联系人。按照委员所在界别，将编辑部内部负责对接的各位编辑记者分成6个小组，小组设立组长和副组长。所有特邀委员传来的作品均由联系人编辑处理后提交给组长。文字稿件由组长审看后传到文字编辑的采编平台或邮箱，由文字编辑分发；图片稿件由组长初步审看后，分发到图片编辑邮箱，由图片组编辑处理；短视频由联系人发送组长审定后，传剪辑邮箱，由剪辑制作分发。③

---

① 新华社.《中国人民政治协商会议章程》第一章［EB/OL］.（2023-03-20）［2024-6-18］. http://www.cppcc.gov.cn/zxww/2023/03/20/ARTI1679275255601112.shtml.

② 常江，田浩.建设性新闻生产实践体系：以介入性取代客观性［J］.中国出版，2020（8）：8-14.

③ 据本文作者对《人民政协报》新闻中心主任杜军玲的访谈.

笔者统计了 2020 年和 2021 年"两会"期间特约委员记者在《人民政协报》纸质版的发稿情况。2020 年"两会"期间,《人民政协报》共刊发 91 条署名为"特邀委员记者"的新闻信息;2021 年上升到 135 篇,其中包括若干篇特约评论员文章,均为特邀委员记者撰写。2020 年的特邀委员记者包括民进中央副主席朱永新、全国政协人口资源环境委员会原驻会副主任凌振国、中国听力语言康复研究中心主任龙墨等;2021 年的特邀委员记者包括全国政协教科卫体委员会副主任常荣军、全国政协外事委员会副主任韩方明、全国政协文史和学习委员会副主任叶小文等。大多数特邀委员记者从自身所在界别和自身专业角度提供了新闻产品。如 2021 年"两会"期间被聘为特邀委员记者的韩方明,向读者分享了对外友好界别委员向在海外的缺席委员"通电"致敬的背后故事。① 还有一些特邀委员记者通过新兴媒体开展新闻生产,发布了 Vlog 等多种形式的"两会"新闻作品。

(二)特邀委员记者参与新闻生产的主要特征

特邀委员记者积极参与"两会"新闻生产,呈现出一些鲜明的特征,从中可以窥探新闻生产去专业化与"再专业化"的趋势。

首先,场景化、沉浸式报道弥补了新闻生产去专业化的不足。担任特邀委员记者的政协委员均不是专业新闻记者,在新闻采写,尤其是图片和视频的拍摄方面,缺乏专业的技能训练,所发回的新闻产品自然存在许多不足。② 新媒体技术的发展,促进新闻生产的去专业化和沉浸式报道发展。"两会"期间,传统媒体借助特邀委员记者等方式,推动了新闻生产的场景化和沉浸式报道的发展。特邀委员记者以第一人称视角,在参会的同时参与新闻生产,新闻受众跟随特邀委员记者的镜头,"身临其境"地入住酒店、体验周到的会务服务,在部分环节还能跟随特邀委员记者的镜头进入人民大会堂,这无疑是沉浸式报道。通过这种新闻生产方式,特邀委员记者实现了新闻的亲历者

---

① 韩方明.向缺席的委员"通电"致敬[N].人民政协报,2021-03-05(21).
② 据本文作者对《人民政协报》新闻中心主任杜军玲的访谈。

与记录者的融合。"第一人称"的场景化、沉浸式报道很好地弥补了去专业化的新闻生产的某些不足。

其次，新闻内容呈现"再专业化"特征。政协委员本身就需要有较强的广泛性和代表性，而特邀委员记者的身份又让他们兼具意见领袖的角色，二者相互促进，相互融合，并行不悖。《人民政协报》特邀委员记者既有明星，又有官员和专家，他们作为特邀委员记者，关注了"两高"报告、政府工作报告、《中华人民共和国民法典》、高校毕业生就业、教育扶贫等议题，许多委员记者本身就是这些领域当仁不让的专家，作为意见领袖的相关解读深入而专业，呈现出报道内容的"再专业化"特征。如航天科技集团公司第十一研究院研究员曲伟是科技专家，他撰写了题为《科技兴才能国家强、人民安》的报道；中国中医科学院西苑医院副院长徐凤芹是医学专家，她撰写了题为《一切为了人民的健康》的报道；中国科学院院士、中国地质大学（武汉）校长王焰新是教育专家，撰写了题为《教育大有可为》的报道。

（三）特邀委员记者对新闻生产的认知

特邀委员记者参与新闻生产的积极性高，同时认识到新闻生产的专业性和新闻生产的去专业化，对自身委员和记者双重身份也有较为充分的认识。

首先，特邀委员记者对新闻生产专业性的认知。特邀委员记者普遍认同新闻生产的专业性，如特邀委员记者唐江澎在其撰写的《委员玩"跨界"个个好"记者"》一文中指出："来自广西师范大学的黄晓娟委员是中文背景，她的采访走的完全是正牌记者的套路。""上海市教委副主任倪闽景委员虽是理工男，但专业精神与采访水平毫不逊色。"[1] 还有一些委员记者，对专业的新闻生产有很深的憧憬。教育界特邀委员记者联络人、《人民政协报》记者张惠娟负责联系的中国科学院院士王焰新，在求学时就是小有名气的学生记者，而"两会"期间他"在岗"的表现更是体现了较高的专业素养。[2] 其次，特邀委

---

[1] 唐江澎.委员玩"跨界"个个好"记者"[N].人民政协报，2020-05-25（13）.
[2] 张惠娟."委员记者"，站好最后一班岗[N].人民政协报，2020-05-28（18）.

员记者对新闻生产去专业化和"再专业化"的认知。特邀委员记者大都对自身文字水平是有信心的。有一定基础的非新闻专业人士，只要给予一定的培训，完全可以深入介入新闻生产工作，并且可以结合自己多年来深耕的领域，采写深度、专业的新闻稿件。

再次，特邀委员记者对委员和记者双重身份的认识。如上所述，政治协商制度和新闻宣传工作有天然的联系。政协的职能包括"反映社情民意""宣传大政方针"等，这反映了政协职能与新闻媒体职能的统一性。政协委员往往关注特定专业领域，而记者则有义务关注更宽泛的领域。2021年"两会"期间再次被聘为特邀委员记者的凌振国撰文指出："肩负着委员参会履职和记者报道双履职责任"，将会"努力做好特约委员记者工作"。① 担任特邀委员记者的黄宝荣指出，"担任特邀委员记者后，发现我关注的领域更多了"，"我试着举起手机，拍摄委员们的照片，希望做好特约委员记者的工作，向外界客观真实地传递大会信息"。②

三、新闻生产的去专业化与"再专业化"

"两会"期间，《人民政协报》通过特邀委员记者开展的新闻生产尝试，原本是无奈之举，却成为该报"两会"报道最大的亮点。特邀委员记者重新定义了新闻生产，推动了新闻生产的去专业化与"再专业化"。

第一，特邀委员记者重新定义新闻生产。

5G、人工智能和大数据等新技术的发展，让机器人记者、自媒体、公民参与改变了记者这一职业和新闻生产。在传统的采编模式下，记者在新闻现场一线负责采访，编辑人员在后方进行编辑。在《人民政协报》特约委员记者的创新尝试中，记者不出现在新闻现场，在后方与前线的特约委员记者进行联系，并对委员记者的稿件进行编辑，呈现记者编辑化特征；而百余位特

---

① 凌振国.我是特邀委员记者［N］.人民政协报，2021-03-05（21）.
② 黄宝荣.担任"特邀委员记者"后……［EB/OL］.人民政协网.（2020-05-23）［2024-05-16］.http://www.rmzxb.com.cn/c/2020-05-23/2579186.shtml.

约委员记者则如同派出的驻会记者,从各自角度发回报道。这便造成新闻生产的重新定义:新闻生产的主体不再是新闻机构的专业从业人员,而是包括非专业人员,这些非专业人士又往往是其他领域的"专业人士";新闻生产的链条不再是封闭的,而是开放的;非专业人士可以部分参与新闻生产过程。

第二,新闻生产的去专业化。

以往的研究大都认为去专业化主要是在大数据、人工智能和机器学习等新技术影响下发生的。而本文通过对"两会"期间《人民政协报》特邀委员记者的研究发现,去专业化的另一股力量,则是在技术发展、信息公开程度提升和社会分工变化的综合影响下,通过非专业人士深度参与新闻生产而实现的。这之所以能够实现,主要原因有:首先,得益于技术发展。日常的手机等设备已经可以满足基本的采访和传送需求。其次,得益于信息公开程度的提升。越来越多的政协委员愿意面对媒体,甚至变身记者。再次,受到中国"文人论政"的传统理念影响。被选定为特约委员记者的百余名政协委员,大都是特定领域的舆论领袖。最后,疫情长期化及其影响,直接促成了不同行业之间的社会分工出现微妙变化。

第三,新闻内容的"再专业化"的新模式。

"特邀委员记者的很多文字、图片和视频作品,比专业记者做得还要专业,且更加鲜活生动。而这些'跨界'的委员们也从中得到了极大的成就感与满足感。毕竟,报道大会、报道委员,谁又能比委员更专业呢?"[1]这股新闻生产去专业化的力量,却也让新闻内容另一种意义的"专业性"增强。全国政协委员是经济、金融、教育、环保等领域的专业人士,他们用"非专业"的新闻视角探究另一个领域的"高度专业化"问题,去专业化新闻生产活动在新闻内容方面呈现"再专业化"特征。这种成功的合作让我们有理由相信,在许多专业领域有较深造诣的非新闻专业人士可以深度参与新闻生产,同步实现新闻生产的去专业化与"再专业化",为新闻生产提供了新模式。

---

[1] 与您同在,更加精彩[N].人民政协报,2020-05-28(13).

媒体融合的内容策略与营销策略[*]

——以迪士尼集团的实践为例

近年来,中国高度重视媒体融合发展。推动媒体融合发展、建设全媒体成为我们面临的一项紧迫课题。研究全球著名传媒集团的媒体融合策略,具有很强的现实意义。作为著名跨国传媒集团,迪士尼拥有媒体网络、主题乐园、体验和消费者产品、影视娱乐等业务,涉及广播电视、流媒体、社交、戏剧、音乐、出版等领域。迪士尼发挥自身优势,在内容领域和营销领域开展了卓有成效的媒体融合实践。

一、顶层设计:面向媒体融合的全新集团布局

在迪士尼面向数字化、媒体融合的发展历程中,一直伴随着部门设置和集团架构的调整。

早在1994年,迪士尼就在迪士尼软件部门旗下成立了迪士尼互动机构,主要从事游戏及CD-ROM软件业务的开发。2003年,迪士尼互动机构成为独立的部门,负责迪士尼旗下的网站和游戏业务。2015年,迪士尼将消费者产品与互动娱乐两大部门进行合并,成立消费者产品和互动娱乐部,与已有的媒体网络、影视娱乐、公园和度假村三大板块一起,形成了迪士尼融合转型的基本架构。

---

[*] 文章原载于《青年记者》2020年第25期,收入本书时有改动。

随着媒体融合发展竞争态势愈演愈烈，网络运营商、互联网媒体纷纷入局媒体融合，形成了强有力的竞争压力，同时，迪士尼在传统渠道 ESPN 与迪士尼频道的订户数量连续三年出现了下滑。这时，迪士尼主动求变，于 2018 年 3 月启动了全新的战略重组，将原有的四大业务板块重新划分：组建全新的直接面向消费者和国际部门，并将原有的消费者产品业务并入主题公园、体验和消费者产品部门；媒体网络部门和影视娱乐部门只做规模扩张，原有的业务职能保持不变，形成四大全新的媒体融合业务架构。

在全新的架构中，媒体网络部门负责运营迪士尼的有线电视网络、广播等各种媒体网络资产，包括迪士尼频道、ABC、Freeform、ESPN、福克斯以及国家地理。该部分业务是迪士尼的重要收入来源，占总体营收的 35%。影视娱乐部分主要包括华特迪士尼影业、二十世纪福克斯、漫威、卢卡斯影业、皮克斯、福克斯探照灯影业和蓝天工作室旗下的电影制作和发行，百老汇和世界各地现场娱乐活动的开发、制作和授权、音乐制作和发行以及后期制作服务，影视娱乐无疑是整个集团的核心。

新成立的直接面向消费者和国际部门是其媒体融合战略的冲锋部门。它由迪士尼旗下国际和媒体业务以及全球消费者直接对接业务组成，其中包括即将推出的迪士尼品牌流媒体服务 Disney+、Hulu 以及 ESPN+ 流媒体服务。除此之外，该部门还包括了 Hotstar、BAMTECH、迪士尼全球广告销售管理业务、迪士尼旗下国际频道以及节目销售业务和全球分发业务。作为迪士尼新的重点业务，直接面向消费者和国际表现不俗，总体营收占比达 13%，2019 财年营收为 94.49 亿美元，同比增长 100%。①

二、内容策略：帝国化逻辑强化 IP 资产

在全球最具影响力的海外传媒集团阵营中，迪士尼集团所拥有的 IP 资源

---

① Disney 2019 annual report [R/OL].（2009-09-88）[2024-05-16]. https://otp.tools.investis.com/clients/us/the_walt_disney_company/SEC/sec-show.aspx?FilingId=13754385&Cik=0001744489&Type=PDF&hasPdf=1.

可谓效率最优、利润最高、规模最大。一方面取决于迪士尼集团自创 IP 的能力，另一方面则通过资本层面的收购完成对其他知名 IP 资源的占有。2006 年以前，迪士尼的 IP 资源主要通过自主创造，从 2006 年到 2019 年，迪士尼先后收购了皮克斯动画、漫威娱乐、卢卡斯影业和 21 世纪福克斯。资本层面的快速并购，让迪士尼的 IP 数量迅猛增长，仅 2009 年收购漫威娱乐这一项就为迪士尼带来了蜘蛛侠、钢铁侠、雷神、美国队长等 5000 个 IP 角色。而随着 2019 年 3 月迪士尼最终以 713 亿美元的交易额完成对 21 世纪福克斯的收购，让 X 战警、神奇四侠、死侍等 IP 加入迪士尼阵营。①

可见，迪士尼通过"自有 + 并购"的方式，以效率最优、利润最高、规模最大的帝国化逻辑迅速实现 IP 资产积累是十分有效的。这些 IP 也构成了迪士尼媒体融合内容资产的核心，为媒体融合内容创意、渠道传输、业务运营提供了灵魂，构成了迪士尼强大的无形资产。

三、营销策略：融合化、智能化广告投放

新的媒体融合形势之下，迪士尼的营销策略和广告产品也在因时而变。迪士尼整合集团旗下各类广告资源，为广告主提供一站式的广告购买平台，形成如下四个方面的广告产品，全面实现融合化、智能化的广告投放。

第一，基于集团综合内容的广告管理系统。基于集团综合内容的广告管理平台是迪士尼与谷歌合作建立的，把全球数字视频广告、展示广告等业务转移到谷歌广告管理系统上。其资源覆盖了迪士尼旗下大部分电视网络，包括美国广播公司（ABC）、ESPN、有线电视网 Freeform，也包括漫威电影、皮克斯动画等。在这个新的平台上，谷歌负责为迪士尼在直播节目、在线视频服务上销售、计划、投放广告。

第二，DTCI 全球广告销售管理系统。迪士尼内部也不断推进以 DTCI 部

---

① 高云翔. 迪士尼并购福克斯不只是 IP 那么简单 [EB/OL].（2019-3-22）[2024-05-16]. 中国知识产权报，人民网. http://ip.people.com.cn/n1/2019/0322/c179663-30989084.html.

门为主体，面向国际市场的广告主提供融合化的广告服务。在这一营销平台上，迪士尼还特别注重数据化、智能化的营销创新。以旗下广告工具之一的 Luminate 为例，迪士尼通过自有及合作数据的交叉分析进行受众细分，再通过与数据公司 LiveRamp 或甲骨文的 BlueKai 进行消费者数据匹配，广告商一次购买，就可以实现对 ESPN、ABC 和 Freeform 等不同平台的目标用户的精准送达。

第三，迪士尼数字网络广告平台。迪士尼数字网络部在统一管理社交资产、实现社交平台全面融合的基础上，推出了专门的广告平台——DisneyCo/Op，旗下包含两大产品：DisneyCo/OpStudio 和 DisneyCo/OpNative。前者通过全方位服务的内部创意团队，为品牌创建定制内容，后者则是专为迪士尼的许可零售商和授权商提供数字媒体网络推广服务。

第四，ABC 跨屏广告购买系统。迪士尼还实现了媒体内部的小的跨屏融合，不断突破技术难点，推出跨屏统一的分析工具和购买平台，实现跨屏广告的销售，ABC all access 产品形成了突破，通过该产品提供跨传统电视、PC端、移动端、智能电视端的数据分析和广告购买服务。

四、启示与借鉴

（一）用融合化的思维聚合内容资源

迪士尼在媒体融合转型的过程中并没有一味追求增量，而是通过对已有存量资源的聚合，最大化地盘整现有资源的融合，并从顶层设计、机制和管理模式上进行了有效的配合。迪士尼一方面利用现有 IP 资源池，联合旗下漫威、皮克斯、卢卡斯近百个 IP 形象，实现内部 IP 的聚合，打造全新的动画电影，通过存量 IP 打造全新的 IP 组合，实现内容创新。另一方面，迪士尼还将集团下属的各类账号资源、红人资源进行盘整，成立统一的数字网络部和社交编辑部，将社交资源通过数字化的管理充分利用起来，让迪士尼的社交渠道以"统一的声音"为内容宣传、建立用户情感连接、广告营销服务。传统媒体集团本身都拥有非常丰富的资源，用融合化的思维对存量资源进行整合，比一味地追求规模扩张、寻找增量具有更高的投入产出比。

（二）用融合化、智能化思维推动营销融合

迪士尼旗下的内容资源、渠道资源众多，此前这些实体大多是各自独立经营广告业务的。媒体融合环境下，面对企业对营销智能化、一体化、实效性的需求，迪士尼将这些可经营的资源汇聚到一起，并通过与谷歌的合作，打造一站式数字营销平台。迪士尼以平台自有数据为基础，从自家广告库存中获得对用户的更多了解，并将其与用户行为数据进行配对，更准确地定位和评估用户的行为细分。同时，精准营销的趋势日益明显，智能化也成为迪士尼营销发展的重要方向。迪士尼的数据科学团队创建了一个预测模型，用于查看来自移动游戏、广告库存的相关信息，并辅以调查，划分受众群体，预测某个用户更有可能购买哪类商品。此外，迪士尼营销程序化趋势也日益明显，迪士尼的高级广告解决方案套件从自身以及广告合作伙伴获得数据后，对受众进行细分，进而与数据公司合作进行消费者数据的挖掘，并通过旗下的多个内容品牌与受众连接。

（三）内容、经营双核驱动，相互赋能形成合力

在盘活存量资源的同时，占领内容和经营的高地，通过内容和经营的双核驱动形成合力，是迪士尼带给传统传媒集团媒体融合转型的重要启示。

作为媒体融合的初始变量，内容是一个老生常谈的话题。以规模最大、效率最高的逻辑占有更多、更好的内容资源，形成内容战略高地是传统传媒集团区别于许多互联网媒体融合机构的最大优势。内容高地的建立一方面取决于内容规模，可以用几十年甚至数百年的时间去积累，也可以通过大力兼并与收购，迅速聚拢内容资源，实现规模提升；另一方面取决于内容流程的重塑和优化，学会利用数据，以互联网思维、扁平化的管理打造内容生产、分发、变现的系统平台，通过重建内容流程，加快内容决策的效率和准确性，实现效率提升。

内容高地还需要通过经营的配合，才能实现价值转化。从迪士尼的案例

中我们看到经营的可能性其实由内生型经营与外延型经营两条思路并行，划分出广告营销以及新价值变现两种方式。其中广告营销经营不能局限于品牌广告方面，还要兼顾内容广告、社交广告，形成多层次的广告营销产品体系；积极搭建各类广告系统，促进广告营销的数据化、平台化、智能化。同时，迪士尼还基于内容资源，不断拓展新的经营空间，面向全球市场，实现内容经营新价值的变现。

我们也看到，在一些媒体融合的案例中只注重"全媒体记者"等内容生产环节，对经营领域的关注不足；有的则完全由经营团队主导，只强调经营领域的横向拓展，认为开拓了新业务就是媒体融合，缺乏内容根基和业务基础。这些都是需要继续改进的。

社交媒体环境下媒体融合探析*
——以迪士尼集团的实践为例

在过去近百年的发展历程中，迪士尼通过自身发展创新与并购优质企业，成为拥有媒体网络、主题乐园、影视娱乐等业务，涉及广播电视、流媒体、社交、戏剧、音乐、出版等多元化领域的跨国传媒集团。随着海外媒体融合进一步调整结构和深度强化，迪士尼集团在聚合核心 IP 存量资产的同时，着力形成具有领先性和创新性的渠道、社交布局，继续朝着媒体融合方向迈进，其探索值得借鉴。

一、融媒体渠道：DTC 式媒体融合

迪士尼的传统媒体分发渠道主要包括有线电视网和机顶盒、广播、出版杂志三部分。迪士尼是全美最大的电视网络拥有者之一，主要由 Disney Media（Disney channel、Disney XD、Disney Junior）、ESPN、ABC 以及 Freeform、FOX、National Geographic 等构成。广播主要集中在 Radio Disney 和 ESPN network 两部分，出版杂志则主要包括 ESPN、Disney 以及 National Geographic 三个主要品牌。传统渠道以用户订阅为主要营利模式，虽然传统渠道的用户在流失，但在迪士尼的整个渠道体系中依然有着不可撼动的地位。

一直以来，迪士尼就有着全面而稳定的内容分发渠道。作为全美最大的

---

* 文章原载于《电视研究》2020 年第 10 期，收入本书时有改动。

电视网络拥有者之一，迪士尼旗下的电视频道、广播和杂志在民众家庭生活中扮演着极为重要的角色。媒体渠道层面，迪士尼与几乎所有主流视频网站、网络运营商、机顶盒、互联网电视都有内容合作。同时，以迪士尼互动为主体，围绕社交、移动、游戏、母婴、网络视频等领域进行了多次并购，形成了规模化的网站集群，包括社交平台 Digisynd、移动音乐平台 Tapulous、HTML5 的游戏软件平台 Rocket Pack、母婴博客类网站 Babble.com、儿童社交网站 Togetherville、韩国游戏开发商 Studio Ex、多渠道网络内容供应商 Maker Studio；迪士尼还通过投资、参股的方式，获得了大量的新渠道资源，2009 年投资视频网站 Hulu，2015 年投资 Vice Media，2015 年与索尼 PlayStationVue 一起开设新的付费频道，2015 年和阿里巴巴共同开发了互联网电视机顶盒"迪士尼视界"，2015 年投资 DisneyLife，2016 年收购 BAMTech 公司的部分股份。迪士尼在媒体融合转型初期打造的"传统+新媒体"矩阵，不仅让内容 IP 拥有了多种类型的渠道出口，相互赋能，还顺应了媒体融合时代泛传媒化的特征，为媒体融合渠道深化发展奠定了基础。

如果迪士尼的渠道融合策略仅停留在"传统媒体+新媒体"的相加模式，没有真正开设媒体融合渠道，就不算实现了从"相加"到"相融"的飞跃。迪士尼从 2009 年加入对 Hulu 的投资阵营之日起，就开始了建立自主媒体融合渠道的尝试。而随着 Netflix、Amazon Video 这类付费流媒体视频平台的崛起，迪士尼意识到与其作为内容供应商与之开展合作，不如自己将内容资源收回，独立创建流媒体平台，打造 DTC 化的流媒体业务，直接面向终端用户。

DTC（Direct-to-Consumer）一词由沃顿商学院提出，运用于零售行业，是指不通过零售商或中间商进行铺货，企业直接面向消费者销售商品的模式。迪士尼在 2017 年的年报中首次采用了这一词汇，成为全球最早引入这一理念的媒体集团，后又成立了 DTCI 部门，为国内外用户提供 DTC 服务。为了实现这一目标，迪士尼于 2016 年、2017 年，分别以 10 亿、15.8 亿美元收购美国职业棒球大联盟（Major League Baseball）旗下流媒体公司 BAMTech 公司 33%、42% 的股份，使 Disney 对其所持股份增至 75%，收购目的则是依

托 BAMTech 强大的技术能力为自己的流媒体服务提供支持。也是在 2017 年，迪士尼宣布了在流媒体业务上的重大计划——启动自有品牌的流媒体服务，建立"ESPN+"和"Disney+"两大流媒体平台，并终止与 Netflix 等平台的合作，将内容版权全部回收，以助力自身媒体融合新渠道的发展。

第一驾马车"Disney+"是迪士尼流媒体布局的重中之重，于 2019 年 11 月 12 日上线，整合了旗下漫威影业等已有的内容。此外，"Disney+"还会推出专门在流媒体上播出的全新定制的专属内容，上线后注册人数迅速达到 1000 万。

第二驾马车"ESPN+"定位于体育，于 2018 年 4 月上线，订阅人数超过 350 万。作为 ESPN 电视网的附加板块，旨在通过全新的服务模式，直接为用户提供更多有关体育节目的服务。在订阅方式上，"ESPN+"推出包月模式，还推出了节目电子券模式。用户可以只购买单个节目、单场赛事或者单个球队的电子券。

第三驾马车是 Hulu，订阅人数近 3000 万，迪士尼拥有其股权。Hulu 负责攻占"Disney+"所不能及的 R 级、NC-17 级成人市场。在内容定位上，将其与"Disney+"的合家欢风格、"ESPN+"的体育风格形成区分，以更多面向成人的影视作品为主。

随着三大流媒体产品上线，流媒体无疑已成为迪士尼布局媒体融合渠道的重要发展方向，"Disney+""ESPN+"和 Hulu 将面向迪士尼自有用户，推动内容产品化。

二、用户连接：媒体融合的社交策略

"当下的新闻有其时代特征，由'大众媒体+社交媒体'共同构成，媒体传播习惯渐渐被社交媒体改造。"① 在强化 IP 资产、推进媒体融合渠道、让

---

① 延森.媒介融合：网络传播、大众传播和人际传播的三重维度[M].刘君，译.上海：复旦大学出版社，2012：17.

内容与渠道相互赋能的同时，迪士尼将媒体融合的重点策略放在了社交领域，通过社交策略，与用户形成更紧密的连接、社群和黏性，避免了有内容有平台却无用户的尴尬。

（一）数字网络部的成立

2017年，迪士尼成立了数字网络部（Disney Digital Network，DDN），将集团各个IP、频道、栏目、主持人等的社交账号进行整合和统一管理，统筹旗下300多个社交账号和账号背后总数超过10亿的粉丝，以及每月平均6000多条的原创内容的发布，同时管理和维护迪士尼上万名社交关键意见领袖的数据库。

迪士尼数字网络部的职责主要是盘整社交资产，实现融合化管理，迪士尼社交内容生产则统一由社交编辑部完成。迪士尼的社交编辑部是一支囊括了内容创意者、编辑、营销人员和数据专家等新型数字人才的工作组，充分体现了多元人才协同下的融合式内容生产特点。创意人员负责整体创意和构想，编辑负责具体实施，营销人员赋予社交内容新的营销空间，数据专家从用户数据、内容数据的角度综合分析，为内容生产、渠道选择、效果评估提供参考意见。在这四类人员的协同下，迪士尼社交编辑部不断尝试，对不同社交平台不同账号的粉丝形成了更为清晰的画像，促进了内容创意、生产和营销的进一步优化，以不同账号最契合品牌调性的发声方式，面向不同平台的特点进行内容分发。

（二）社交平台建设与用户互动

除了主流社交媒体上的账号，迪士尼也为忠实用户建立了专门的社交平台，用以传播、分享迪士尼的品牌故事，维系良好的互动关系，例如，线上的迪士尼内容聚合网站Oh My Disney、为迪士尼超级粉丝们提供乐园资讯的迪士尼乐园博客等。

除了线上的互动平台，迪士尼还为超级粉丝们打造了线下的粉丝狂欢节活动，通过公域社交账号、自建私域社交平台的线上互动，以及定期的线下

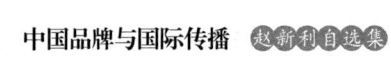

活动,实现O2O(Online To Offline)式的用户互动,进一步夯实用户关系。比如,迪士尼构建的官方平台——粉丝俱乐部D23,经常为各种各样的迪士尼粉丝提供独一无二的线下活动,并且从2009年开始,每两年举办一次大型活动——D23博览会,受到全球粉丝的追捧。在D23博览会上,迪士尼会联合旗下的漫威影业等揭晓多部未来新作,播出最新的先导预告片,为粉丝释放D23限量版海报,邀请明星和电影主创在现场与粉丝见面,分享独家视频。这种社交策略通过打造终极盛会的方式回馈用户,也从用户的反馈中收获了更多有用的信息。

三、启示与借鉴

我国媒体融合发展已进入关键阶段,视听媒体融合既面临重大机遇,也面临不少挑战,迪士尼的媒体融合策略给我们带来了一些启示和借鉴。

(一)挖掘已有资源,突出自身特色

迪士尼近百年的发展积累了海量的内容资源、渠道资源、用户资源、经营资源,面对媒体融合的市场竞争,我们看到迪士尼的资源结构虽然不够全面,比如没有实体网络渠道资源,缺乏互联网平台级别的业务,也没能在智能终端上形成更多的布局,但这些并不妨碍迪士尼媒体融合转型的脚步。在全球最具影响力的海外传媒集团阵营中,迪士尼集团所拥有的IP资源可谓效率最优、利润最高、规模最大。毋庸置疑,丰富的IP资源是迪士尼进行媒体融合的基础和存量。迪士尼一方面利用现有IP资源池,联合旗下漫威影业等近百个IP形象,实现内部IP聚合,打造全新的动画电影;另一方面通过存量IP打造全新的IP组合,实现内容创新,这些IP构成了迪士尼媒体融合内容资产的核心,为媒体融合内容创意、渠道传输、业务运营提供了灵魂支撑,构成了迪士尼强大的无形资产。

（二）通过融媒体渠道聚合存量资源

在把握自身基础的前提下，迪士尼于渠道融合方面下足了功夫。在流媒体资源方面，迪士尼已经启动了对 Netflix、Amazon Video 的版权回收计划，不再向竞争对手提供版权的同时，将自有的流媒体内容资源、技术资源注入"Disney+""ESPN+"和 Hulu 三大平台。而且，为了避免资源内耗，迪士尼为三大流媒体平台分别定义了不同的内容特色，实施了不同的定价策略，区隔了各自的细分市场。同时，还推出三个平台的捆绑优惠包，让用户一次购买，就能获得三个平台的服务，实现三大流媒体平台的品牌融合，进一步提升流媒体业务与竞品抗衡的能力。

（三）通过社交融合建立用户连接

媒体融合不是媒体业态的简单相加，也不是传统传播"传—受"观念的简单复制。在媒体端，它意味着打通技术、网络、内容、终端各个环节，再造生产、消费、营销、服务流程。在用户端，它意味着重新定义媒体与用户的关系，建立全新的连接，实现媒体与用户的深度融合。迪士尼通过基于 DTC 和社群化的粉丝运营，直接面向用户，建立用户和媒体直接对话的渠道，提升用户的参与度、忠诚度和归属感，将用户变成媒体融合发展中不可或缺的社群成员，成为品牌的粉丝，这一做法是有启示性的。

在社交资源方面，迪士尼盘整集团下属的各类账号资源、红人资源，成立统一的数字网络部和社交编辑部，将社交资源通过数字化的管理充分利用起来，避免了杂乱无章式的浪费，也让迪士尼的社交渠道以"统一的声音"为内容宣传、建立用户情感连接、广告营销服务。在社交服务方面，迪士尼面向全球超过 10 亿的粉丝，打造了 300 多个不同平台、不同风格和主题的社交账号，开通 Oh My Disney、迪士尼乐园博客等专门的社交平台。在集团架构方面，迪士尼直接以 DTCI 命名全新的业务板块，让这个板块拥有和媒体网络、影视娱乐、主题乐园三大核心板块一样重要的战略级别。打通连接粉丝的统一生态网络，站在不断变化的媒体消费前沿牢牢维系与粉丝的关系，迪士尼的做法为我们提供了有益参考。

5G 时代智能营销的机遇与挑战*

2019年6月6日，工业和信息化部发放5G商用牌照，标志着我国正式跨入了5G时代。5G是指第五代通信技术，主要具有高速率、低时延、低功耗等特点。5G将加速人工智能与传统产业的深度融合，开启万物互联的智能生活。人工智能将对营销传播行业带来巨大变革，在商品丰富和需求多元的背景下，5G技术带来的智能营销值得高度关注。

一、5G 如何影响营销

首先，5G技术推动万物互联和沉浸式体验。5G的低时延将提高整体网络效率，催生更多的应用场景，如VR、AR、车联网、无线家庭娱乐等。由于网络延时远远低于人类的近百毫秒的视觉感知延时，网络两端的用户有身临其境、天涯近咫尺与世界零距离的体验。5G技术保证了网络覆盖的广度和深度，例如高层楼宇间隙及地下停车场等信号不好的场景也深度覆盖，这为实现真正的万物互联提供了可能，不仅进一步实现了人与人之间的连接，还将实现人与物、物与物之间的无缝连接，进而打造出全移动和全连接的社会。

其次，5G技术进一步推动大数据积累。作为新一代通信技术，5G的高速率是其最大的亮点，网络平均速率可以达到10Gbps左右，是4G网络的100倍以上。在4G时代，人们在电脑和移动端的许多行为被记录并回传，形

---

* 文章原载于《青年记者》2019年第31期，与官效喆合作，收入本书时有改动。

成大数据。这些大数据被应用到精准广告和精准营销中，让推送内容和消费者需求进一步精准地匹配，找到合适的人，并推送他们需要的信息。5G技术普及后，消费者的各种数据将更深入、更广泛地被收集，如有的数据公司与电信运营商合作开展长期的数据采集合作，数据采集的范围包括：新闻类、垂直类、社交类和电商类主流移动互联网平台，机场、高铁、公交、楼宇、商场等多场景的户外媒体。新技术的应用可以带给用户完美的沉浸式体验，可以带来海量的位置数据、物联网数据，为营销提供数据基础。

再次，5G技术推动智能营销发展。足够广度和深度的数据得以充分积累后，人们更加关注如何使用和分析这些数据，并将数据、技术和创意进行结合，推动营销问题的解决和智能营销的发展。以艾普深瞳为某视频App户外广告投放效果做的大数据洞察报告为例，该报告不仅能得出每个区域广告牌的浏览人数，还能测算出谁在何时看了广告牌，看过之后是否下载了该视频App，而且可以将下载用户人群的群体特征具体到年龄段分布、性别比例、拥有子嗣的比例、月可支配消费比例以及兴趣爱好等。在4G时代，人们已经实现了一定程度的精准营销；在5G时代，随着算法和人工智能技术的发展，智能营销在分析和预测领域的强大能量将得到展现。

二、5G如何影响广告业

5G技术将推动大数据和人工智能深度发展，这些因素都将对广告业产生深刻影响。

首先，新技术提振广告主信心。近年来，人们围绕"广告已死"的论争不断。技术给广告带来新的可能性、新的想象空间和新的发展机遇。5G时代到来，互联网广告和数字营销进一步崛起，许多广告活动跳过传统广告公司，人们对广告的疑虑、焦虑、争议又开始出现。实际上，虽然传播的手法、技术、载体会变，但基本的传播原理不会变。广告为人民造梦，为企业塑造品牌，沟通企业与消费者，这些都不会变。中国传媒大学广告学院的调研结果显示，全球45%的受访广告主开始投入更多成本在内部广告团队组建上，特别是负责数字媒介广告方面的团队。79%的广告主表示在2019年将增加数字营销领域的预算，平均预算的增长量为20%，发展态势积极。

其次，新技术推动广告行业变革。新技术不会让广告"死去"，而是让广告变革。全球著名广告公司无一不在积极进行变革，广告触角不断延伸，如日本电通公司的广告活动已前移至产品研发甚至创业阶段，在企业创业、产品研发、设计阶段，广告就介入。中央广播电视总台新成立的总经理室广受关注，新机构致力于推动广告经营与文化经营、资本经营的融合，联通内容决策、内容制作、广告投放、文化运营、资本运营等环节。当前，创意与数据之间的竞争显现，但数据与创意结合会给广告带来更多可能性。今后，虚拟空间和现实空间进一步融合，交互式、体验式、场景化广告增多，沉浸式广告体验将成为主流。在电梯、汽车、居家等私密封闭场景中，将精准推荐个性化广告。这些都将是广告行业变革的方向。

再次，新技术提升广告效果。著名广告大师约翰·沃纳梅克曾说过"我知道在广告上的投资有一半是无用的，但问题是我不知道是哪一半"，这个难题堪称广告营销界的"哥德巴赫猜想"。未来广告业将更多引进脑科学、计算科学、心理学等领域的交叉技术，让广告投放更加精准智能，广告效果更加有效可控，让广告投放中"浪费一半"的问题得到解决。在5G时代，人们身边的万物都有可能成为智能终端，这些智能终端能够搜集到多维度、更全面的产品使用情况和消费者偏好数据，在产品设计、渠道分发和营销战略等方面能够更加深入和客观地了解用户需求，并且能够根据不同个体的特点来定制具有针对性的个性化服务。不管是在快速了解用户信息还是根据场景实时推荐的过程中，5G的高速率是保证数据传输和反馈的基础。

三、5G时代的智能营销

5G技术带来广告和营销的精准化、智能化。"万物皆媒"推动营销活动深刻变革，"千人千面"则推动创意和技术更紧密结合；智能营销时代的营销人才需求也将发生深刻变革。

首先,"万物皆媒"推动营销变革。5G 的超低功耗和泛在网的实现开启了万物互联的时代,物联网技术将开启"万物皆媒"的世界,人们身边的物体都可能成为智能终端,这为智能营销带来了无限的可能。在任何一个用户场景下,智能终端都可能成为营销的载体,从而提升广告到达率。而 5G 所支持的 VR、AR、全息投影等技术的普及,也会在广告投放中为用户创造愉悦的接触环境,给用户带来身临其境的沉浸式体验。不过,在"万物皆媒"时代,用户将在不同的媒介之间不停切换,其注意力也被大大分散,因此,在 5G 的立体媒介场景下,要提升用户对营销信息的感知和注意,就要深入了解每一种媒介形式的特点,根据不同的媒介组合来制定营销策略。在这种背景下,当前广告业的数字化、智能化转型加速,户外生活媒体圈发展势头强劲,数字户外已成为户外广告市场的主体力量。阿里巴巴集团在 2018 年中战略入股分众传媒,体现了其对生活媒体圈、延伸线下场景的重视。

其次,"千人千面"促进创意升级。创意是营销活动的灵魂,4G 时代的营销创意注重制造爆点,而 5G 时代的营销创意将是千人千面,给予消费者以沉浸式体验。5G 时代,增强现实、虚拟现实等穿戴设备产品将配备无线与高清画质,加之全息投影等技术的成熟,可以搭载更加丰富和生动的营销信息,让人们获得更加沉浸的流畅体验。随着营销一体化、广告一体化融合的趋势加强,单纯的广告创意已无法成为广告公司的核心竞争力。不少公司不断摸索,通过"内部造血"、跨界向产业链上下游延伸等战略实现升级改造。如利欧数字不仅"孵化"了"马马也"这样小而美的创意公司,同时在人工智能、区块链、大数据等开发和应用上创建了"利欧产品研发中心";互联网巨头深度介入广告主营销环节,营销科技取代广告科技大势所趋。阿里品牌数据银行、腾讯营销云等诸多广告营销解决方案纷纷进入人们的视野。

再次,"交叉发展"呼唤人才复合化。当前,在智能营销领域存在一个巨大的隔阂。一些机构积累了海量数据,掌握最新技术;一些机构了解市场,懂得创意。而这两方面并未完全打通。也就是说,今后一段时间内,技术和营销的进一步对接将成为人们关注的重点。让现在一些拥有海量规模大数据的公司更加擅于使用数据,启动交叉发展。懂技术、懂市场、懂创意的复合型人才的需求会进一步增长。为此，中国传媒大学等高校的相关专业也在进行升级改造。在教育部推行"新文科"建设的背景下，中国传媒大学的不少专业都在与新技术进行嫁接，推动不同学科之间的融合发展，如新开设的数字营销专业方向要求学生在修习传统的广告学、管理学、营销学的基础上，掌握一定的编程、算法等技术。

四、理性看待智能营销

在5G时代，人们高度关注智能营销，但不应将其"神化"，而应理性看待。智能营销应有所为有所不为。

首先，充分评估新技术与智能营销给传统营销和广告带来的深刻影响。如上文所述，新技术将对营销产生深刻影响，推动万物互联和沉浸式体验，进一步推动大数据积累，真正实现智能营销。在智能营销背景下的广告观念、广告形态、广告效果也会发生深刻变化，广告会愈加精准化、智能化，广告创意和技术进一步融合，新的商业模式不断诞生，新的人才需求也会不断出现。除此之外，新技术带来的智能营销会让产品、用户和竞争都发生深刻变化。产品除传统的使用功能外，还是媒介，既发布信息又收集数据；用户将全方位、全天候、跨空间、跨时间地被产品和信息包围；竞争也将更加侧重数据能力和技术能力。

其次，应关注技术伦理的道德困境和价值冲突。在"万物皆媒"时代，任何人的数据都可能在不知不觉中被采集和存储，尤其是用户独特的生物特征，如虹膜、面部特征等，而在下一个消费场景，通过生物特征识别来调用用户的历史调研数据与日常应用消费行为可能未征得用户的同意。在5G时代，用户隐私权的保障值得高度关注。而智能营销依赖全面丰富的数据库，利益与道德的冲突是5G时代的营销必然会面临的问题。

再次，不应过于依赖技术的营销而忽略品牌构建。5G的发展确实可以促进智能营销的进一步落地，实现对数据的充分利用，从而更深入地了解消费者的需求，实现精准营销，快速获得收益。然而，如果将营销预算都花费在个性化推荐上，而忽略长期的品牌建设和品牌维护，则是得不偿失的。算法虽然精到，但是人员经验和感性认知也同样重要，只有将两者结合才能给予我们正确的指引。只有将数据分析与质化研究结合起来，注重品牌构建与维护，才能走得更加长远。

5G 技术不仅丰富了营销方式，还将人工智能技术与营销传播结合得更加紧密，对营销的各个环节都产生了深刻的变革作用。未来，传统营销将更多地让位于智能营销。对于传统营销行业的从业者来说，这是挑战，也是机遇。